D1849603

Johannes von Buttlar & Trutz Hardo

Supersurfing

Johannes von

Buttlar

& Trutz Hardo

SUPERSURFING

Außerkörperliche Erfahrungen

Ein Praxisbuch

SILBERSCHNUR

Alle Rechte - auch die des auszugsweisen Nachdrucks, der fotomechanischen Wiedergabe, der Übersetzung und der Einspeicherung und Verarbeitung in elektronischen Systemen - vorbehalten.

© Verlag "Die Silberschnur"

ISBN 3-89845-113-5

1. Auflage 2005

Satz und Covergestaltung: XPresentation, Boppard
Druck: Finidr, s.r.o., Cesky Tesin, Tschech. Rep.

Verlag "Die Silberschnur" · GmbH Steinstraße 1 · D-56593 Güllesheim

www.silberschnur.de
e-mail: info@silberschnur.de

Inhaltsverzeichnis

B. Die Praxis der Astralreisen

2. TEIL *OUT-OF-TIME*

von Trutz Hardo

Vorwort

Die beiden Autoren dieses Buches haben zu Beginn eines sich anbahnenden holistischen Zeitalters den Mut, den Lesern beizubringen, wie sie Erfahrungen machen können, die für die meisten von ihnen weit über das Vorstellbare hinausgehen. Denn dieses holistische Zeitalter hat seine Tür schon einen Spalt weit geöffnet. Und Sie, liebe Leser, können nun hineinschauen, vielleicht sogar schon durchschlüpfen, um Dinge zu erkennen und zu erlernen, die in hundert oder gar erst in einigen hundert Jahren für die meisten Menschen Selbstverständlichkeit sein dürften. Diese hier vorgestellten Übungen zur Erfahrung von Situationen und Erlebnissen außerhalb Ihres physischen Körpers und außerhalb der Zeit, in der Sie jetzt leben, erfordern Ihrerseits die Bereitschaft und den Mut, Ihr Bewusstsein in einer für Sie vielleicht bisher nie für möglich gehaltenen Art zu erweitern. Sie werden Ihr jetziges Weltbild sicherlich in vielerlei Hinsicht durch die neuen Einsichten verändern und dadurch Abschied nehmen müssen von bisherigen Vorstellungen. Denn die Schöpfung ist für jedes Zeitalter reich an neuen Entdeckungen.

Wenn Sie die hier vorgestellten Erfahrungen für sich nachvollziehen, werden Sie der Wissenschaft um unermessliche Erkenntnisse voraus sein. Denn diese dürfte noch sehr viel Zeit benötigen, um Ihre Erlebnisse dann auch faktisch zu bestätigen. Vielleicht werden Sie in einer Ihrer Wiedergeburten in den kommenden Jahrhunderten erleben, dass die Wissenschaft die feinstoffliche Welt als ebenso real anerkennen wird wie unsere grobstoffliche Welt, die wir bisher für die einzig reale gehalten haben. Und an den Universitäten mag gelehrt werden, wie man aus seinem Erdenkörper gefahrlos herausgehen kann, um zu welchem Ort dieser Erde auch immer oder sogar zu entfernten Planeten und Universen reisen zu können, ja wie man seine eigenen früheren

Leben samt den so genannten Zwischenleben aufzusuchen vermag und sogar in seine zukünftigen und parallelen Leben Einblick gewinnen kann.

Dies alles scheint für die meisten Menschen zu fantastisch zu sein, als dass sie solcherlei Dinge für möglich halten oder sich gar geistig damit auseinandersetzen wollen. Für jene ist dieses Buch auch nicht geschrieben worden. Denn es wendet sich an die Leser, die bereit sind, das Wagnis neuer und vielleicht bisher alles übersteigender Bewusstseins- und Erfahrungsbereiche zu erkunden. Und eines wollen wir gleich hier sagen: Die ganze Schöpfung ist etwas gigantisch Fantastisches. Und wir – für wie schlau wir uns auch immer halten mögen – wissen im Grunde noch fast gar nichts von diesem gewaltigen Schöpfungsaufbau samt seinen Gesetzen. *Albert Einstein* war es, der sagte, dass unser bisheriges Wissen mit einem einzigen Sandkorn zu vergleichen sei, das zusammen mit unzähligen weiteren Sandkörnern am Strand liegt. Dem Leser dieses Buches wird die Chance geboten, sein Wissen um einige Sandkörner zu erweitern. Und so er sich aufmacht, diese hier vorgestellten Übungen auch wirklich umzusetzen und somit zu einem Reisenden jenseits des üblichen Raumes und seiner gegenwärtigen Zeit wird, wird er sicherlich einen ganzen Sandsack voll an Erfahrungen und Wissen für sich sammeln können – auch wenn noch immer Trillionen hoch Trillionen Sandkörner übrig bleiben, die es für uns Menschen weiterhin zu entdecken gilt. Solch ein mutiger Reisender wird mit einem ungeheuren Schatz an Erkenntnissen belohnt werden. Selbst wenn er sich nicht auf die hier vorgestellten und im Detail beschriebenen Exkursionen jenseits von Zeit und Raum begeben sollte, wird ihm das Lesen dieses Buches sicherlich neue Erkenntnisse schenken, die ihm viel zu denken geben werden. Denn jeder von uns ist ein noch schlafender Miniaturgott, in welchem die Möglichkeit im Keime liegt aufzuwachen, zu wachsen und, nachdem er sein volles Potenzial erreicht hat, in seiner schöpferischen Göttlichkeit neues Leben und sogar neue Universen zu kreieren.

1. TEIL

OUT-OF-BODY

von

Johannes von Buttlar

Einleitung

Sehr geehrter Leser! Sie werden in diesem Buch wahrscheinlich an vielen Stellen mit ganz Neuem konfrontiert werden. Doch haben Sie den Mut, neue Türen zu öffnen, wohinter noch unerforschte Schätze verborgen liegen, die Ihren Erfahrungs- und Bewusstseinsbereich enorm erweitern werden. Wir sind mehr, als wir uns bisher vorgestellt haben. Denn wir sind auch in vielem das, was für uns bisher unsichtbar war. Wir bestehen nicht nur aus der grobstofflichen Materie, sondern neben dieser existiert auch die feinstoffliche Materie. Wenn wir nun außerkörperliche Reisen (= Out-of-Body) unternehmen, reisen wir mit unserem feinstofflichen Körper, dem so genannten Astralkörper. Um die Welt des Feinstofflichen zu begreifen, werde ich innerhalb dieses Buches immer wieder ausführlich auf dieses Phänomen einzugehen haben.

Ich werde mich dabei jedoch nicht im Einzelnen mit den vielen anderen Methoden, die von Astralreisenden veröffentlicht worden sind, beschäftigen. Denn ich empfehle der Leserin und dem Leser, sich an die von mir in diesem Buch vorgestellte Methode zu halten, weiß ich doch, dass sie es vielen leicht gemacht hat, zu wirklichen Out-of-Body-Reisenden zu werden. Allerdings werde ich im Literaturverzeichnis einige Bücher zu außerkörperlichen Reisen aufführen.

A.

Zur Theorie der Astralreisen

I.
GRUNDLEGENDES

* * *

Was versteht man unter außerkörperlicher Erfahrung?

Wenn man über außerkörperliche Erfahrungen spricht (AKE), muss man zwischen den gedanklichen Projektionen und den wirklichen Austritten aus dem Erdenkörper (Out-of-body-experiences = OBE) unterscheiden. Auf der einen Seite ist es möglich, mit seiner Psyche eine Art Projektion durchzuführen, indem man mit dem Bewusstsein Dinge erfasst, die außerhalb des eigenen Körpers vorhanden sind. Jeder kann die Augen schließen und sagen: "Ich stelle mir vor, dass ich mich jetzt in einem Umfeld bewege, das mir bekannt ist." Man kann sich dann sehr detailliert alle Einzelheiten vorstellen, und dann läuft das somit Vorgestellte sozusagen hinter den geschlossenen Augen ab.

Ich kann aber auch Folgendes machen. Ich kann mir vorstellen, ich begebe mich in die Vergangenheit – in meine Kindheit zum Beispiel – und erinnere mich an einen bestimmten Tag. Und dann kann es geschehen, dass wir sogar den Geruch an diesem bestimmten Tag wahrnehmen können, weil gerade Gerüche und Sinneseindrücke, die ja eigentlich atavistisch bedingt sind, sozusagen in die Evolution zurückgehen, sich besonders stark bemerkbar machen können. Ich kann mir Folgendes vorstellen: Ich bin im Alter von

12 oder 10 Jahren in einem Klassenzimmer. Ich erinnere mich dann an den Lehrer oder an die Lehrerin. Ich erinnere mich an den Geruch im Klassenzimmer. Ich sehe meine Schulkameraden oder -kameradinnen vor mir. Ich kann mir also vorstellen, alles optisch derart real wahrzunehmen, als ob ich anwesend wäre.

Doch bei all diesen Beispielen handelt es sich um eine Projektion, jedoch nicht um wirkliche außerkörperliche Erfahrungen, also kein Out-of-Body. Diese Art von Projektionen könnten auch von Menschen mit hellseherischen Fähigkeiten vorgenommen werden, die dann beispielsweise Dinge wahrnehmen, an denen ich nicht teilgenommen habe. Verfügten Sie zum Beispiel selbst über solche Fähigkeiten, könnten Sie eventuell sagen: "Ich möchte jetzt an einem bestimmten historischen Ereignis teilnehmen." In einigen Fällen ist es so, dass diese hellseherische Fähigkeit auch wirklichkeitsgetreue Ereignisse aus der Vergangenheit wieder hervorbringen kann.

Als Alternative könnten Sie auch von der Möglichkeit Gebrauch machen, Einzelheiten eines Ereignisses in der Zukunft wahrzunehmen. Solche Experimente sind vielfältig erprobt worden – auch auf dem Gebiet der militärischen Geheimforschung. An erster Stelle wäre hier das *Stanford-Research-Institut* der Universität Stanford in Kalifornien zu nennen. Genauso hat die CIA solche Experimente durchgeführt. Hierbei handelt es sich immer um die Ausnutzung von Personen mit paranormalen Fähigkeiten.

Doch solcherlei Forschungen sind wiederum nicht mit wirklichen Out-of-Body-Erlebnissen zu verwechseln. Denn bei diesen verlassen wir mit unserer Ich-Identität den Körper, das heißt, wir steigen aus dem Erdenkörper aus und lassen ihn einfach liegen oder sitzen. Es gibt vielfältige Beispiele dieser Art, vor allem dann, wenn Menschen sehr krank sind oder wenn sie ein Nahtod-Erlebnis haben, wobei sie dann regelrecht erleben, dass sie auf ihren Körper zurück- oder runterblicken, während sie dann meist über diesem schweben und alle Einzelheiten wahrnehmen, die im Umfeld ihres grobstofflichen Körpers stattfinden. In dem Moment, in dem ich sage "grobstofflich", unterstelle ich gleichzeitig, dass das Feinstoffliche ebenfalls existiert. Und das ist hier in der Tat die

Ausgangsbasis hinsichtlich der außerkörperlichen Reisen. Warum man vom feinstofflichen Bereich spricht, werden wir noch in Einzelheiten erklären, weil wir dann sozusagen in die moderne Elementarphysik einsteigen. Entscheidend ist, dass wir erst einmal akzeptieren, dass ein gewisser Dualismus in der Tat existiert, Dualismus insofern, dass im feinstofflichen und auch im grobkörperlichen Bereich die so genannte Ich-Identität wahrgenommen wird. Doch die Frage bleibt vorerst noch offen, ob sich diese Ich-Identität biochemisch im molekularen Bereich des Grobstofflichen nachweisen lässt oder ob sie einem zweiten Bereich zuzuordnen ist, einem Bereich, der wesentlich transparenter oder transzendentaler ist und den wir deshalb als feinstofflich bezeichnen könnten.

Und da – Gott sei Dank – gibt es inzwischen viele Hinweise in der modernen Naturwissenschaft, dass es den feinstofflichen Bereich in der Tat gibt. Wir brauchen uns ja nur an ein klassisches Beispiel zu erinnern. In dem Buch *Das Ich und mein Gehirn*[1] kommen die beiden Wissenschaftler *Karl Popper* und *John Eccles* provokativ auf diesen Dualismus zu sprechen. Denn sie weisen nach, dass das Gehirn nicht das Ich ist, sondern eher eine Art Transformator oder ein Organ, das es dem Ich erlaubt, sich im grobstofflichen Bereich zu artikulieren. Die Menschen wissen, dass, wenn ich mich selbst kräftig kneife, ich Schmerz empfinde, Schmerz, der im grobstofflichen Bereich wahrgenommen wird. Der grobstoffliche Bereich muss ernährt werden, er hat Bedürfnisse. Und das ist der Bereich, den wir im Wachzustand alle wahrnehmen. Doch was sich in Wirklichkeit im grobstofflichen Bereich zum Beispiel bei der Schmerzvermittlung abspielt, können wir nicht wahrnehmen. Kein Mensch hat bis jetzt ein Elektron gesehen, aber das Elektron existiert, denn wir haben indirekte Nachweismethoden, um seine Existenz zu beweisen. Ich bin auch sicher, dass noch kein Mensch ein Photon (hierbei handelt es sich um Lichtteilchen, die dem elektromagnetischen Bereich zugeordnet werden) in der Hand gehalten hat. Aber wir wissen wiederum, dass es vorhanden ist, denn würde das Photon nicht existieren, könnten wir nichts sehen.

Der größere Teil des Universums ist somit eigentlich derjenige, der nicht greifbar und sichtbar ist – aber er existiert. Wir können auch argumentieren, dass wir vielleicht Energie fühlen und empfinden können, aber wir können sie nicht anfassen oder gar festhalten. Also müssen wir einfach akzeptieren, dass das, was wir als grobstofflich bezeichnen, nur ein kleiner Bereich des Seins, der Existenz, des Daseins im Universum ist. Wir müssen akzeptieren, dass der weitaus größere Bereich der uns bestimmenden materiellen Daseinsmechanismen erstens unsichtbar und zweitens nicht greifbar ist. Und kein Naturwissenschaftler würde dieser Aussage widersprechen.

Out-of-Body nun würde bedeuten, dass wir mit diesem für uns normalerweise unsichtbaren Bereich – den wir nicht anfassen können, der aber eine Ich-Identität hat, der also denken und auch wahrnehmen kann – in der Lage sind, durch bestimmte Techniken oder Methoden aus dem Körper herauszusteigen, ohne dass dem grobstofflichen Körper dazu etwas Schreckliches zustoßen müsste. Er bleibt zwar zurück und führt seine Lebensabläufe weiterhin aus, aber diese Ich-Identität, die Fähigkeit zu reflektieren, d. h. nachzudenken, Dinge wahrzunehmen und sie zu verarbeiten, ist dem feinstofflichen Bereich zuzuordnen. Dieser feinstoffliche Körper kann die Umwelt wahrnehmen und dann natürlich auch verschiedene Ebenen besuchen. Out-of-Body bedeutet demnach, dass wir zufällig oder durch bestimmte Methoden unseren Körper verlassen können und dann sozusagen zu Abenteurern in der Raumzeit werden.

* * *

Out-of-Body in den alten Kulturen und Religionen

Außerkörperliche Reisen, Erfahrungen oder Wahrnehmungen hat es wahrscheinlich schon in den Urzeiten der Menschheit gegeben. Wir müssen sogar davon ausgehen, dass sich der frühe Mensch in der so genannten animistischen Religion, zu der man auch den Schamanismus rechnen muss, schon Gedanken über seine Umwelt gemacht hat, über deren Vergänglichkeit und seine eigene Ich-Existenz, nachdem er sich dieser bewusst wurde. Wir wissen z. B., dass Schimpansen die Ich-Identität erkennen.

Man hat wohl sicherlich in der Urzeit der Menschheit schon wahrgenommen, dass so etwas wie ein anderer Wirklichkeitsbereich, ein anderer Wahrnehmungsbereich existiert – vor allem natürlich durch Träume. Die Träume lassen es ja zu, dass wir, die Träumenden, in der Lage sind, Schauspieler, Regisseur und Publikum zugleich zu sein. Das ist das Entscheidende. Das heißt, hier wird eine andere Wirklichkeit wahrgenommen, die sich aber – und das ist das Interessante – im normalen Lebenslauf über mindestens 25 Jahre erstrecken kann. Das heißt: 25 Jahre unseres Lebens, wenn wir von einer normalen heutigen Lebenserwartung ausgehen, träumen wir im Schlaf und verweilen somit in einer anderen, aber genauso realen Wirklichkeit. Wenn wir diese Tatsache akzeptieren, sind wir in unseren Träumen ja ebenfalls Abenteurer und werden in mancher Beziehung sozusagen zu Zeitreisenden, die präkognitive Erlebnisse haben können und diese vorausgesehenen Begebenheiten späterhin als Déja-vu-Erlebnisse erfahren. Solches ist sicherlich schon ganz früh in der Menschheitsgeschichte passiert, womit die Erkenntnis vorhanden war, dass eine andere Ebene der Realität und der Wahrnehmungsmöglichkeit existiert. Und dann muss man auch davon ausgehen, dass schon die ersten Medizinmänner in der Lage waren, bestimmte Techniken zu benutzen, indem sie sich in Trance versetzten und in vielen Fällen mit Sicherheit außerkörperliche Erfahrungen sammeln konnten.

Als ein klassisches Beispiel hierfür möchte ich eine Kultur erwähnen, die sehr weit zurückreicht und interessanterweise auch bis in die Traumzeit hinein. Ich spreche hier von den australischen Ureinwohnern, den Aborigines, die ich sehr gut kenne, da ich viele Jahre in Australien verbracht habe. Dort gibt es wie bei allen Schamanen den so genannten "Witchdoctor", also den Medizinmann, der sich oft auf eine außerkörperliche Reise begibt, um zum einen mit den Ahnen zu kommunizieren und zum anderen seinem Stamm bestimmte Informationen zu übermitteln – oftmals auch aus therapeutischen Gründen, um das Überleben in einem sehr lebensunfreundlichen Umfeld zu gewährleisten. In diesem Zustand bat er seine Ahnen um Beistand, oder er holte sich Informationen aus der Zukunft. Denn man darf nicht vergessen, dass der Out-of-Body-Reisende oft ja auch ein Zeitreisender und somit fähig ist, in die Vergangenheit, in die Gegenwart und in die Zukunft zu reisen. Er ist somit zugleich in der Lage, die so genannten grobstofflichen Naturgesetze aufzuheben. Ich sage bewusst "grobstofflich", denn das sind nicht die einzigen Naturgesetze. Ganz andere Naturgesetze existieren in der elementarphysikalischen Welt oder eben in der feinstofflichen Welt. Daher gehe ich einmal davon aus, dass die Tradition der außerkörperlichen Reisen unglaublich weit in die Menschheitsgeschichte zurückreicht, aber dann mit der Zeit kultiviert wurde und späterhin in vielen Religionen eine bedeutende Rolle gespielt hat und heute noch spielt.

Als ein klassisches Beispiel bietet sich hier der indische Brahmanismus an. Dieser lehrt gewisse Out-of-Body-Techniken, womit die Erfahrbarkeit außerkörperlichen Daseins zu einem integralen Bestandteil der Religion wurde. Und sicherlich haben auch andere Kulturen der Frühzeit solche Techniken praktiziert, die besonders bei den Ägyptern, den Sumerern und den Babyloniern angewendet wurden. Über solche Erfahrungen wurde selbst im christlichen Mittelalter bis hin in die Neuzeit immer wieder berichtet, sodass wir sagen können, dass außerkörperliche Erlebnisse eine Begleiterscheinung der Menschheit sind.

* * *

Beweisführung für außerkörperliche Erfahrungen

Wie bei allen paranormalen Phänomenen haben sich zwei relativ aggressive Lager aufgetan, wobei das eine Lager behauptet, das Ganze beruhe auf Halluzinationen. Ich möchte da kurz *Dr. Susan Blackmore*[2] in England erwähnen, die die Ansicht vertritt, dass durch einen halluzinatorischen Effekt das Ich sozusagen nach außen verlagert wird, es sich aber nicht um eine außerkörperliche Erfahrung handelt. Sie ist der Meinung, dass das, was wir sehen und hören und was dann angeblich außerhalb des Körpers stattfindet, in Wirklichkeit durch Halluzinationen herbeigeführt wird und nichts mit dem Herausgehen aus dem Körper zu tun hat. Dieses Lager ist relativ aggressiv und versucht natürlich auch Beweise für seinen Standpunkt aufzuführen, um zu beweisen, dass Out-of-Body-Erfahrungen nicht auf Realitäten beruhen, sondern nur auf Einbildungen zurückzuführen sind. In einem Fall behauptet jemand beispielsweise, er wäre aus dem Körper getreten und habe dann irgendjemanden gesehen, der in Wirklichkeit gar nicht da war. Also muss es sich um eine Halluzination gehandelt haben.

Auf der anderen Seite haben wir dann natürlich ein Lager, das mit Überzeugung die Ansicht vertritt, dass es sich bei außerkörperlichen Reisen um Realität handelt, dass man in der Tat aus dem Körper herausgehen kann. Dieses Lager, das genauso aggressiv, zum Teil auch fanatisch ist, vertritt sozusagen die gegenteilige Ansicht.

Doch es gibt noch eine Gruppe zwischen diesen beiden Lagern, nämlich die der aufgeschlossenen Wissenschaftler, die sehr ernsthaft und auch sehr offen versucht, mit Monitoren, Instrumenten und Messfaktoren einen Nachweis zu erbringen, dass außerkörperliche

Erfahrungen oder Reisen außerhalb des Körpers durch bestimmte Forschungsergebnisse bewiesen werden können.

Kritiker werden immer argumentieren, dass es keinen Beweis für außerkörperliche Erfahrung gibt, sie führen die vorgebrachten Beweise für Out-of-Body-Erkenntnisse auf Kognition, Rekognition oder hellseherische Fähigkeiten zurück. Nur – und das ist der Clou – handelt es sich bei ihnen genau um die militanten Skeptiker, die eigentlich alle paranormalen Phänomene grundsätzlich ablehnen. Aber dann, wenn es ihnen passt, führen sie trotzdem ganz schnell beispielsweise das Hellsehen an, womit sie die außerkörperlichen Erfahrungen abtun. Wenn man aber ein paranormales Phänomen akzeptiert, dann muss man auch offen dafür sein, dass der gesamte feinstoffliche Bereich existiert und dass Resonanzphänomene zustande kommen, die außerhalb der täglichen grobstofflichen Physik stattfinden. Denn auch das Phänomen der Telepathie, das recht gut nachgewiesen ist, passt überhaupt nicht in die elektromagnetische Welt der Physiker, die auf Lichtgeschwindigkeit begrenzt ist. Aber wir wissen, dass Telepathie augenblicklich stattfindet und eben nichts mehr zu tun hat mit der C-Konstante oder mit der Lichtgeschwindigkeit; wir wissen, dass sie nicht mit dieser physikalischen Welt, die wir kennen, verknüpft ist, sondern wirklich einem ganz eigenen Raum-Zeit-Kontinuum unterstellt ist.

Doch welche Möglichkeit haben wir, um nachzuweisen, dass Out-of-Body nicht auf Fantasie oder Halluzination zurückzuführen ist, sondern dass hier wirklich ein ganz reales Geschehen vorliegt. Nun eine Möglichkeit bestünde darin, dass sich unser Aus-dem-Körper-Reisender mit seinem feinstofflichen Körper an einen Ort bewegt, an dem er noch nie war; von dort bringt er dann eine präzise und exakte Beschreibung mit. Das wäre eine Möglichkeit, und diese Versuche sind auch erfolgreich durchgeführt worden. Aber nun kann natürlich der Kritiker wieder behaupten, das sei noch kein Beweis dafür, dass der Mensch seinen Körper tatsächlich verlassen hat. Er könnte ja auch hellseherische Fähigkeiten haben, mittels derer er einen entfernten Ort sozusagen in Augenschein nimmt. Versuche dieser Art wurden erfolgreich zum Beispiel mit

Hella Hammid[3] durchgeführt. Auch die CIA experimentierte mit Psi-Agenten, die durch hellseherische Fähigkeiten irgendein Objekt auskundschaften sollten, ohne dass sie ihren Körper verlassen hatten. Das nennt man Fernwahrnehmung oder *Remote Viewing*. Mit dieser Technik wurde nicht nur in Amerika, sondern auch in der damaligen Sowjetunion experimentiert. Im Übrigen werden diese Untersuchungen auch heute noch - wenn auch relativ geheim - weitergeführt. An dieser Stelle ist es auch interessant zu erwähnen, dass der amerikanische Geheimdienst *Uri Geller* mitnahm nach Genf zu den atomaren Abrüstungsgesprächen zwischen der UDSSR und der USA. Sein Auftrag bestand darin, hinter der Wand des Konferenzraumes dem sowjetischen Delegationsführer telepathisch einzugeben, den Vertrag im Sinne der USA zu unterzeichnen. Und genauso geschah es. Dies ist alles in der atemberaubenden Autobiographie von Uri Geller nachzulesen.[4]

Eine weitere Möglichkeit, Out-of-Body-Erlebnisse zu verifizieren, wäre ein Messinstrumentarium, das in der Lage sein sollte, einen feinstofflichen Körper registrieren zu können. Doch solch ein Instrumentarium existiert leider noch nicht. - Nicht in anorganischer Form. Allerdings haben wir hervorragende und sensible Messinstrumente von organischer Natur: bestimmte Tiere wie Katzen, Hunde oder Ara-Papageien, die sehr sensibel auf feinstoffliche Einflüsse reagieren. Solche Versuche mit Menschen und Tieren wurden durchgeführt. Im *Maimonides-Hospital* in New York zum Beispiel wurden Versuchspersonen an ein ECG-Gerät angeschlossen, wobei man ein Elektroencephalogramm erstellt, das exakt die Hirnströme messen und all ihre Veränderungen registrieren kann, was besonders bei der Erforschung der Remphasen von Bedeutung ist. Eine Versuchsperson, die die Out-of-Body-Technik beherrscht, kann nun aus dem Körper aussteigen und selbst auf den Monitoren sehen, welche Veränderungen sich dort zeigen, um später nach der Rückkehr genau die beobachteten Frequenzen anzugeben. Und weiterhin hatte man der Versuchsperson in diesem Zustand zur Aufgabe gesetzt, in ein anderes Gebäude oder in ein anderes Stockwerk zu gehen, und dort in einem betreffenden Zimmer genau auszukundschaften, wie es dort aussieht. Dann stellte man in einem solchen Raum ebenfalls Messgeräte auf, die die feinkörperliche Gegenwart des Reisenden registrieren konnten. Dort wurden ferner ebenfalls jene soeben erwähnten sensiblen Tiere untergebracht und deren Reaktionen beobachtet, sobald ein unsichtbarer Reisender dort erschienen war. In diesem Raum durften aber keine Menschen anwesend sein, da diese durch Telepathie die Ergebnisse hätten beeinflussen können. Es wurde jedoch alles über Kameras mitverfolgt. Und genau zu dem Zeitpunkt, als die Versuchsperson aus dem Körper gestiegen und sich in dem betreffenden Zimmer des anderen Gebäudes eingefunden hatte, konnte man durch die angebrachten Videokameras sehen, wie der Ara-Papagei seinen Kamm aufstellte und auch ein fauchendes Geräusch von sich gab, die Katze sich aufstellte und auch der Hund irgendetwas anbellte, was offensichtlich für die Videokamera nicht vorhanden war.

Derlei Versuche wurden sehr erfolgreich durchgeführt. Damit ist die Argumentation, dass eine Out-of-Body-Erfahrung allein auf halluzinatorische Eingebungen zurückzuführen sei, nicht mehr haltbar. Denn die Halluzination würde bedeuten, dass die Versuchsperson sich einbildet, mit ihrer Ich-Identität irgendwo zu sein, obwohl sie dort gar nicht ist, jedoch audiovisuelle Eindrücke wahrnimmt, ohne außerhalb des Körpers gewesen zu sein. Papageien, Katzen und Hunde können zudem eine bloß halluzinatorische "Erscheinung" nicht wahrnehmen, aber sie erkennen die Präsenz einer feinstofflich gegenwärtigen Person.

Dennoch beruht Out-of-Body für den Skeptiker allein auf Halluzinationen und nicht auf realen Erlebnissen. Diejenigen, die aus dem Körper aussteigen und wissen, dass das Erlebte auf Realität beruht und nicht auf Halluzination, können aber zusätzlich auch mit Halluzinationen konfrontiert werden, die nicht an einen feinstofflichen Bereich gebunden sind. Trotz dieser Möglichkeit hält eine Kritik und vor allem auch sehr aggressive Kritik, dass Out-of-Body-Reisende Scharlatane seien, die lediglich durch Einbildung auf die Idee kommen, dass sie aus dem Körper ausgetreten sind und Erfahrungen sammeln, nicht stand.

Ich glaube, wir müssen einfach akzeptieren, dass paranormale Phänomene existieren, denn die Beweislast, sogar die naturwissenschaftliche, ist einfach zu massiv. Und wir machen es uns zu leicht – ich wende mich jetzt an die Aggressiven, die Kritiker, die militanten Skeptiker –, wenn wir sagen, das Ganze sei nicht real, es sei alles Unsinn. Im Übrigen besteht in vielen Bereichen diese abwertende Einstellung. Naturwissenschaftler zweifeln ihre Kollegen an, wenn sie die Ergebnisse bestimmter Versuchsreihen veröffentlichen. Es ist eine Art ablehnender Wissenschaftsaberglaube, der problematisch ist.

Wer viele Jahre seine außerkörperlichen Reisen durchführt, weiß, dass das mit Glauben nichts zu tun hat, sondern einfach Erfahrungen, Überzeugungen sind. Ich habe aufgrund meiner eigenen vielen Erfahrungen den Vorteil, davon überzeugt zu sein, dass außerkörperliche Reisen ein Faktum sind. Aber das zu vermitteln, ist sehr schwer. Ich kann jedoch meinen Seminarteilnehmern die Technik beibringen, sodass sie selber diese Erfahrungen machen und damit dann den Beweis für das hier Vorgestellte für sich selbst erbringen können. Im Übrigen gibt es darüber viele interessante Untersuchungen und Selbsterfahrungen von Astralreisenden, deren Veröffentlichungen in den Literaturangaben aufgeführt sind.

Wenn ich Seminare zum Erlernen des Out-of-Body gebe, dann lernt es in einer Gruppe von 50, 60 oder 80 Personen immer nur eine begrenzte Anzahl während des Seminars schon aus dem Körper herauszutreten. Doch diese Leute können sich vor einem erneuten Versuch miteinander verabreden, sich an einem bestimmten Platz außerhalb des Seminarraumes zu treffen. Und nach ihrer Rückkehr berichten sie aufgeregt, wen sie aus der Gruppe an jenem verabredeten Ort getroffen haben. Oft bekomme ich nach einigen Tagen einen begeisterten Anruf von einem Seminarteilnehmer, dass er seine Übungen weiterdurchgeführt habe und es ihm jetzt gelungen sei, aus dem Körper auszutreten. Genauso können solche, denen der Ausstieg gelungen ist, miteinander in Kontakt bleiben und sich gegenseitig besuchen oder sich zu bestimmten Zeiten an einem bestimmten Ort treffen. Ebenso hat es der zypriotische *Magus von Strovolus* mit seinen Schülern durchgeführt, die sich regelmäßig in ihrem feinstofflichen Körper an einem Platz trafen, an dem er ihnen weitere Geheimlehren vermittelte.[5]

Die Kommunikation während des Austritts aus dem Körper geschieht mittels Gedankenkraft, ist also nonverbal, obwohl man das Gefühl hat zu sprechen. Der feinstoffliche Bereich ist normalerweise nicht in der Lage, akustische Schallwellen zu verursachen, dazu ist er zu fein und hat zu wenig Masse. Stattdessen spricht man zwar und man hat den Eindruck, als bewege man den Mund, aber es ist eher das, was man auch als telepathische Kommunikation bezeichnen würde. Gespräche finden also statt, und es funktioniert tadellos.

Für mich benötige ich keine Beweisführung mehr. Für mich war klar, dass es keine Halluzination ist oder eine Art hellseherische Projektion, sondern ich wusste, dass es sich um wirkliche Ausstiege aus meinem Erdenkörper handelte, dass ich hier nicht der Einbildung unterliege, sondern dass es reale außerkörperliche Erfahrungen sind. Es hat mir aber auch Spaß bereitet, trotzdem gewisse Dinge selbst zu überprüfen. Doch die Beweisführung, die ich als Out-of-Body-Reisender durchführe, ist ja keine Beweisführung für andere, sondern nur für mich. Wenn ich jemandem einen solchen Beweis liefere, wie zum Beispiel *Trutz Hardo*, dann mache ich dies nicht, um jemanden zu beeindrucken. Ich möchte an dieser Stelle noch einmal betonen: Es geht nicht darum, hier zu beweisen, das Out-of-Body tatsächlich funktioniert. Es geht auch nicht darum, dass ich hier sozusagen "den großen Mann" spiele, weil ich solche Dinge beherrsche. Ich möchte stattdessen lediglich deutlich machen, dass ich nicht halluzinatorisch Personen oder Dinge wahrgenommen habe, also, Dinge, die nicht da waren. Was ich gesehen habe, entsprach in dem Moment, in dem ich dort war, immer der Tagesrealität, also der Tagesebene, der Tagesdimension. Zum Beispiel könnte ich mit meinem feinstofflichen Körper in eine Bibliothek gehen und in einem aufgeschlagenen Buch einen Satz lesen. Daraufhin könnte ich mit meinem grobstofflichen Körper zu dieser Bibliothek gehen, um zu überprüfen, ob ich diesen Satz dort wirklich richtig gelesen habe. Das habe ich noch nicht ausprobiert, aber aufgrund ähnlicher Versuche sähe ich darin keine Schwierigkeit, solche Tests durchzuführen.

II.
FEINSTOFFLICHKEIT

* * *

Ich-Identität und Feinstofflichkeit

Wissenschaftler, falls sie das Phänomen des Out-of-Body überhaupt ernsthaft betrachten, würden zu den verschiedensten Erklärungen kommen. Stellen wir uns einmal vor, Wissenschaftler unterschiedlicher Disziplinen sollten ein Auto beschreiben. Ein Physiker, ein Biologe und ein Chemiker würden das Auto jeweils anders beschreiben. Und ein Gleiches ist hinsichtlich des Out-of-Body-Phänomens festzustellen. Wenn verschiedene Wissenschaftler unterschiedlicher Herkunft dieses Phänomen beschreiben, dann werden wir auch verschiedene Aspekte vorliegen haben. *John Eccles*, um nochmals auf diesen bedeutenden Mediziner zurückzukommen, war als Neurochirurg der Ansicht, dass das Gehirn eine Art Transformator sei. Die Idee zu sagen, das physische Gehirn sei das Ich, war für ihn nicht überzeugend. Als Gehirnspezialist vertrat er die Ansicht, dass die Ich-Identität etwas anderes sein müsse. Auch wenn er nicht vom Feinstofflichen gesprochen hat, so hat er den Dualismus doch überzeugend herausgestellt. In dem Moment, in dem man sagt, es gibt sowohl den grobstofflichen als auch den feinstofflichen Bereich, sprechen wir über einen gewissen Dualismus, der von vielen Wissenschaftlern abgelehnt wird.

Eccles führt auch Beispiele an, dass bei Menschen nach ihrem Tod eine Gehirnautopsie durchgeführt wurde, wobei er feststellte, dass ganze Gehirnareale fehlten. Und diese Menschen hatten zu Lebzeiten völlig normal agiert, waren sogar manchmal brillant in ihrem Beruf. Hierzu gibt es ein klassisches Beispiel: Einem berühmten Architekten fehlte ein ganzer Teil seines Großhirns. Kein Mensch wäre auf die Idee gekommen, dass er mit solch einem großen Defizit unter der Schädeldecke eine solch brillante Kapazität sein könnte. Man kann nun argumentieren, dass andere Gehirnareale die Funktionen des fehlenden Teils mit übernommen hätten, doch war dieser so groß, dass das schon gar nicht mehr in Frage gekommen sein könnte. Deshalb kam wohl auch *John Eccles* zu der Schlussfolgerung, dass diese Ich-Identität, also das reflektierende Bewusstsein, einfach mehr ist als irgendwelche biochemischen Reaktionen im Gehirn.

Wir haben immer wieder Modellvorstellungen gehabt, die sich nicht beweisen ließen. Vor vielen Jahren gab es einen ungarischen Wissenschaftler – er hieß übrigens auch *Prof. Ungar* –, der alles, was wir im Gedächtnis haben, also auch die Ich-Identität, als eine Verkettung von Aminosäuren darstellte. Er hat ein Experiment mit Plattwürmern durchgeführt. Mittels kleiner Elektroschocks hatte er diesen ein bestimmtes Verhalten andressiert. Dann wurden diese Plattwürmer zerstückelt und daraufhin anderen Würmern zum Fressen gegeben. Er konnte dann feststellen, dass diese auf einmal die gleichen andressierten Eigenschaften aufwiesen. Also kam er zu der Ansicht, dass Verhaltensmerkmale, die sich in diesen Aminosäurestrukturen der Gehirnzellen niedergelassen hatten, durch Essen übertragen werden können. Spätere Untersuchungen erwiesen sich allerdings als nicht stichhaltig. Heute weiß man, dass Gedächtnis und Veranlagungen wesentlich komplexer sind, und ebenso wie das reflektierende Bewusstsein nicht allein mit biochemischen Erklärungen begründet werden können. Man könnte argumentieren, dass die Arbeiten von *Eccles* und *Popper* den Standpunkt vertreten, dass das Gehirn ein Instrumentarium darstellt, das sozusagen Sinneseindrücke verarbeitet und artikuliert. Das heißt dadurch, dass wir Stimmbänder haben, können wir laut sprechen. Dadurch, dass wir Augen haben, können wir elektromagnetische Wellen wahrnehmen. Aber der feinstoffliche Bereich kann das genauso.

Der feinstoffliche Bereich hat natürlich ein Gedächtnis und hat auch ein feinstoffliches Gehirn samt allen feinstofflichen Sinnesorganen. Er ist praktisch eine Kopie des grobstofflichen Bereiches, wobei der feinstoffliche Bereich einfach mehr wahrnimmt. Er hat ein größeres audiovisuelles Fenster oder ein größeres Wahrnehmungsspektrum. Wir können es auch so formulieren, dass der feinstoffliche Bereich die Dinge holistisch wahrnimmt. Interessant ist die Tatsache, dass die Evolution, oder sagen wir ruhig die Schöpfung, schon Gehirnareale eingebaut hat, die wir jetzt noch gar nicht oder zu wenig nutzen, die aber schon für die Zukunft angelegt sind, sodass wir irgendwann gelernt haben werden, von diesen fantastischen Erweiterungsmöglichkeiten zu profitieren.

In seinem Buch *Geist fiel nicht vom Himmel*[6] hat der Psychiater *Hoimar von Ditfurth* zu seiner Überraschung festgestellt, dass die Evolution den nächsten Evolutionsschritt schon vorausgeplant und dem Großhirn eine größere Kapazität für die Zukunft zugeordnet hat, die eben jetzt im Moment noch nicht genutzt wird. Immer wenn er sagt, der Mensch solle nicht in die Natur eingreifen, wird übersehen, dass der Mensch ein Stück Natur ist. Die Natur greift somit in die Natur ein. Hier zeigt sich, dass die Großartigkeit dieses komplexen Kosmos', des Multiversums, in dem wir existieren, doch scheinbar einen Plan verfolgt, indem dem Menschen im feinstofflichen Bereich Fähigkeiten und Möglichkeiten mitgegeben wurden, die jetzt lediglich noch nicht aktiviert sind.

* * *

Die Erweiterung der Bewusstseinszustände

Wir sollten nicht der Illusion verfallen, dass außerkörperliche Reisen und deren Erfahrungen automatisch bedeuten, dass damit eine Erweiterung des höheren Bewusstseins stattfindet. Das ist nicht unbedingt der Fall, denn das hängt ganz individuell von uns selber ab. In unserem grobstofflichen Körper haben wir die Möglichkeit, Orte und Menschen aufzusuchen und durch Gespräche, durch Eingebung kreativ unser Bewusstsein zu erweitern, indem wir auch ein bisschen engagierter an uns arbeiten. Das Gleiche trifft auch auf den feinstofflichen Bereich zu. Die außerkörperlichen Reisen geben uns die Möglichkeit, unseren Erfahrungsbereich auszudehnen und zu erweitern, aber sie stellen damit noch längst nicht automatisch einen Schritt zur höheren Bewusstseinserweiterung dar. Natürlich entsteht selbstverständlich allein durch die Fähigkeit, uns an entfernte Orte begeben beziehungsweise uns hindenken und dort anwesend sein zu können, Ereignisse beobachten zu können, Orte besuchen zu können, die wir vorher nicht gesehen haben oder die wir normalerweise im physischen Körper nicht aufzusuchen die Möglichkeit hätten, eine äußerliche Bewusstseins-beziehungsweise eine Wahrnehmungserweiterung. Der Reisende, so sagt man, erweitert seinen Horizont. Und das trifft auf Out-of-Body natürlich ebenso zu. Doch bei vielen der Astralreisenden geht mit der Zeit ein Verstehen für höhere Zusammenhänge einher, befinden sie sich doch im feinstofflichen Bereich, womit sie ebenfalls Zugang bekommen zu dem feinstofflichen Gedankenpotenzial, das nicht nur ihr nun holistisches Wissensspektrum, sondern auch ihren Gefühlsbereich erstaunlich erweitern kann. Somit kann mit diesem Metadenken ein kosmisches Bewusstsein, ein spirituelles Bewusstsein, ein erweitertes ethisches Bewusstsein einhergehen einschließlich eines

Mitverantwortungsgefühls für die Schöpfung. Gleichzeitig findet meist eine Sublimation der Liebe statt, das heißt, unsere Fähigkeit allumfassend zu lieben wird größer und größer. Wenn es viele Out-of-Body-Reisende gäbe, würde sich automatisch ein erweitertes spirituelles Bewusstsein auf Erden ausbreiten, womit auch die allgemeine Verantwortung für die Schöpfung wachsen würde. Wir würden dann sicherlich unseren Mitmenschen ganz anders begegnen, mit mehr Interesse vielleicht, mehr Toleranz, Verstehen und Zuwendung.

Und doch kann bei dem Astralreisenden zugleich das Gefühl der Einsamkeit, entstehen, einfach deshalb, weil er seine äußeren und vor allem seine inneren Erfahrungen anderen nur schwer vermitteln kann. Dies ist auch nicht sehr sinnvoll. Die anderen würden es nicht verstehen, denn sein feinstoffliches Wahrnehmungsspektrum übersteigt das der grobkörperlichen Wahrnehmungen um vieles. Das Hörempfinden des Erdenmenschen ist beispielsweise nur auf einen bestimmten akustischen Frequenzbereich eingestellt. Der Out-of-Body-Reisende hingegen hat die Chance, Hörfrequenzen wahrzunehmen, die das menschliche Ohr nicht aufzunehmen vermag. Aber dieses Beispiel kann auf viele Frequenzbereiche übertragen werden. Die Wahrnehmungsfähigkeit wird also für den Out-of-Body-Reisenden innerlich und äußerlich erweitert.

In dem Moment, in dem man außerkörperliche Reisen unternimmt, erkennt man ja auch, wie begrenzt das menschliche Dasein ist. Man erkennt, dass viele Dinge, womit wir uns Tag für Tag beschäftigen, in Wirklichkeit unbedeutend sind, uns eventuell in unserer spirituellen Entwicklung nur im Wege stehen oder uns sogar seelischen Schaden zufügen. Man verändert sein Wertesystem in dem Moment, in dem man wirklich ein erfahrener Out-of-Body-Reisender wird. Ich habe mein Bewusstsein durch diese außerkörperlichen Reisen enorm erweitern können, und bin auch in vieler Hinsicht toleranter geworden – in vielem aber auch intoleranter. Ich werde manchmal intolerant, wenn ich Menschen sehe, die furchtbare Vorurteile haben, kleinlich denken oder das Materielle überbewerten und sich so wahnsinnig an das Leben klammern. Man sollte dieses Leben wirklich nutzen, man sollte jeden Tag zum besten Tag machen. (So etwas gelingt natürlich nicht immer, auch mir nicht.) Ferner sollte man daran denken, dass das Leben nach dem Tod weitergeht. Und man sollte versuchen, zumindest nicht bewusst Böses zu tun. Denn das ethische Empfinden von gut und böse entwickelt sich beträchtlich, wenn man zu einem Out-of-Body-Reisenden geworden ist. Vor allem geht damit – um es nochmals zu erwähnen – ein großes Verantwortungsbewusstsein für die Menschheit und für die Umwelt einher. Denn auch unsere gegenwärtigen ökologischen Sünden fallen irgendwann auf uns selbst zurück, sobald wir in einem neuen physischen Körper wiedergeboren werden.

Die Out-of-Body-Reisen bringen es mit sich, dass man eine Hochachtung vor der Schöpfung entwickelt. Man wird weniger rücksichtslos und man wird mehr Mitgefühl für die Schöpfung empfinden, besonders dort, wo die Menschheit sich gegen sie versündigt. Damit ist eine kolossale Bewusstseinserweiterung verbunden, die aber auch – wie ich schon sagte – einsamer und in mancher Beziehung auch melancholischer macht. Das ist ein Nachteil, den ich auch allen meinen Schülern unbedingt als Warnung vermittle. Die mit diesen Reisen verbundene Herzens- und Bewusstseinserweiterung bedeutet eben auch das Mitleiden mit jeder Ungerechtigkeit, das Mitleiden, wenn Geschöpfe gequält werden, das Mitleiden in einem Schlachthof. Das Verantwortungsgefühl für die Schöpfung ist automatisch da, wir werden es nicht ablegen können. Auch ich esse zwar immer mal wieder Fleisch, doch meist mit schlechtem Gewissen, denn für jedes Stück Hühner- oder Schweinefleisch ist ein Geschöpf umgebracht worden. Ich glaube, dass der nächste Evolutionsschritt des Menschen darin bestehen wird, mit dem feinstofflichen Bereich umgehen zu können, und dass wir in der Ernährung synthetisch Fleisch entwickeln werden, denn der Mensch braucht Aminosäuren. Die Leute, die Vegetarier sein wollen, respektiere ich allerdings sehr, denn auch sie leisten einen Beitrag der Verantwortung.

Bewusstseinserweiterung bedeutet demnach auch, dass wir sozusagen holistisch, das heißt hier auch gesamtverantwortlich denken und handeln und vielleicht auch die nächsten notwendigen Entwicklungsschritte erkennen. Melancholie und Mitempfinden für die gesamte Menschheit ist oft die Folge eines holistischen Bewusstseins, das man sich besonders durch Astralreisen aneignen wird. Auf jeden Fall ist es mir so ergangen, und es hat nicht aufgehört. Doch diese Einsamkeit und Melancholie ist sicherlich genauso die Folge der Sublimierung von Gefühlen der Liebe. Auch in vielen Musikstücken, vor allem in der klassischen Musik, spüren wir diese melancholische Liebe, weswegen uns die großen Sinfonien und Klavierkonzerte so anrühren. Sie vermitteln uns zugleich etwas aus der feinstofflichen Welt, in welcher die Liebe eine höhere Schwingungsfrequenz einnimmt. Die Sublimation der Liebe ist sozusagen Kennzeichen eines spirituellen Bewusstseins. Das sind zukünftige Evolutionsschritte der Menschheit, die man als außerkörperlich Reisender jetzt schon erkennt.

Der Out-of-Body-Reisende wird mit der Zeit überdies die feinen Unterschiede zwischen dem Grobstofflichen und dem Feinstofflichen unterscheiden können. Er wird sehen, dass der feinstoffliche Bereich eines Steins, eines Baums, einer Fliege ganz anders ist als der grobstoffliche. Wir können uns auch in die Mikrowelt der Pflanzen hineinversetzen, das heißt, wir können uns hineinfühlen, und sind dann sozusagen drin. Doch wir vermögen mit der Pflanze nicht zu verschmelzen. (All dies sind jedoch meine Erfahrungen, während andere diese Dinge möglicherweise anders erlebt haben.) Mit dieser Wahrnehmung des feinstofflichen Bereichs einer Pflanze geht auch die Hochachtung für sie einher. Dies ist ein Grund, warum ich z. B. keine Schnittblumen mag, sondern Topfpflanzen bevorzuge. Genauso leidet wohl auch ein Kohlkopf, wenn er abgeschnitten wird. Doch entweder dürften wir überhaupt nichts mehr essen oder abschneiden oder wir müssen uns damit abfinden.

Der Astralreisende bekommt mit der Zeit somit eine erweiterte Wahrnehmung für das Leben, für die Schöpfung und – sobald er dann auch andere Welten besuchen kann – eine ganz andere Wahrnehmung des Universums samt all den vielen astronomischen Gegebenheiten. Das Unglaubliche, was sich dann erschließt, ist die

Komplexität, die Faszination für ein Multiversum, das ganz neue Perspektiven eröffnet. Auch ich als außerkörperlich Reisender habe ja bei weitem noch nicht alle Möglichkeiten erkundet. Doch der Astralreisende erkennt eventuell jetzt schon die Evolutionsschritte, welche die Menschheit vielleicht erst in einigen Jahrhunderten als etwas Selbstverständliches nachvollziehen kann. Somit erweitert sich für ihn die grobstoffliche und die feinstoffliche Schöpfung. Und das ist etwas Großartiges.

Mit dem feinstofflichen Körper kann man auch feinstoffliche Welten auf einer höheren Schwingungsebene aufsuchen und dort mit so genannten Verstorbenen, die dort weiterleben, in Kontakt treten. Unter diesen feinstofflichen Wesen – wir nennen sie irriger Weise Jenseitige, dabei befinden sie sich unter uns, nur auf einer anderen uns nicht wahrnehmbaren Schwingungsfrequenz – können weise Ratgeber, Wächter, Beschützer oder Führer sein, ja sogar Schutzengel, die dort in einer ganz anderen Schwingung existieren. Deren feinstoffliche Welt ist mindestens so faszinierend und interessant, wenn nicht noch viel interessanter, als unsere grobstoffliche Welt. Denn dort gibt es wesentlich mehr zu entdecken, besonders wenn wir mit einem erweiterten Bewusstsein deren Welt erkunden wollen. Der feinstoffliche Bereich ist nicht mehr gebunden an ein elektromagnetisches Fenster, das nur bestimmte Wellenlängen wahrnimmt, sondern diese unglaublich kleinen feinen Elementarteilchen sind in der Lage, unglaublich viele Informationen aufzunehmen. Wenn wir außerhalb des Körpers sind, also Out-of-Body-Reisende sind, sind wir in der Lage, feinstoffliche Wesen wahrzunehmen, egal, ob nun nur in der so genannten Realebene oder in der Projektionsebene. Wir können sie sehen und wir können mit ihnen telepathisch kommunizieren, d. h. man denkt eine Frage, und sie wird dann auch beantwortet. Diese Kommunikation findet eben auch in einem feinstofflichen Bereich statt, wo man sich keiner Stimmbänder zu bedienen braucht.

In dem Moment, wo wir uns außerhalb unseres Körpers befinden, sehen wir die grobstoffliche Welt, nehmen dann aber auch die feinstoffliche Welt automatisch mit wahr. Wenn wir aber dann – und das ist der Punkt – als feinstofflich Reisende sozusagen in die Projektionsebene überwechseln, dann ist die Wahrnehmung anders. Dann haben wir das Problem, dass das Grobstoffliche beinahe ausgeblendet wird und dass wir dann wesentlich konzentrierter das Feinstoffliche wahrnehmen. Das ist der Unterschied zwischen der Projektions- und der Realebene, die das konkrete grobstoffliche Tagesgeschehen repräsentiert.

Im Unterschied zu der grobstofflichen Ebene ist das Licht in der Projektionsebene anders, es ist, so würde ich sagen, etwas diffuser, fast eine Nuance dunkler. Und in diesem Licht nehmen wir das Feinstoffliche wahr. Wir nehmen es so wahr, wie wir es projizieren. Es ist eine Vermischung mit der Welt des Unterbewusstseins und der Realebene, und diese Vermischung bedeutet, dass wir in der Projektionsebene dann doch stärker das Feinstoffliche als das Grobstoffliche wahrnehmen. Ein gleiches Problem haben auch die Verstorbenen, nur im umgekehrten Sinn. In der feinstofflichen Ebene nehmen sie unsere grobstoffliche Welt schon wahr. Nur ist sie etwas diffuser, weshalb es ihnen auch schwer fällt, sich den Menschen bemerkbar zu machen, auf jeden Fall schwerer, als den außerkörperlich Reisenden.

Diese hier beschriebenen Feststellungen haben auch nichts mit Esoterik zu tun. Ich möchte davor warnen, dieses Buch nur als ein rein esoterisches zu betrachten. Ein aufgeschlossener Esoteriker würde nie die Naturwissenschaft abwerten und nur das geistig Feinstoffliche als das wirklich Wahre hervorheben, sondern er verbindet beides. Das ist der *Holismus*, dieses Ganzheitliche, für das ich sehr stark eintrete. Und ein aufgeschlossener Naturwissenschaftler wird dann ein großer Naturwissenschaftler sein, wenn er auch diese feinstofflichen Bereiche in seine Betrachtungsweisen einbezieht, womit sich erst sein holistisches Weltbild vervollkommnen kann.

* * *

Out-of-Body und kollektives Bewusstsein

Ohne jetzt auf die Darlegungen *C. G. Jungs* hinsichtlich des kollektiven Unbewussten und der archaischen oder atavistischen Symbole näher einzugehen, tragen wir alle – meist unbewusst – kollektives seelisches Erbgut in uns. Dabei handelt es sich einfach um Erfahrungen, die aus der Vergangenheit, auch aus unserer Tiervergangenheit, genetisch begründet sind. Wenn man, um ein Beispiel zu geben, in der menschlichen Urzeit noch nicht in der Lage war, Licht durch Feuer zu machen, kann sich bis zum heutigen Tag eine Angst vor Dunkelheit erhalten haben, fürchtete man sich doch damals vor riesigen Tieren, die einen besonders bei Dunkelheit anfallen konnten. Solche Urängste spiegeln sich dann in dem kollektiven Unbewussten der gesamten Menschheit wider. Es gibt genauso bestimmte Ursymbole, die allen Menschen eigen sind, egal ob sie in Afrika, in Mexiko oder in Australien beheimatet sind.

Man muss auch unterscheiden zwischen Furcht und Angst. Es existiert oft Furcht, die wir nicht begründen können. Diese beruht meist auf dem kollektiven Unbewussten. Kinder fürchten sich vor der Dunkelheit, weswegen viele Eltern nachts ein gedämpftes Licht im Kinderzimmer angeschaltet lassen. Wenn man das Kind befragen würde: "Sag mal, wovor fürchtest du dich eigentlich?", dann würde es sagen, dass ihm irgendetwas passieren könnte. Diese Angst ist ein atavistisches Phänomen. Atavistisch bedeutet, dass es auf die Evolution zurückzuführen ist, wo in der Tat in der Dunkelheit Gefahren lauerten. Der frühe Mensch musste immer Angst haben, dass ein Raubtier plötzlich auftaucht. Durch den späteren Häuserbau gab es zwar eigentlich keinen Grund mehr für diese Angst, dennoch ist diese Urangst in uns verblieben.

Die zweite kollektive Angst, die der Mensch ganz stark in sich trägt, ist die Existenzangst. Existenzangst heißt, dass er Sorge hat, sein Ich könne plötzlich ausgelöscht werden. Diese Angst hat jeder. Eine andere Art der Existenzangst ist die Angst vor dem Überleben innerhalb eines Lebens. Ein Mensch, der arbeitslos ist und kein Geld verdient, um seine Familie zu ernähren, wird von dieser Angst besonders betroffen sein, denn sie konfrontiert ihn ständig mit Fragen: Was mache ich? Verhungert meine Familie? Was ist mit meiner Wohnung, meinem Haus? Wie endet das alles?

Aber es gibt eben auch Ängste, die eigentlich nicht rational zu begründen sind. Dazu gehören die oben erwähnten atavistischen Ängste, die in uns allen im kollektiven Unbewussten schlummern und sich durch archaische Figuren präsentieren können, wie *C. G. Jung* richtig erkannte. Wir wissen, dass dem Mensch nur zu einem – sagen wir – Zehntel bewusst ist, was die Welt und ihn selbst eigentlich ausmacht. Wir kennen die Analogie zum schwimmenden Eisberg, der nur mit einem Zehntel seiner selbst an der Oberfläche schwimmt. Zum kollektiven Bewusstsein gehört das, was oberhalb des Wassers, also im gegenwärtigen Leben, an Erfahrungen gesammelt worden ist, während das kollektive Unbewusste jene Schichten sind, die in die Tiefe gehen, wo die Erfahrungen in oft weit zurückliegenden Zeiten gemacht worden sind.

Es gibt Techniken, die uns befähigen, sozusagen die Tür zum individuellen Unterbewusstsein zu öffnen. Doch darunter liegt noch eine ganz andere Schicht, die *C. G. Jung* eben als das kollektive Unbewusste bezeichnete. Jeder Mensch hat somit sein eigenes und von anderen abweichendes Unterbewusstsein. Aber das kollektive Unbewusste ist evolutionär begründet. Hierzu gehören die Ängste und Symbolfiguren, Erfahrungen und Erlebnisse, die weit zurückreichen bis zu den Reptilien, meinetwegen bis zur ersten Lebensform im Meer. Das, was wir vom Einzeller bis zum Homo sapiens erlebt haben, ist unbewusst versteckt in uns vorhanden. Dieser physische beziehungsweise physiologische Entwicklungsvorgang, den wir heute wunderschön im Zeitraffer darstellen können, beinhaltet jedoch auch Bewusstseinsstrukturen, die sich schließlich im Menschen zu zwei Hemisphären ausgebildet haben, von denen die rechte Gehirnhälfte die intuitiven, magischen, kreativen

Komponenten beinhaltet, während die linke sich vornehmlich mit dem Rationalen befasst.

Nun wollen wir jedoch wieder auf den Astralkörper zurückkommen, denn auch dieser hat all die Evolutionsschritte im feinstofflichen Bereich mit durchschritten. Dies ist der Grund, warum es auch in ihm noch verborgene Ängste gibt, weshalb wir bei Angst oder Gefahren sofort in den physischen Körper zurückschnellen. In dem feinstofflichen Bereich – und das ist das Großartige – gibt es ebenfalls das kollektive Bewusstsein. Hier eröffnet sich ein gigantisches holistisches Bewusstsein, das einem den ganzheitlichen Zugang zu allen Dimensionen bis hin zum Schöpfungsplan darbietet. Ja, man wird Teil des gesamten Plans.

Allerdings habe ich mir diese ganzheitliche holistische Perspektive noch nicht aneignen können, da meine Schwingungen noch nicht fein genug geartet sind, diesen Zustand einnehmen zu können. Aber ich habe die Information erhalten, dass, so die Schwingung unendlich verfeinert ist, man den Schöpfungsplan einsehen könne. Natürlich habe ich durch eigene Vermutungen und Spekulationen versucht mir vorzustellen, wie nun dieser Schöpfungsplan in seinem Ursprung aussehen könnte. Aber vielleicht soll uns dieser noch über viele Jahrtausende hinweg verborgen bleiben. Der Zugang dorthin unterliegt dem Resonanzgesetz, was bedeutet, dass wir erst dann dorthin gelangen können, wenn ein Gleichklang der Schwingungen zustande gekommen ist.

Durch Astralreisen nun kann man zu dem so genannten kosmischen Bewusstsein gelangen. Indem man plötzlich den Sinn des Seins erkennt, widerfährt einem dann so etwas wie eine Erleuchtung. Doch habe ich diesen Zustand, wie erwähnt, noch nicht erlebt. Ich bin also, wie fast alle Menschen, immer noch ein Unerleuchteter.

Aber als Astralreisender bekommt man schon einen ganz kleinen beziehungsweise kurzen Eindruck von den tieferen Zusammenhängen der Schöpfung. Und alleine dieser kurze Ausblick ist etwas ganz Großartiges. Dann erkennt man auch, dass sich das Leben lohnt, dass das Leben etwas Fantastisches ist. Und man weiß, dass es an einem selbst liegt, unsere eigene Schwingung, ich würde sagen, zu verbessern beziehungsweise zu verfeinern – eben durch die Bewusstseinserweiterung und Sublimierung der Liebe.

Viele Religionsphilosophen haben uns diesen Weg zu vermitteln versucht. Die Inder vor allem versuchen diesen *Samadhi-Zustand*, dieses Verschmelzen mit der Alleinheit durch langjähriges Meditieren zu erreichen. Sie wollen durch Nichtdenken jene Ebene des feinstofflichen kollektiven Bewusstseins erreichen. Solche Lehren von weisen Männern samt deren vorgeschriebenen Praktiken kann man bei den Brahmanen und den Buddhisten finden, doch wird man mit diesen sicherlich interessanten Meditationstechniken allenfalls einen kurzen Einblick in den Schöpfungsplan bekommen. Aber selbst solch ein kurzer Einblick ist unglaublich erfüllend und befriedigend, und man bekommt eine ganz andere Einstellung zum Leben.

* * *

Phänomene der Feinstofflichkeit

Bei dem Phänomen der Reinkarnation spiegelt sich das Feinstoffliche im Grobstofflichen. Verletzungen, die wir in einem früheren Leben hatten, zeigen sich so häufig als Narben im heutigen Leben wieder. Dies ist nur möglich, weil der feinstoffliche Bereich als Informationsträger des Grobstofflichen dient. Hier gibt es unendlich viele Beispiele, dass Menschen Narben als Geburtsmerkmale mitbringen, die sie nachweisbar nicht vererbt bekommen haben. Am besten hat darüber Professor *Ian Stevenson* geforscht und seine Ergebnisse in dem bedeutsamen Buch *Reinkarnationsbeweise* mit vielen Abbildungen anschaulich dargestellt; er beschreibt detailliert, dass diese Mutter- beziehungsweise Geburtsmale eindeutig aus früheren Leben stammen.[7]

Ein weiteres Phänomen, das nur mit der Feinstofflichkeit erklärt zu werden vermag, ist das der Bilokation. Dieser Ausdruck besagt, dass zwei Körper derselben Person an verschiedenen Plätzen gleichzeitig anzutreffen sind. Das ist ein sehr komplexes Problem, das im Grunde genommen naturwissenschaftlich bisher nicht erklärbar ist. Denn ohne das Wissen von der Feinstofflichkeit scheitert derjenige, der versucht, durch naturwissenschaftliche Prinzipien dieses Phänomen zu erklären. Bilokation ist dabei aber sehr oft nachgewiesen worden. Es gibt viele interessante Fälle, und auch *Goethe* hatte ein präkognitives Bilokationserlebnis, das in seiner Autobiographie *Dichtung und Wahrheit* nachzulesen ist. Im Hinduismus wird über interessante Begebenheiten berichtet, bei denen eine Person gleichzeitig an zwei Plätzen aufgetaucht ist.

Wie ist so etwas möglich? Es ist deshalb möglich, weil hier das Phänomen der Teleportation auftaucht, d. h. das Informationsfeld, das sich im feinstofflichen Bereich befindet, ist unter bestimmten Umständen in der Lage, sich materiell zu reproduzieren, wenn auch meist nur für eine kurze Zeit. Denn genauso wie es nicht möglich ist, sehr lange außerhalb unseres Körpers bleiben zu können, so ist auch die Bilokation ein zeitlich begrenztes Phänomen. Die Bilokation – und da kommt bei mir jetzt doch der Naturwissenschaftler zu Wort – ist eigentlich eine Teleportation von Informationen, die dann sozusagen die Materie des Umfeldes benutzt, um sich zu reproduzieren. Bei den vielen Experimenten, die wir heute in der Elementarphysik vorliegen haben, ist es ja nicht so, dass man sozusagen einen Tisch an einen anderen Ort hinteleportiert. Sondern heute können wir lediglich – und das in noch sehr kleinem Maßstab – die Informationen eines Tisches mittels dessen atomarer Elementarteilchen an einen anderen Ort übertragen. Und bei der Bilokation waltet genau das gleiche Prinzip. Die ausgesendete Information nimmt bei diesem Teleportationsphänomen an einem anderen Ort Gestalt an und reproduziert sich selbst.

In ganz wenigen Fällen ist nachgewiesen worden, dass bei diesen reproduzierten Doppelgängern auch eine Art Aktivität beobachtet worden ist. In den meisten Fällen sieht man dann das zweite Ich stumm und relativ statisch. Aber es existieren Überlieferungen, dass auch die Doppelperson gesprochen haben soll. Ich habe bei solchen Berichten bestimmte Zweifel, besonders was die Bewegungen und verbalen Äußerungen angeht, denn ich glaube, dass man in 90 Prozent aller Bilokationsfälle diese Zweitperson zwar sieht, jedoch ohne dass sich diese bewegt oder spricht. Ich persönlich habe dieses Bilokationsphänomen noch nicht erlebt.[8]

Ich weiß aber, dass *Uri Geller* solch ein Erlebnis hatte, welches er in seiner ungemein interessanten Autobiographie wiedergegeben hat.[4] Er befand sich in einem Haus in New York, als es ihm auf einmal schwindelig wurde. Und innerhalb kürzester Zeit fiel er im Hause seines Freundes, das sich einige Kilometer außerhalb von New York befindet, unbeschadet durch das zersplitternde Glasdach des Wintergartens nieder. Auch in *Baird Spalding*s esoterischem Klassiker *Leben und Lehren der Meister des Fernen Ostens*[9] werden solche Phänomene beschrieben. Auch in der brahmanischen

Literatur stößt man immer wieder auf derartige Phänomene von körperlichen De- und Rematerialisationen. Doch diese Möglichkeiten sind auch im Yoga sehr gut erklärt. Dort werden Dematerialisationsphänomene sehr ausführlich beschrieben und auch wie man sie durch bestimmte Techniken bewirken kann.

In der so genannten Esoterik gibt es überdies unterschiedliche Theorien über verschiedene Körper außer dem grobstofflichen Erdenkörper und dem feinstofflichen Astralkörper. Da wird zusätzlich vom Ätherkörper, Kausalkörper, spirituellem Körper und anderen gesprochen. In der Theosophie und auch in der Anthroposophie spricht man von sieben Körpern. Ich kenne jedoch nur die beiden von mir erwähnten. Auch der von *Trutz Hardo* in seinem Buch *Das große Handbuch der Reinkarnation*[10] beschriebene Emotionalkörper ist für mich nur das mit dem feinstofflichen Körper einhergehende Informationsfeld, in welchem alle Begebenheiten, Gedanken und Gefühle gespeichert sind. Mag sein, dass andere Forscher anderes und weiteres erlebt haben. Ich kann nur von meinen Erfahrungen und Informationen, die ich im feinstofflichen Bereich erhalten habe, ausgehen. Ich weiß aber auch, und darüber haben wir schon gesprochen, dass hinter all diesen Dingen noch etwas vorhanden ist, was man als Seele bezeichnet.

Für mich ist der feinstoffliche Körper nicht die Blaupause des grobstofflichen Körpers, sondern eher umgekehrt. Der grobstoffliche Körper setzt sich aus den Informationen zusammen, die im Informationsfeld des feinstofflichen Körpers vorgegeben sind. Und dieser hat auch Form, denn er besteht aus Masse, wenn diese auch nur sehr gering ist, d. h. der feinstoffliche Bereich, den wir wahrnehmen, sieht dann auch so aus wie ein normaler Mensch, hat Form und Information. Für mich ist der feinstoffliche Bereich ein Informationsfeld. Ich weiß, dass, wenn ich im feinstofflichen Bereich unterwegs bin, dahinter noch etwas anderes ist. Und ich vermute einmal, dass es etwas mit dem kollektiven Bewusstsein zu tun hat, dass es eine Schicht ist, die sich irgendwann aus der Feinstofflichkeit trennt, um aufzugehen im kollektiven Bewusstsein.

* * *

Die Naturwissenschaft und das Phänomen der Feinstofflichkeit

Wir stehen am Anfang einer neuen Naturwissenschaft des feinstofflichen Bereiches. Es gibt viele Theorien, und man muss auch dazu sagen, dass unterschiedliche Experimentatoren natürlich auch unterschiedliche Erfahrungen gesammelt haben. Das bedeutet auch, dass ich nicht alles weiß, sondern nur von meinen eigenen Erfahrungen und Informationen ausgehen kann, während es andere gibt, die vielleicht schon mehr entdeckt haben. Die Skeptiker sagen automatisch sowieso, dass Out-of-Body allein auf Halluzination zurückzuführen ist, während alles, was angeblich mit der Feinstofflichkeit zusammenhängt, keiner Realität entspricht. Ich versuche hier eigentlich durch die Naturwissenschaft zu belegen, dass das hier Dargestellte nicht auf Halluzination beruht, sondern dass wir hier über eine Realität sprechen, über ein reales Phänomen also, und dass dieser feinstoffliche Bereich eine Ich-Identität, Form und Information hat und somit im Grunde genommen der entscheidende Faktor auch für den grobstofflichen Bereich ist. Er hält sozusagen informativ das Ganze zusammen. Der Mensch besteht nämlich nicht nur aus organischen und anorganischen Substanzen. Wäre dies der Fall, dann könnte es uns einmal gelingen, einen künstlichen Menschen, einen Homunkulus also, zu kreieren. Doch das wird nie gelingen. Denn um einen Menschen künstlich neu zu erschaffen, braucht es Leben, was zum Beispiel auch ein autonom schlagendes Herz voraussetzt. Uns Menschen in der Grobstofflichkeit sind allerdings Grenzen gesetzt, da die Chemikalien selber nicht die entscheidenden Informationen haben, neues Leben lebendig werden zu lassen. Dazu bedarf es des feinstofflichen Bereichs oder sogar noch mehr.

Ja, es wäre wünschenswert, wenn die Naturwissenschaft sich von nun ab intensiv mit der Feinstofflichkeit beschäftigen würde. Doch die Wissenschaftler halten nur das für real, was sich in beliebig wiederholbaren Experimenten mit den immer gleichen Resultaten darstellt, denn die exakte Überprüfbarkeit gleichbleibender Resultate, ist für sie eine Voraussetzung. In der Parapsychologie haben wir aber das Problem, dass Versuchsreihen, die man durchführte, nicht immer gelingen und auch nicht immer die gleichen Resultate produzieren müssen. Deswegen wird sie von den Naturwissenschaftlern mit skeptischen Augen betrachtet oder gar völlig ignoriert. Und hierin liegt das große Problem. Es wäre zwar wünschenswert, dass hier wirklich Forschung betrieben wird, und zwar ernsthafte Forschung, aber dazu braucht man Geld, und die Geldgeber geben für diese Art Forschung kein Geld aus, da sie keinen praktischen Nutzen für sich daraus ziehen können. Ich bin aber trotzdem Optimist. Ich glaube, dass man mit der Zeit immer mehr erkennen wird, dass hier eine profundere Wirklichkeit noch sozusagen im Dornröschenschlaf ruht und dass diese Wirklichkeit sich auf die gesamte menschliche Gesellschaft und Kultur auswirken kann. Deswegen wäre es von großem Interesse, hier wirklich tief gehende Forschungen zu betreiben, denn am Ende stellt sich der Mensch doch immer wieder die Frage: Woher komme ich, wohin gehe ich? Worin liegt der Sinn meines Seins begründet? Was ist Vergänglichkeit? Sind wir denn nun wirklich nur ein biochemisches Lebewesen, das eine bestimmte Zeitspanne hat und dann lösen wir uns im Nichts auf? Diese Fragen allein sollten uns schon reizen, eine Untersuchung durchzuführen, nachdem ja unendlich viele Indizien und Fälle existieren, die zeigen, dass hinter dieser materialistischen Lebensauffassung etwas wesentlich Profunderes steckt. Solche Forschungsarbeit würde sich lohnen, denn sie würde zeigen, dass der Mensch in seiner Daseinsform eben nicht nur ein chemischer Zufall ist, sondern eine sinnvollere und würdevollere Daseinsberechtigung hat. Wir würden dann von dieser anderen Wirklichkeit wissen und natürlich auch offen sein für Forschung.

Ich hoffe ja, dass solch ein Buch wie dieses, das sich mit außerkörperlichen Erfahrungen und dem Phänomen der Feinstofflichkeit sowie im zweiten Teil von *Trutz Hardo* mit den Zeitreisen befasst, vielleicht sogar von dem ein oder anderen Naturwissenschaftler gelesen wird, der dadurch eventuell sogar angehalten wird, ein Seminar zu besuchen, in welchem man experimentell diese Dinge für sich selbst in Erfahrung bringen kann. Dies könnte für ihn dann der Start sein, sich mit diesen Phänomenen ernsthaft zu befassen.

Ich tue es ja als Naturwissenschaftler und Bestsellerautor von vielen naturwissenschaftlichen Büchern auch – und das seit vielen Jahren. Aber ich habe eben auch den Vorteil der Erfahrung der Out-of-Body-Reisen. Der feinstoffliche Bereich und jene außerkörperlichen Reisen sind für mich nun absolute Wirklichkeiten und deshalb befasse ich mich mit dem Thema auch intellektuell. Nicht nur, dass ich diese Reisen praktiziere, sondern ich analysiere auch ständig das, was ich auf diesen Reisen sehe, was ich erfahre. Somit häufen sich meine Fragen: Wo sind die Ursachen? Warum haben wir einen feinstofflichen Bereich in uns? Was ist Information? Was ist Energie? Woraus besteht das Universum – nur aus Raum, Zeit, Materie und Energie? Gibt es ein profundes Informationsfeld? Was ist Holismus? Was ist ganzheitliches Denken?

* * *

Quantenphysik und Feinstofflichkeit

Wir als Menschen denken noch nicht holistisch. Denn würden wir holistisch denken, würden wir automatisch diesen feinstofflichen Bereich in alle Überlegungen, die sich mit dem Ursächlichen beziehungsweise mit dem Eigentlichen befassen, mit einbeziehen. Gute Ärzte tun das schon. Heute gibt es immer mehr Ärzte, die alternative, nicht auf Universitäten erlernte Heilmethoden anbieten. Die Chinesen beispielsweise haben seit Tausenden von Jahren diese Holistik in der Medizin praktiziert. Sie haben den Menschen nicht auf Organe oder auf bestimmte Zellbereiche reduziert, sondern als ganzheitliches System gesehen. Und gerade die Chinesen haben auch diesen feinstofflichen Bereich schon seit langem erkannt. Die von ihnen entdeckten und behandelten Energieknoten und Meridiane sowie die Akupunktur und auch die Akupressur haben mit dem feinstofflichen Bereich zu tun. Auch das japanische Reiki wirkt sicherlich über die Feinstofflichkeit. Genauso wird man die Homöopathie zukünftig als Heilgeschehen im Feinstofflichen einstufen, von wo aus es auf den grobstofflichen Körper heilend eingreift. Doch all das wird heutzutage in der westlichen materialistisch angehauchten Medizin noch weitestgehend angezweifelt.

Es ist für mich immer wieder lächerlich, wenn Kritiker argumentieren, beispielsweise Homöopathie könne überhaupt nicht funktionieren, denn das wäre ja so, als ob man einen Fingerhut einer bestimmten Heilsubstanz in den Chiemsee schüttet und am anderen Ende dann einen Fingerhut herausholt und sagt, es wirke noch. Man vergisst hier allerdings, dass das Prinzip ja Information ist. Information ist Energie. Energie ist Information. Und diese Informationsübertragung findet in einem Bereich statt, in dem die Verdünnung eines Materials ungeheuerlich klein sein kann. Ich würde sogar behaupten, dass wir an der deutschen Ostseeküste einen Fingerhut einer informationsträchtigen Substanz ins Meer schütten könnten und am anderen Ende, in Dänemark zum Beispiel, diese Information dem Wasser entnehmen könnten. Denn solch eine Information wird sofort auf alle Elementarteilchen in diesem Wasser übertragen.

Natürlich handelt es sich wieder um einen quantenphysikalischen Prozess. Und gerade in der Quantenphysik weiß man heute, wie unglaublich großartig die subelementare Welt ist. Diese Kommunikation, die ständig da ist, der Informationsfluss ohne Raum- und Zeitverlust, bewirkt, dass die geringsten Informationsspuren im Nu übertragen werden. Ein Photon hat bestimmte Informationen, hat eine Eigenschaft, einen Charakter. Diese Informationen eines Photons, das für uns unglaublich klein ist, werden auf ein anderes Photon übertragen. Deswegen wirkt sich die Homöopathie selbstverständlich auch auf die kleinsten Elementarteilchen aus. Und deswegen ist es eigentlich relativ dümmlich zu argumentieren, dass durch die Verdünnungsprozesse praktisch überhaupt nichts mehr von der Ursubstanz vorhanden ist. Die Informationen arbeiten nicht im grobstofflichen, sondern im feinstofflichen Bereich.

Dieser feinstoffliche Bereich spielt auch bei zwischenmenschlichen Beziehungen eine große Rolle, d. h. wenn wir spontan einen Menschen ablehnen oder eine spontane Zuneigung spüren, dann geht das in den feinstofflichen Bereich über und wir spüren sehr oft, wenn uns jemand zwar sehr freundlich anschaut, aber negativ über uns denkt. Dies ist ein unbewusster telepathischer Prozess. Wir können zum einen jemanden ablehnen, weil wir sein Gesicht, seinen Geruch, seine Redensarten oder seine Kleidung nicht mögen. Aber im feinstofflichen Bereich passiert wesentlich mehr. Es kann sein, dass wir einem Menschen begegnen, mit dem wir in einem früheren Leben eine unangenehme Begegnung hatten, weshalb wir ihn spontan ablehnen. Wir müssten uns eigentlich fragen: Warum lehne ich diesen Menschen ab? Es gibt keine Gründe dafür. Ich kenne ihn nicht. Ich habe mit ihm fast noch nie gesprochen. Ich weiß nicht, wie er denkt, wie er fühlt und trotzdem fühle ich eine negative Ausstrahlung.

Über diesen Begriff der Ausstrahlung reden wir Menschen immer sehr gern. Und das, was wir als Ausstrahlung bezeichnen, ist die feinstoffliche Energie samt deren Information, die ganz subjektiv sein kann. Es können auch zehn Menschen in einen Raum kommen und diesem Menschen begegnen. Alle empfinden ihn als eine angenehme Persönlichkeit, vielleicht sogar mit einer liebevollen Ausstrahlung. Aber wir persönlich lehnen diese Person ab und wissen nicht warum. Diese Zusammenhänge sind für uns erst einmal irrational. Doch in Wirklichkeit, so wir die feinstofflichen Gegebenheiten erkennen könnten, wären all diese noch für uns unbegreiflichen spontanen Zuneigungen oder Abneigungen rational zu begründen.

Im feinstofflichen Bereich gibt es auch nicht den Verfall oder die Zersetzung, denen der grobstoffliche Körper unterliegt. Diesen werden die Würmer benagen, so er nicht vorher eingeäschert worden ist. Doch der feinstoffliche Bereich löst sich vom grobstofflichen mit dem Funktionstod des physischen Körpers. Er benötigt auch keinen Sauerstoff oder Nahrungsmittel, um zu existieren. Er verfällt nicht. Er lebt samt den eigenen und den neuen mitgenommenen Schwingungen weiter. Alles hat eine Schwingung, egal ob Stuhl, Tisch, Glas, Mensch oder Pflanze. Das ist eine naturwissenschaftliche Realität. Alles hat seine eigene Frequenz, seine eigene Schwingung. Und beim Menschen überlebt seine spezifische Schwingung samt dem Informationsmuster und seiner Ich-Identität.

In dem nun sich anbahnenden holistischen Zeitalter wird man die feinstoffliche genauso wie grobstoffliche Welt als Realität betrachten. Akzeptiert man erst einmal diesen Holismus, d. h. das Ganzheitliche, würde das ja bedeuten, dass wir keine Reduktionisten sind. Man muss einfach akzeptieren, dass wir eine feinstoffliche Ebene haben samt einem höheren Bewusstsein, die nicht organisch bedingt ist.

Dass es sich hierbei nicht um esoterisches Geheimwissen handelt, möchte ich an einem Beispiel erläutern.

Physik- und Mathematikprofessor *Roger Penrose*, der Lehrer von *Steven Hawking*, der aufgrund seines Könnens mit Preisen überhäuft worden ist und den ich sehr schätze, hat sich vor allem mit dem Phänomen des Bewusstseins auseinandergesetzt. Für ihn ist dies das größte Rätsel. Er befasst sich mit einem mehrdimensionalen Weltbild, mit schwarzen Löchern und mit kosmologischen Problemen. Er versucht die verschiedenen Dimensionen an Hand von Modellen darzustellen, und zugleich ist er einer der genialsten Mathematiker. Das Bewusstsein ist für ihn das unglaublichste Phänomen, das man nicht rational physikalisch erklären kann. Und er hat sehr interessante Bücher geschrieben, *Shadow of the mind* (*Schatten des Geistes*)[11] heißt das eine – dem man im Deutschen bedauerlicherweise den Titel *Computerdenken* gegeben hat. Ich kenne *Roger Penrose* persönlich sehr gut und habe ihn auch für das *ZDF* interviewt. Auch er ist der Ansicht, dass dieses reflektierende Bewusstsein ein ganz besonderes Phänomen im Universum darstellt, das nicht einfach erklärt werden kann durch Material, durch irgendein Ineinanderwirken von Komponenten, man würde heute sagen von Chips oder Transistoren. Das kann man so nicht mehr erklären. Auch wenn er vom feinstofflichen Bereich nicht direkt spricht, impliziert er doch, dass dem reflektierenden Bewusstsein eine besondere Qualität in einem Organismus zukommt, die jedoch überhaupt nicht durch ein materialistisches Modell zu erklären ist – und das macht Hoffnung.

Irgendwann wird man dazu kommen, dass man das Feinstoffliche auch metaphysikalisch erklären kann. Davon bin ich überzeugt. Aber dann müssen wir eben noch mehr über die feinsten und kleinsten Elementarteilchen wissen, die vorhanden sind. Und am Ende werden wir feststellen, dass Elementarteilchen gar nicht wirklich existieren, denn das, was wir als Elementarteilchen bezeichnen, ist dieser Holismus, über den wir gesprochen haben. Das ist eine innewohnende Eigenschaft der Raum-Zeit, von der wir ja Bestandteil sind. Der Mensch ist verdichtete Raum-Zeit. Aber wenn er das ist, wenn man das akzeptiert, dann wissen wir auch, dass bis heute noch keine Raum-Zeit-Teilchen entdeckt worden sind – aber sie existieren. Und wenn diese Raum-Zeit-Teilchen den Gesetzen der Quantenmechanik unterliegen, dann wären diese Teilchen wahrscheinlich

Wellen, die so fein sind, dass sie praktisch keine Masse haben, beziehungsweise annähernd keine Masse, sodass wir sie nicht mehr messen, nicht mehr registrieren können.

Also - und das sind jetzt meine Gedanken - sind wir schlicht verdichtete Raum-Zeit mit diesen feinen schwingenden, wenn man so will, Raum-Zeit-Teilchen (ohne sie in Quanten aufzuteilen). Wir sind also nur ein holistisches Wellenmuster in der Raum-Zeit, und alles, was wir denken und tun, hat auch eine Auswirkung auf andere Bereiche.

Im Kosmos existieren mit Sicherheit diese so genannten negentropischen Gesetze, die immer aufbauen wollen, immer komplexere Strukturen kreieren wollen, sodass wir von einer in der Schöpfung wirkenden Höherentwicklung sprechen können. Entropie ist das Chaos, und *Negentropie* ist das Gegenteil. Negentropie bedeutet, dass man das Gesetz des Zerfalls, des Chaos umkehrt und komplexere Strukturen aufbaut. Wenn man gegen diese Gesetze verstößt, dann ist man sozusagen in der *Entropie* gefangen.

Wissenschaftler haben sich natürlich auch mit den nachgewiesenen Psi-Kräften und auch mit außerkörperlichen Phänomenen theoretisch, aber auch experimentell befasst. Entscheidend ist hier aber, dass gerade das Militär und die Geheimdienste diese Möglichkeiten, die sich durch die paranormalen Fähigkeiten ergaben, schon früh erkannt haben. Das berühmte *Standfort Research Institut* in Kalifornien untersuchte im Auftrag des *CIA* Psi-Phänomene, um diese unter Umständen für ihre Geheimdienste nutzbar zu machen. Es existieren nach wie vor streng geheime Projekte. Dabei hatte man sich ursprünglich auf die Möglichkeit der Fernwahrnehmung konzentriert. Die Idee war, dass man gegnerische Militärinstallationen ausspionieren wollte, ohne dass man einen Agenten dort hinsandte, der in Gefahr geraten könnte. Stattdessen benutzte man Psi-talentierte Personen. Die Erfolge waren unglaublich überraschend. Auch konnten solche medialen Probanden Dinge genau voraussagen, die dann wirklich eintrafen. Problematisch war aber bei all diesen Versuchen immer, dass sie nicht jederzeit reproduzierbar waren, doch die beliebige Reproduzierbarkeit gilt für die Naturwissenschaft, wie wir schon erwähnten, als Voraussetzung, damit Sachverhalte als real anerkannt werden können. Wenn man eine Versuchsreihe in der Naturwissenschaft mehrmals durchführt, dann sollte sie immer zu dem gleichen Resultat führen. Das ist gerade auf diesem Gebiet der paranormalen Versuche jedoch nicht der Fall.

Die in einem Labor liegenden medialen Psi-Agenten bekamen als Aufgabe, andere Orte und Lokalitäten mit der speziellen Fähigkeit, in die Ferne sehen (*remote viewing*) oder astral wandern zu können, auszuspionieren. Doch es ergaben sich immer unbefriedigende Resultate, sobald sie unter Druck gesetzt wurden. Und deswegen war man dann auch enttäuscht. Ein zusätzlicher Störfaktor war auch, dass von Anfang an ein anderes Lager von Leuten anwesend war, das diese Versuchsreihen sehr kritisch nicht nur beobachtete, sondern sogar verurteilte. Und diese Animosität führte natürlich auch oft zur Verunsicherung nicht nur der Versuchsleiter, sondern auch der Versuchspersonen und der öffentlichen Medien, die nun nicht mehr über solch geheimes Vorgehen berichteten, weshalb derlei Forschungsvorhaben auch aus dem Gespräch, aus dem Bewusstsein der Öffentlichkeit verschwanden.

Warum diese Versuchsreihen außerdem oft hinter den Hoffnungen zurückbleiben, liegt u.a. auch an dem ungeheuren Erwartungsdruck. Weiter behindert eine negative Einstellung, die ja immer zielorientiert ist, einen möglichen Erfolg. Denn wenn ich einer Situation oder einem Versuch gegenüber sehr negativ eingestellt bin, und ich sage: "Das klappt sowieso nicht", dann strahlt das aus. Das ist eine Art Kommunikation, die augenblicklich stattfindet und die unbewusst nicht nur die Versuchsleiter, sondern eben auch die Versuchspersonen derart beeinflusst, dass solche Tests tatsächlich misslingen können. Das Problem liegt in dem feinstofflichen Bereich, der unglaublich sensibel auf mentale und emotionale Einflüsse reagiert.

Dennoch werden solche Versuche insgeheim weitergeführt. Nur hat man sich damit abzufinden, dass die Voraussetzungen für eine erfolgreiche Out-of-Body-Erfahrung nicht in einem Labor gegeben sind. Denn ein Labor hat Monitore, elektromagnetische Geräte, Instrumente, ECG-Geräte usw. Die Atmosphäre ist einer Out-of-Body-Erfahrung schlicht nicht zuträglich. Denn diese tiefe Entspannung, die notwendig ist, um eine Astralreise durchführen zu können, wird wohl kaum in einem Labor zu erreichen sein.

Für solche Versuchsreihen melden sich dann angeblich medial begabte Personen, die nur gerne an diesen Experimenten teilnehmen wollen, da sie dafür bezahlt werden. Und es bleiben am Ende wenige übrig, die wirkliche Erfolge aufweisen, doch das reicht dann z. B. der *CIA* oder den Experimentatoren nicht aus. Interessant ist jedoch der Umstand, wie ernst von diesen die Möglichkeit nicht nur der präkognitiven Wahrnehmung, der Fernwahrnehmung, sondern auch der außerkörperlichen Erfahrung genommen wird, denn sonst hätte man nicht so viel Geld in diese Versuchsreihen investiert.

Ich selber habe in New Mexiko auch an interessanten paranormalen Versuchen, die in einem Institut durchgeführt werden, teilgenommen. Und hier ergab sich das interessante Resultat, dass die Quantenphysik, so wie wir sie heute kennen, einfach nicht stimmt. Das heißt, sie ist nicht zutreffend. Der menschliche Geist überwindet sozusagen die Quantenphysik. Mittels Psychokinese verlagerten psychisch Begabte mit ihren Mentalkräften das Aufblitzen von Lichtreihenfolgen in eine entgegengesetzte Richtung. All dies und noch viele andere Versuche geschahen allein durch den menschlichen Geist. Diese Versuche waren verblüffend, und die Trefferquote lag immer über dem Zufallsprinzip.

An dieser Stelle möchte ich auch noch ganz entschieden sagen: Jeder Missbrauch, der in der Wissenschaft mit feinstofflichen Erprobungen zum Schaden oder zur Ausnutzung anderer führt, fällt in irgendeiner Weise auf die Ausübenden zurück. Es scheint jedoch ein höherer Schutzmechanismus eingebaut zu sein, dass diese Art von Missbrauch eigentlich nie stattfinden kann. Dies ist auch der eigentliche Grund, warum Labortests zum Ausspionieren feindlichen Territoriums oder von Geheiminstallationen nicht gelingen.

Nun möchte ich auf den *EPR-Effekt* zu sprechen kommen, da dieser für die Erkundung des Feinstofflichen von großer Bedeutung ist. Mit diesem *EPR-Effekt* hatte *Einstein* selber seine Probleme, obwohl ja in dem *Einstein-Podolsky-Rosen-Effekt* auch sein Name enthalten ist – *Podolsky* und *Nathan Rosen* waren, wie Einstein, ebenfalls Wissenschaftler. Der *EPR-Effekt* war für viele Wissenschaftler, als er entdeckt wurde, eine Sensation, aber auch gleichzeitig ein Rätsel, denn er steht im Widerspruch zu allen Auffassungen zum Raum-Zeit-Kontinuum und der Lichtgeschwindigkeit. Denn hier geschieht etwas, das außerhalb dieser erkannten oder gängigen Modellvorstellungen angesiedelt ist: Wenn wir ein Zwillingspaar-Elementarteilchen nehmen, zum Beispiel Elektronen oder Photonen, dann ist es so, dass die Zwillinge bestimmte Eigenschaften haben, identische Eigenschaften. So können wir bei Teilchen sagen, dass sie eine Rotation haben oder eine Achse; und wie die Erde eine Achse hat, einen Nord- und einen Südpol und rotiert, so tun das Elementarteilchen ebenfalls. Ferner haben sie eine Ladung, d. h. sie können positiv oder negativ geladen sein, oder sie können neutral sein, womit Teilchen einen Charakter und bestimmte Eigenschaften haben.

Ein Zwillingspärchen nun hat identische Eigenschaften. Wenn man diese Zwillinge trennt und schickt den einen Zwilling, das eine Teilchen, zum Ende unseres bekannten Universums und nimmt an dem zurückgebliebenen Teilchen eine Veränderung vor, dann findet diese im selben Moment auch bei jenem ca. 40 Milliarden Lichtjahre entfernten Teilchen statt. Eine gigantische Entfernung. Ein ausgesendetes Signal des einen Teilchens würde normalerweise, wenn es nur mit Lichtgeschwindigkeit dem anderen Zwillingsteilchen zugesendet würde, bis zum anderen Ende des Universums 40 Milliarden Jahre brauchen. Der eine Zwilling sagt beispielsweise: "Hallo, wie geht's dir?", und es dauert 40 Milliarden Jahre, bis diese Frage beim anderen ankommt. Nun antwortet der andere Zwilling: "Oh, mir geht es gut." Noch einmal 40 Milliarden Jahre. 80 Milliarden Jahre würden demnach bei einem schlichten Wortwechsel vergehen.

Das Erstaunliche bei diesem *EPR-Effekt* besteht demnach darin, dass, bei einer Veränderung einer Eigenschaft bei einem Zwilling – zum Bespiel seiner Rotation oder Achsenschräglage – der andere Zwilling die gleiche Veränderung augenblicklich und ohne Zeitverlust nachvollzieht. Und dabei spielt es keine Rolle, wie weit sie voneinander entfernt sind. Augenblicklich wird diese Veränderung der Eigenschaft von dem einen Zwilling auf den anderen übertragen.

Die Auflösung dieses Problems des *EPR-Effekts* ist das so genannte *Bell'sche Theorem*. Bell, ebenfalls ein großer Wissenschaftler in Amerika, hat nachgewiesen, dass in der elementarphysikalischen Ebene, dort, wo unser feinstofflicher Bereich auch angesiedelt ist, Entfernungen eigentlich nicht mehr existieren. Das bedeutet, dass das Raum-Zeit-Kontinuum hier eine andere Bedeutung hat, d. h. selbst wenn der Zwilling weit entfernt ist, hat er eigentlich seinen anderen Zwilling nie verlassen – so, als würden sie ständig Händchen halten. Und wenn ich bei dem einen Zwilling etwas verändere, dann überträgt sich das auf den anderen. Das ist das so genannte *Bell'sche Theorem*, das auch mathematisch nachgewiesen wurde. Und der *EPR-Effekt* ist heute akzeptiert.

Wir müssen davon ausgehen, dass das Raum-Zeit-Kontinuum quantenmechanisch gesehen im feinstofflichen Bereich seine Parallele findet, dass dort ebenfalls Entfernung und Zeit überhaupt keine Rolle spielen. Dies ist auch der Grund, warum wir, wenn wir aus dem Körper ausgetreten sind, uns irgendwohin denken können und augenblicklich dort sind. Es vergeht praktisch keine Zeit.

Dass dieser *EPR-Effekt* tatsächlich existiert und nicht nur eine theoretische Modellvorstellung ist, können wir in den neuesten Versuchsreihen, u. a. aus Amerika und aus Innsbruck (Institut für experimentelle Physik), entnehmen, wo eben gerade dieser *EPR-Effekt* erprobt wird und man schon mit Atomen die ersten "Teleportationsversuche" erfolgreich durchgeführt hat. Man ist in der Lage, die Information eines ganzen Atoms ohne Zeitverlust auf ein anderes zu übertragen. Man darf nur nicht vergessen, dass die Information, die übertragen wird, wieder feinstofflicher Natur ist, sonst würde es nicht funktionieren. Und das bringt uns hier zu einem entscheidenden Punkt. Ich behaupte ständig, dass der feinstoffliche Bereich die Ich-Identität enthält. Warum? Nun, die Ich-Identität ist Information. Es heißt, sie bringt sozusagen die Dinge in Form, auch das Ich. Daher ist es eben die Information, die entscheidend ist. Wenn wir jetzt ein Atom nehmen und Information auf ein anderes Atom ohne Zeitverlust übertragen können, dann können wir das auch so darstellen, dass das Atom der grobstoffliche Bereich ist, die Information aber dem feinstofflichen Bereich angehört.

Zugleich stellt sich mir als dem Astralreisenden die Frage, ob es jenseits des Feinstofflichen noch höher schwingende Ebenen des Daseins gibt. Ich habe schon einmal kurz das kollektive Bewusstsein erwähnt. Ich spreche absichtlich nicht vom Unterbewusstsein, sondern ganz bewusst vom kollektiven Bewusstsein. Das ist, glaube ich, ein neuer Begriff von mir, weil man sich in diesem auch kollektiv bewusst ist. Ich bin überzeugt, dass jenseits des Feinstofflichen jenes kollektive Bewusstsein existiert, ein noch feinerer Bereich als der feinstoffliche, den man vielleicht als unsere Urheimat betrachten könnte, vielleicht als die Quelle der Schöpfung, von der wir alle ein Teil sind.

Doch wie wir sehen, stehen wir mit der Erforschung dieser Bereiche noch ziemlich am Anfang. *Goethe* sagte: "Am Anfang steht das Wort". Ich würde sagen: "Am Anfang steht die Resonanz." Wahrscheinlich wollte Goethe dasselbe sagen. Denn mit dieser Resonanz ist natürlich der Gedanke gemeint, der zur Resonanz gebracht wird. Durch diese Gedanken ist das Universum herausgebildet worden. Die Form kam durch die Information, durch das Feinstoffliche, durch die Energie – und dadurch haben wir Sterne und Planeten und auch uns.

* * *

Holistisches Bewusstsein als Konsequenz der außerkörperlichen Erfahrungen

Meine Erfahrung ist die, dass hoch qualifizierte Naturwissenschaftler, wie zum Beispiel Elementarphysiker, oft wesentlich aufgeschlossener sind als diejenigen, die überhaupt keine Ahnung haben. Sie staunen manchmal, was ich ihnen über den feinstofflichen Bereich und meine außerkörperlichen Erfahrungen berichte, durchdenken das ihnen Berichtete und versuchen es in neue Denksysteme einzuordnen.

Ich habe jetzt über dreißig Bücher geschrieben. Aber ich stelle immer wieder fest, dass diejenigen, die *Johannes von Buttlar* beurteilen und verurteilen, auch diejenigen sind, die meine Bücher noch nie gelesen haben. Das ist nämlich das Interessante. Und diejenigen, die meine Bücher lesen – und das sind wirklich oft hoch qualifizierte Leute –, sind nicht meine Kritiker. Was speziell Out-of-Body anbelangt, sind die vehementesten Kritiker diejenigen, die keine Ahnung von diesen Dingen haben und sich nicht darüber informiert haben oder sich auch nie darüber informieren werden; diese Menschen haben von der Quantenphysik und der Elementarphysik sowieso überhaupt keine Ahnung. Ein Grund für ihre Haltung sehe ich bei ihnen in einer versteckten Angst. Es ist die Angst davor, sich eingestehen zu müssen, dass sie bisher einem zu kleinen Weltbild gehuldigt haben und nun alles neu überdenken müssten. Doch vor allem müssten sie sich eingestehen, dass diejenigen, die sie so vehement bekämpft haben, in den neuen Erkenntnissen eigentlich viel weiter sind als sie selbst. Dies alles würde einem Bankrottgeständnis gleichkommen, was sie auf jeden Fall vermeiden wollen. All dies hat bei ihnen auch mit dem Anklammern an das Grobstoffliche zu tun. Und dadurch entsteht eine Art atavistische Angst, eine Furcht, denn das Feinstoffliche ist für sie ja negativ behaftet. Für sie klingt das nach Tod oder nach Jenseits, und das hat einen negativen Touch, weswegen sie es sofort von sich weisen.

Es ist in diesem Zusammenhang interessant, dass gerade diejenigen, die Out-of-Body-Erfahrungen machen, ihre Furcht vor dem Tod total verlieren. Der Vorgang des Sterbens mag zwar für viele Menschen qualvoll sein, auch unangenehm, aber vor dem Tod sollte man sich überhaupt nicht ängstigen. Das sollte auch für diejenigen gelten, die sagen: "Nach dem Tod kommt das große Nichts. Dann ist von mir überhaupt nichts mehr vorhanden." Die solches denken, bräuchten sich ja dann auch überhaupt nicht vor dem Tod zu fürchten ... Aber diejenigen, die Out-of-Body-Erfahrungen haben, wissen, dass mit dem Ausstieg aus dem grobstofflichen Bereich eine Verwandlung stattfindet, dass die Ich-Identität im feinstofflichen Bereich einfach bestehen bleibt und durch Resonanz-Phänomene wiedergeboren wird. Das ist für mich persönlich eine Tatsache. Es hat mit Glauben nichts zu tun, sondern es ist meine Überzeugung, weil ich es aufgrund meiner vielen Erfahrungen weiß. Für andere bleiben diese Dinge weiterhin Glaubenssache. Aber diejenigen, die jetzt dieses Buch lesen, sorgfältig die ganzen Übungen mit durcharbeiten und dann zum ersten Mal aus dem Körper heraustreten können, werden von dem Moment an die Welt, das Leben, die Wiedergeburt und den Tod ebenfalls ganz anders betrachten. Die Erweiterung Ihres Bewusstseinspotenzials ist eigentlich der Sinn der erfolgreichen Out-of-Body-Erfahrung. Wir entwickeln dadurch ein holistisches Metadenken.

Unsere alltägliche Raum- und Zeiterfahrung ist nur ein kleiner Ausschnitt der wahrnehmbaren Wirklichkeit. So wie jeder Wissenschaftler weiß, dass das optische Fenster im elektromagnetischen Spektrum uns nur einen ganz kleinen Ausschnitt des eigentlich Vorhandenen bietet, so gibt es unendlich viele Bereiche, die wir im alltäglichen Leben nicht wahrnehmen können. Unsere uns bisher bekannte Existenz ist nur ein ganz kleiner Ausschnitt von dem, was wir wirklich sind. Der Vorteil von Out-of-Body ist, dass wir diesen

Ausschnitt wesentlich erweitern und damit sozusagen einen holistischen Einblick bekommen, wodurch wir natürlich unser Wissenspotenzial enorm erweitern. Wir sehen das Leben ganz anders, wir erfahren das Leben ganz anders. Wir stehen auch in vielen Bereichen über den Dingen, die normalerweise Stress und Krankheit bei uns verursachen würden. Wir bekommen eine andere Lebenseinstellung, eine andere Weltsicht. Und das Besondere dabei ist, worauf ich schon hingedeutet habe, dass wir ein gesteigertes Verantwortungsgefühl für die Schöpfung haben werden.

III. AUSSERKÖRPERLICHE ERFAHRUNGEN

* * *

Berichte über außerkörperliche Erfahrungen

Im 19. Jahrhundert haben viele Autoren über dieses Phänomen berichtet. Diesen Berichten lagen meist Bücher zugrunde, die sich auf Erfahrungen aus Tibet bezogen oder Techniken der Inder beschrieben, die meist mit Yogapraktiken einhergingen. Diese schilderten in allen Einzelheiten den entsprechenden Vorgang außerkörperlicher Erfahrungen mittels der Atemtechnik bis hin zur Herz-Rhythmus-Manipulation, welche auch die Gehirnströme beeinflusst. In Europa verbreiteten sich diese Techniken zuerst nur als Geheimlehre. Erst mit dem Beginn des 20. Jahrhunderts begann man sich mit dem Phänomen wissenschaftlich auseinanderzusetzen, bis man seine Existenz auch wissenschaftlich beweisen konnte. Wir wissen also heute mit Sicherheit, dass außerkörperliche Erfahrungen, Out-of-Body und Astralreisen nicht auf Einbildung, auf Projektion beruhen. Man hat zudem, wie wir gesehen haben, im Labor mit Monitoren, mit den verschiedensten Geräten und Instrumenten, zum Beispiel mit ECG-Geräten, selbst an Tieren diese Versuche durchgeführt, sodass wir mit Bestimmtheit davon ausgehen müssen, dass außerkörperliche Erfahrungen als nachgewiesen zu gelten haben. Aber mit dem Nachweis der Out-of-Body-Existenz, dem Beweis also, dass sich das Bewusstsein von der irdischen Materie lösen kann, ist auch für mich persönlich gleichzeitig der Nachweis gegeben, dass sich ein von der Materie losgelöstes Bewusstsein wieder in eine neue materielle Existenz reinkarnieren kann, womit auch die Idee der Reinkarnation genauso konkret Gültigkeit erreicht. Denn in dem Moment, wo wir nachweisen können, das Out-of-Body existiert, müssen wir davon ausgehen, dass auch ein Leben nach dem Tod existiert und damit auch die Möglichkeit der Reinkarnation.

In Amerika gab es einen jungen Mann namens *Sylvan J. Muldoon*, der beinahe durch Zufall aus dem Körper heraustrat, und dann darüber Berichte geschrieben hat, die zusammengefasst von *Hereward Carrington* unter dem Titel *Die Aussendung des Astralkörpers*[12] herausgegeben worden sind. Ebenfalls von großem Einfluss für die Erforschung der Technik außerkörperlicher Reisen waren in der zweiten Hälfte des zwanzigsten Jahrhunderts die Bücher von *Robert Monroe*[13]. Er gründete sogar ein eigenes Institut, in welchem die außerkörperliche Erfahrung gelehrt und praktiziert wurde. Eine Person, die diese dort erlernte und erfolgreich praktizierte, war keine geringere als die berühmteste Ärztin der damaligen Zeit, nämlich *Elisabeth Kübler-Ross* (1926-2004), die über ihre Erlebnisse dort eindrucksvoll berichtete.[14]

In der klassischen Out-of-Body-Literatur werden natürlich unterschiedliche Techniken dargestellt, weil schließlich jeder der betreffenden Autoren eine Art von technischer Spezialität entwickelt hat, um den Körper zu verlassen. Dann muss man auch ganz eindeutig feststellen, damit keine Verwirrung entsteht, dass die Eindrücke, die außerhalb des Körpers entstehen, sehr oft subjektiver Natur sind. Das liegt einfach daran, dass sich die Projektionen manchmal mit dem Out-of-Body vermischen. Projektion würde bedeuten, dass wir aus unserem Unterbewusstsein Eindrücke mit einfließen lassen. *Monroe* zum Beispiel hat außerhalb des Körpers ganz unterschiedliche Dimensionen erfahren, die vielleicht ein anderer nicht aufzusuchen in der Lage sein würde. Das muss jedoch nicht bedeuten, dass durch diese Subjektivität die außerkörperlichen Erfahrungen an Realität verlieren, sondern ganz im Gegenteil, es belegt vielmehr nur, dass wir uns in einem Bereich bewegen, wo diese Ich-Identität natürlich nach wie vor auch mit Bewusstseinsschichten feinstofflich gekoppelt ist, sodass hier ganz unterschiedliche Eindrücke erfahren und verarbeitet werden. Jeder, der solch eine Reise durchführt, hat andere Intentionen und andere Ziele, die somit selbstverständlich ganz unterschiedliche Beschreibungen und Eindrücke vermitteln.

Aber für mich z. B. steht außer Frage, dass wir den Körper wirklich verlassen und dann eben Dinge erleben, die genauso real sind wie das, was wir in unserem Tagesablauf, in unserem grobstofflichen Körper erleben. Wir müssen akzeptieren, dass das, was wir gewöhnlich als Realität anerkennen, nur Facetten sind, Facetten von verschiedenen Daseinsebenen, verschiedenen Wirklichkeiten. Und das Erstaunliche hier ist eben, dass das Universum in diesem Bereich wesentlich komplexer, wesentlich faszinierender, wesentlich interessanter ist, als die Reduktionisten in der Physik uns gerne glauben machen möchten. Man kann oberflächlich gesehen sicherlich sagen, dass das Universum allein aus Materie, Energie, Raum und Zeit besteht – und das ist alles. Doch Gott sei Dank ist das nicht so. Denn es gibt unglaublich viele Facetten und einige von diesen sind uns bisher noch verborgen. Ich bin der Ansicht, dass der nächste Evolutionsschritt der Menschheit darin besteht, unser geistiges Potenzial zu erweitern. Und dazu gehören auch die Out-of-Body-Erfahrungen, die einen wichtigen Erlebnisteil unseres Potenzials darstellen, sodass wir das Universum in seiner großartigen Vielfältigkeit mehr und mehr erkennen.

* * *

Wie ich zu dem Wissen über außerkörperliche Erfahrungen gelangte

Mein erstes eigenes Erlebnis außerkörperlicher Reisen, wenn ich den Ausdruck jetzt benutzen darf, war wirklich eine spannende und interessante Geschichte und wahrscheinlich auch das erste Mal, dass ich mit einem Phänomen konfrontiert wurde, das eigentlich nicht so in unsere tägliche Wirklichkeitsempfindung hineinpasst. Alles passierte, als ich 17 Jahre alt war. Mein damaliges Interesse war sehr stark naturwissenschaftlich geprägt, und ein Hang zur so genannten Esoterik oder zur mystischen beziehungsweise metaphysischen Welt war überhaupt nicht vorhanden. Ich habe mich zwar in jenem Alter sehr stark mit den Religionen auseinandergesetzt und die Fragen: *Kann es einen Gott geben? Ist das nicht ein Aberglauben? Kann die Welt nicht existieren ohne diesen lieben Gott?* haben mich mit 17 sehr stark beschäftigt und interessanterweise auch diese klassische Frage: *Wenn es den lieben Gott gäbe, ist er überhaupt nachweisbar?* Immer habe ich versucht, diese Fragen mit Hilfe der Logik zu klären. Doch alle Antworten, die ich fand, haben mich nicht befriedigt.

Mit 17 – und jetzt komme ich zu dem Zeitpunkt meines ersten Ausstiegs – hatte ich mich, der ich seit vielen Jahren in Australien lebte, freiwillig gemeldet, um aus Abenteuerlust in die australische Armee einzutreten. Ich habe mich extra ein halbes Jahr älter gemacht, denn ich musste eigentlich 18 Jahre alt sein. Und damals, Ende der fünfziger Jahre, war es in diesem Land möglich, jeder Arbeit nachkommen zu können ohne größeren Befähigungsnachweis, solange sich diese nicht mit der Medizin befasste. Ich hätte somit zwar nicht als Doktor auftreten können, aber man konnte so ziemlich alles andere versuchen. Man bekam eine Probezeit, und bestand man diese, wurde man akzeptiert. Beim Militär war es ebenso. Ich hatte mich gemeldet, und nach einer dreitägigen Prüfung war ich akzeptiert. Meine Ausbildung begann im Staat Victoria, woraufhin ich nach Queensland versetzt wurde, um dort für den harten Dschungelkampf ausgebildet zu werden. Trotz des ganzen militärischen Trubels befasste ich mich in dieser Zeit weiterhin stark mit Gedanken über die Religionen.

Meinen Urlaub verbrachte ich in Melbourne, wo ich mir ein Zimmer mietete. Rückblickend kommt es mir so vor, als ob es heute passiert wäre. Ich kann mich ganz genau erinnern. Ich bin die paar Stufen hinaufgegangen und habe an die Tür geklopft. Eine untersetzte Dame, die Vermieterin, öffnete die Tür und stand vor mir mit etwas fettigen, schwarzsträhnigen Haaren und einem quergestreiften Kleid. Im Haus roch es muffig und ich wollte mich eigentlich schon wieder umdrehen, aber irgendetwas hat mich an dieses Haus gefesselt, was ich nicht erklären konnte. Es war beinahe so, als ob ich hypnotisiert gewesen wäre. Ich musste in dieses Haus. Und dann führte sie mich in den 1. Stock zu meinem Zimmer, das ich mieten konnte. Sie machte eine der Türen in jenem Gang auf, von welchem verschiedene Türen in Zimmer führten, die bereits von anderen Mietern bezogen waren. Mein Zimmer war nur ein Raum mit schwacher Beleuchtung, einem Bett, einem Tisch, einem Stuhl und sonst eigentlich gar nichts. Das Badezimmer im Flur musste mit allen Mietern geteilt werden. Es war also wirklich erbärmlich. Und trotzdem wusste ich, dass es wichtig war, dass ich nun in diesem Haus wohnte.

Ich habe also meinen Koffer aufs Bett gelegt, in dem sich mehrere Bücher befanden, die sich hauptsächlich auf Themen bezogen, die sich mit meinen damaligen Interessen befassten. Innerhalb von zwei bis drei Tagen hatte ich auch die beiden anderen Mieter kennen gelernt, wovon der eine Pole war und in der Brauerei arbeitete. Der andere Mieter war Australier, bei dem seine Freundin, eine Prostituierte, wohnte. Unten im Haus war die Gemeinschaftsküche. Diese Details erwähne ich nur deshalb, da sie, wie Sie sehen werden, später ebenfalls von Bedeutung sein werden. Die Küche roch nach verbrannten und vergammelten Dingen, und jedem war ein Schrank zugeteilt, in welchem er seine Sachen unterbringen konnte. Außerdem gab es dort einen Gemeinschaftsherd. Die Birne war fast braun von Kochausdünstungen, und durch das Fenster schaute man auf die Wand des nächsten Hauses. Die Küche war in einem Grünton gestrichen, und am Ende dieser Küche gab es eine schmale Tür zur Besenkammer.

Eines Tages, es war am 4. Tag meines Aufenthaltes, hatte ich plötzlich das sehr starke Bedürfnis, zu zeichnen, was ich vorher nie hatte. Und so bin ich dann in ein Geschäft gegangen, habe mir einen großen weißen Papierbogen und Farbstifte gekauft. In mein Zimmer zurückgekehrt, habe ich das Papier mit Reißzwecken an der Wand befestigt. Ich habe den Oberkörper eines Mannes gemalt, umrahmt von Symbolen, die ein Kirchenfenster, einen Baum und einen Sarg darstellten, dazu kam eine Faust und eine offene Hand, doch diese offene fragende Hand gelang mir nicht. Es war für mich aber aus irgendeinem Grund unglaublich wichtig, diese offene Hand zu malen, und ich habe wirklich geschwitzt vor Anstrengung. Schließlich löste ich das Bild von der Wand, nahm meine Stifte und ging zur Küche hinunter. Dort befestigte ich das Stück Papier wieder an der Wand. Warum ich nun ausgerechnet in der Küche dieses Bild fertigstellen wollte, ist für mich auch heute noch unerklärlich. Und während ich also vor dem Stück Papier stand und zeichnete, hörte ich plötzlich ein Geräusch. Die Besenkammertür ging auf. Dann hörte ich Schritte. Doch eigenartigerweise habe ich mich nicht umgedreht. Ich spürte, dass jemand hinter mir stand. Und dann hörte ich auch eine sehr angenehme dunkle Frauenstimme, die ganz klar und deutlich sagte: "Endlich bist du gekommen. Ich habe auf dich gewartet, doch nun bist du endlich da." Dann erklärte sie mir – ich hatte mich immer noch nicht umgedreht – die Symbole, die ich gezeichnet hatte. Diese bezogen sich auf Yogaphilosophie. Sie erklärte mir also die ganzen Yoga-Begriffe, mit denen ich überhaupt nichts anfangen konnte. Und dann sagte die Stimme, wie ich die Hand zu zeichnen hatte. Wie hypnotisiert folgte ich den Anweisungen – und plötzlich stimmte die fertig gezeichnete Hand.

Ich habe mich dann umgedreht – und da stand eine kleine Frau in einem Tweed-Kostüm mit einem langen Rock vor mir. Das Gesicht war sehr hell, aber ich konnte auch deutlich hellen Puder darauf erkennen. Sie hatte rotbraunes Haar und die Augen waren ebenfalls braun. Ihr Alter könnte fünfzig Jahre gewesen sein. Auch die rotbraunen Schuhe konnte ich sehen und über ihrer Bluse trug sie eine Goldkette um den Hals. Da sagte die Frau: "Und jetzt kann ich es dir geben." Sie drehte sich um und ging schnurstracks auf die Besenkammertür zu und verschwand dahinter. Mir war klar, dass sie hinter dieser Tür wohnen musste.

Schließlich öffnete sich die Tür wieder, und sie kam leisen Schrittes mit einem Stapel Bücher auf mich zu. Ich stand auf, und sie drückte mir dann die Bücher in den Arm. Ich stand wirklich fassungslos da. Sie schaute mich noch einmal aus nächster Nähe an und sagte: "Du bist der ..." Sie hat mir irgendeinen Namen gegeben, den ich nicht kannte und an den ich mich nicht mehr erinnern kann. Wahrscheinlich war meine Fassungslosigkeit daran schuld, dass ich gar nicht genau zugehört habe. Doch sie hat mir beinahe mit Hochachtung diesen Namen genannt, der für mich völlig irrelevant war. Als sie sich umdrehte und wieder ging, sagte sie noch: "Und wenn du mit den Büchern fertig bist, gib sie an den Richtigen weiter." Dann ging sie zur Besenkammertür, die ich als solche jetzt nicht mehr bezeichnen konnte, musste sich doch dahinter ein mir vielleicht bisher verborgenes Zimmer befinden. Nachdem die Tür geschlossen war, stand ich für einige Momente immer noch fassungslos da. Doch schließlich nahm ich die Bücher und ging hinauf in mein Zimmer.

Es waren sieben dicke Bände. Ich ließ sie aus meinem Arm auf das Bett fallen – und dann packte mich natürlich die Neugierde. Ich hab mich dann aufs Bett gelegt und nahm mir das erste Buch vor. Alles war in sehr groben Buchstaben geschrieben und zwar in viktorianischem Englisch, wie auch die anderen Bücher. Die großen, etwas antiquiert wirkenden Lettern waren derart, dass man meinen könnte, man habe die Buchstaben in Holz geschnitzt und dann auf das wie handgefertigt wirkende Papier gedruckt. In dem ersten Band stand zu meiner Überraschung, dass diese Bücher nicht zum kommerziellen Gebrauch verfasst seien. Auch dürften sie nicht veräußert und nur an bestimmte Personen weitergegeben werden. Wer diese bestimmten Personen sein sollten, war jedoch nicht vermerkt. Der Inhalt bestand in Unterteilungen und Erklärungen von verschiedenen Yogaarten wie dem *Hatha-Yoga*, *Nana-Yoga* oder *Radja-Yoga*. Im ersten Band wurden die Grundlagen erklärt, während von Band zu Band eine Vertiefung des Yoga stattfand.

Während ich diese Bücher las, wusste ich, dass diese mir Antworten gaben zu den Fragestellungen, über die ich die ganzen letzten Monate gegrübelt hatte. Denn ich hatte nach dem Sinn des Lebens gesucht, weswegen ich auch zum Militär gegangen war. Mein Verhalten, aus diesem Grunde zum Militär zugehen, erscheint vielen sicherlich als Widerspruch, aber es war die Suche, die mich zu dieser Entscheidung getrieben hatte. Und auf einmal hatte ich alles, wonach ich suchte, sozusagen in den Schoß gelegt bekommen. Ich habe in diesen Büchern tagelang gelesen, ohne zu essen. Und ich habe die Anweisungen für die Atemübungen alle Schritt für Schritt befolgt.

Manche Dinge waren für mich leicht und andere wiederum schwer verständlich, weil einiges auch zum Teil symbolisch zu verstehen war. Und dann stieß ich im sechsten Band auf bestimmte Techniken, die sich auf außerkörperliche Erfahrungen bezogen. Es wurde darin auch erklärt, wie man an zwei Plätzen zugleich sein kann, wie man die Levitation erlernt, wie man Dematerialisationen durchführen kann und wie man aus dem Körper auszusteigen vermag. Ich war von diesen Techniken fasziniert. Doch allein das Lesen dieser Techniken bedeutete noch nicht, dass ich sie auch gleich beherrschte. Aber es war zumindest der Anfang.

Der siebte Band bezog sich auf Ethik, auf Religionsphilosophie und transzendentale Bereiche. Interessanterweise klopfte es in dem Moment an die Tür, als ich mit dem Lesen des siebten Bandes fertig war. Ich öffnete. Vor mir stand mein chinesischer Freund aus Singapur. Er war der Sohn reicher Eltern und studierte an der Universität Melbourne. Er sagte: "Wie kannst du in einem so schrecklichen

Haus wohnen. Ich habe eine Wohnung. Du kannst bei mir wohnen. Was tust du hier überhaupt?" In selben Moment war mein unerklärlicher Zwang verschwunden, in diesem Haus bleiben zu müssen und ich habe die Bücher in den Koffer gepackt. Der Vermieterin sagte ich, sie könne den Rest des Mietvorschusses behalten. Bevor ich ging, fragte ich sie jedoch noch, wer diese Frau sei, die da unten in dem Zimmer neben der Küche wohne. Das Interessante ist, dass ich seit jenem Erlebnis nie wieder in die Küche gegangen war, denn ich war derart von den Büchern eingenommen, dass ich nicht daran dachte, jene Frau aufsuchen zu wollen. Ich fragte also meine Vermieterin, wer diese Frau sei. Sie schaute mich an, als ob ich verrückt geworden sei und fragte ihrerseits: "Was für eine Frau?" "Ja, unten wohnt doch diese Frau neben der Küche. Wer ist diese ältere Dame?" "Was für eine Dame?" Jetzt dachte ich, meine Wirtin sei verrückt. Ich sagte: "Jene in dem Zimmer neben der Küche." "Da ist kein Zimmer", entgegnete sie. "Aber da ist doch diese Tür ... da kam doch diese Frau heraus ..." Sie sah mich mitleidig an: "Das ist eine Besenkammer. Da wohnt niemand." Das war alles, was sie entgegnete. Ich habe daraufhin mit fassungsloser Beklemmung das Haus verlassen. Jeder normale Mensch wäre sicherlich in die Küche gegangen und hätte die Tür zur Besenkammer aufgemacht, doch seltsamerweise kam mir dies gar nicht mehr in den Sinn. Dieses Erlebnis verwirrte mich einerseits, war aber andererseits für mich auch etwas Selbstverständliches.

Jahre später, als ich dann in England lebte, habe ich meinem Verleger *Nevil Armstrong*, der den *Sperman-Verlag* in England leitete, und seiner Frau dieses Erlebnis erzählt. Beide schauten mich beeindruckt an und sagten: "Beschreib doch noch mal, was diese Frau anhatte." Ich beschrieb ihre Kleidung. Hierauf entgegneten sie, dass man zu jener sommerlichen Jahreszeit bei 40 Grad doch sicherlich kein Wollkostüm trägt. Ja, sie hatten recht. Und da sagte Frau Armstrong: "Übrigens – das Kostüm, das du beschreibst, ist 'typical Edwardian', stammt also aus der Zeit, als *Edward König von England* (1901 bis 1914) war." Und da ist mir erst dieser Umstand bewusst geworden. Auch wenn die Vermieterin mich angelogen hätte und vielleicht doch ein Zimmer vorhanden war, sie mir aber verheimlichen wollte, dass da noch eine Frau wohnte, war doch ganz klar zu erkennen, dass bei diesen vierzig Grad in Australiens Sommer niemand ein schweres Wollkostüm tragen würde, das zudem vollkommen aus der Mode war. Das passte irgendwie nicht zusammen. Und damit war die Geschichte eigentlich für mich in mancher Beziehung abgeschlossen – außer dem Umstand, dass ich die Techniken außerkörperlicher Erfahrungen gerade hier aus diesen sehr profunden Büchern entnommen und für mich weiterentwickelt habe, sodass ich nicht viel später in der Lage war, die ersten außerkörperlichen Reisen durchzuführen, die mir aufgrund der in den geheimen Büchern dargelegten und von mir praktizierten Atemtechniken auch relativ schnell gelangen.

Ich habe diese dicken Bücher später an einen meiner australischen Kriegskameraden, der mir im Sinne des Buches als der Richtige erschien, weitergegeben. Leider ist dieser nach schrecklichen Folterungen im malaysischen Dschungel grauenhaft umgekommen. Ich musste aus einem Versteck mit anhören, wie er vor Qualen bis zu seinem Tode schrie, und durfte nicht eingreifen, damit die Männer meiner Gruppe nicht dem gleichen Foltertod entgegensahen. Ich diente damals als Platooncommander in der SAS (Special Air Service). Als solcher befehligte ich elf Soldaten. Wir mussten vom Flugzeug in den Dschungel abspringen und hatten dort unseren Anweisungen nachzukommen. Die Rotchinesen hatten meinen Freund erwischt und ihn also zu Tode gefoltert. Und meine Leute haben mich festgehalten, damit ich nicht eingreifen konnte, was uns alle das Leben gekostet hätte. Das war für mich unbeschreiblich grauenhaft. Ich denke manchmal, dass die Bücher diesem Freund trotzdem irgendwie in den letzten Minuten geholfen haben könnten. Ich kann es nur hoffen. Wo diese Bücher jedoch verblieben sind, weiß ich nicht. Denn auch dieser Freund hatte von mir damals den Auftrag bekommen, sie nur an den Richtigen weiterzugeben. Späterhin wurde ich dann versetzt, sodass ich nicht mehr nach jenem Richtigen suchen konnte.

⁂

Mein erstes außerkörperliches Erlebnis

Ich hatte natürlich die Methoden gemäß den in den Büchern dargelegten Beschreibungen erst einmal intellektuell verarbeitet, bevor ich mich an deren Umsetzung heranwagte. Späterhin habe ich diese Techniken mit denen aus anderen Büchern verschiedenster Autoren verglichen. Und ich darf an dieser Stelle schon sagen, dass ich diese in den sieben Büchern vorgestellten Techniken – mit kleinen auf mich persönlich zugeschnittenen Ergänzungen – bis heute beibehalten habe und sie auch in meinen Seminaren lehre, da sie mir immer noch als die ergiebigsten erscheinen.

In diesen Büchern wurde genau beschrieben, wie man durch bestimmte Meditationsmethoden eine tiefe Entspannung erreicht. Wissenschaftlich ausgedrückt würde man sagen, dass man durch eine Vertiefung in den Alphazustand die von der Schlafforschung so genannte Rem-Phase (rapid eye movement) erreicht. Das ist der Zustand, den man nachts 5-mal für ca. 20 Minuten erreicht. In diesem bewegen sich die Augen sehr schnell hinter den geschlossenen Lidern hin und her. Daher der Name "Rapid Eye Movement" – schnelle Augenbewegungen. Das ist ein sehr profunder Schlafzustand, in welchem man besonders tief entspannt schläft, während der Körper und der Geist besonders aktiv sind. Der Unterschied zum normalen Rem-Zustand oder der normalen Rem-Phase und dem bewusst herbeigeführten Tiefschlaf ist, dass man bei Letzterem die absolute Kontrolle behält. Dieser ist mit dem so genannten Klartraum zu vergleichen, der sich vom luziden Traum unterscheidet. Der Klartraum bedeutet, dass wir wissen, dass wir träumen und den Traum dirigieren, steuern, in ihm also die Regie führen und somit den Traumvorgang immer kontrollieren. Bei der bewusst herbeigeführten Rem-Phase verhält es sich ebenso. Das heißt, wenn wir im ECG-Gerät – im Elektroencephalogramm

– unsere Hirnströme anschauen, erkennen wir genau die Alphawellen, die für die Rem-Phasen typisch sind.

Meinen ersten Ausstieg versuchte ich etwa vier Monate nach dem Erhalt der sieben Bücher. Mir erging es dabei anfangs genauso, wie es wohl den meisten Aussteigern ergeht. Man erschrickt erst einmal, denn man hat Angst. Auf der einen Seite besteht der Wunsch, diesen Zustand zu erreichen, aber irgendwo im Kopf steckt auch der Zweifel, ob es tatsächlich real ist, ob es funktioniert, sodass man zwar nun die Technik anwendet, um diesen Zustand zu erreichen, aber man dennoch immer noch daran zweifelt, dass es eigentlich funktionieren kann. Deshalb versuche ich in meinen Seminaren jedem erst einmal klar zu machen, dass es wirklich funktionieren kann.

Bei mir war also anfangs auch dieser gewisse Zweifel vorhanden. Ich war zwar unglaublich beeindruckt von den Büchern, die ich gelesen hatte, und der Wunsch war da, schon allein aus reiner Abenteuerlust, aus meinem Körper auszusteigen. Doch trotzdem machte sich eine heimliche Angst bemerkbar. Was passiert mit meinem Körper, wenn ich ihn verlasse? Komme ich wieder zurück in meinen Körper?

Nachdem ich mich also in den Alphazustand versenkt hatte und weiterhin nach den erlernten Anleitungen den nächsten Schritt durchführte, habe ich plötzlich gemerkt, dass mein rechter Arm außerhalb meines physischen Körpers lag. Ich konnte ihn dann mit dem anderen Arm sogar berühren. Darüber war ich unglaublich erschrocken, und schwupp, war der Arm wieder drin. Ich war dennoch erstaunt, dass der erste Schritt gelungen war. Bevor ich erneut einen weiteren Versuch unternahm, bereitete ich mich besser vor. Ich legte alle Metallgegenstände wie die Uhr und mein Metallkettchen, das ich um den Hals trug, ab, zog mich ganz aus und legte mich unter eine leichte Decke. Diese Vorkehrungen empfehle ich auch allen meinen Schülern.

Beim erneuten Versuch wollte ich mich nicht ängstigen. Ich wandte die Herausroll-Methode an. Und tatsächlich, auf einmal war ich urplötzlich außerhalb meines Körper. Ich merkte dann, dass ich ganz nackt auf dem Bett saß, mich umdrehte und meinen Körper dort liegen sah, der aussah wie leblos. Und dann bin ich zu Tode erschrocken. Die Augen meines Erdenkörpers waren geschlossen, aber die Augen des Astralkörpers waren auf und ich konnte mich im Zimmer umschauen. Ich war etwas fassungslos, habe mich wieder geängstigt – und sofort befand ich mich wieder in dem physischen Körper. Dadurch wurde mit klar, dass ein plötzliches Erschrockensein den Astralkörper sofort wieder zurück in den Erdenkörper befördert. Und mir war klar, dass das Erlebte und Erfahrene nicht auf Einbildung oder Fantasie zurückgeführt werden konnte.

Doch bald schon experimentierte ich weiter. Beim nächsten Austritt versuchte ich Gegenstände zu ertasten. Die Idee kam, eine Tür aufzumachen, obwohl ich das gar nicht brauchte, denn ich konnte durch die geschlossene Tür einfach hindurchgehen. Ich konnte durch den Boden hindurch in die unteren Räume gelangen, und ich konnte die Schichten der Decke unter mir anfassen. Dann kamen die ersten Absichten, die Umgebung zu erkunden. Dabei bewegt man sich am Anfang recht konventionell. Das habe ich auch gemacht. Aber dann stellte ich mir ein Ziel vor und plötzlich war ich da. Von diesem Zeitpunkt an brauchte ich keine feinstoffliche Tür mehr zu öffnen, denn ich habe gemerkt, dass ich einfach durch sie hindurchgehen konnte, wie durch jede Wand, sobald eine Zielvorstellung vorhanden war – ohne eine solche funktioniert es allerdings nicht.

Auch gelang es mir, ein Glas hochzuheben, ich konnte etwas trinken. Für einen Außenseiter wäre das Glas auf dem Tisch stehen geblieben, denn es handelte sich natürlich nur um das feinstoffliche Glas, das ich zu mir genommen habe. Ich habe das Wasser aber als absolut real geschmeckt. Alles was ich ertastete, war dem feinstofflichen Bereich der Gegenstände zugeordnet, denn alles Sein in der Materie hat zugleich ein feinstoffliches Pendant, egal ob es sich dabei um Organisches oder Anorganisches handelt.

Jeder Flugschüler erlernt erst einmal die theoretischen Grundlagen für das Fliegen. Danach macht er mit seinem Fluglehrer die ersten Probeflüge, und zwar mit einem kleinen Flugzeug. Erst wenn er alles zur Zufriedenheit seines Lehrers gelernt und bestanden hat, darf er seinen ersten Alleinflug unternehmen. Und so ähnlich ist es hier auch. Ich hatte in dem Sinne keinen Fluglehrer, sondern ich musste alles selber lernen. Aber mein Fluglehrer waren natürlich die Bücher. Und mein erster Alleinflug war jener, bei dem ich sozusagen die Tür aufgemacht habe, die feinstoffliche Tür, und durch andere Räume gegangen bin, um mir alles anzusehen.

Und dann habe ich etwas gespürt, was mich verblüffte. Es war so, als ob im Rücken eine Verbindung zu meinem grobstofflichen Körper vorhanden war. Das war sehr interessant. Ich habe mich umgedreht, weil irgendetwas immer wieder ganz leicht an mir zog, wenn ich erschrocken bin. Während ich mich umdrehte, konnte ich eigentlich nicht richtig sehen, ob da irgendetwas wie ein Gummiband vorhanden war, das an mir zog. Doch sobald ich auch nur leise Angst zeigte, zog es stärker. Erst später habe ich die so genannte Silberschnur ganz vage wahrgenommen. Es ist so, als ob man diese Verbindung wahrnimmt, aber doch nicht richtig sieht.

Ganz allmählich traute ich mir immer mehr zu. Schließlich unternahm ich den ersten Alleinflug, um einen Ausdruck aus der Fliegersprache zu benutzen, da ich ja später auch selbst Pilot wurde. Ich erlebte dann diese Euphorie, dieses unglaubliche Erlebnis, dass ich mich, wo immer ich mich hinbegeben wollte, auch hinbewegen konnte, denn ich brauchte mir nur ein Ziel vor Augen zu halten, und dann war ich schon an dem gedanklich anvisierten Ort angekommen. Es dauerte natürlich eine Weile, bis ich mich immer weiter von meinem Ausgangspunkt weggetraut habe. Doch nachdem ich die anfänglichen Ängste überwunden hatte, überkam mich jedes Mal ein unglaubliches Glücksgefühl.

* * *

Reisen an weit entlegene Orte

Um Ihnen, liebe Leserin und lieber Leser, eine bessere Vorstellung der außerkörperlichen Reisen zu vermitteln, möchte ich eine Analogie zur Verdeutlichung anführen. Wir könnten unseren Körper einfach als Raumschiff betrachten, der alle Probleme und positiven Eigenschaften eines gut gebauten Raumschiffs hat. Dieses muss sich durch eine feindliche Umwelt, also durch den so genannten luftleeren Raum bewegen. Wir als Kommandant müssen dabei in der Lage sein, in unserem Raumschiff zu überleben, wobei der Kommandant dabei die Ich-Identität in unserem Körper ist. Ferner müssen wir Treibstoff aufnehmen, sprich Nahrung und Flüssigkeit und wir haben überdies eine eigene Energieversorgung an Bord, sonst könnte unser Körper, unser Raumschiff, gar nicht funktionieren. Dieser Energiestoffwechsel und überhaupt der Stoffwechsel sind entscheidende Dinge, die aber auch in einem richtigen Raumschiff vorhanden sein müssen. Zusammengefasst kann man sagen: Wir müssen versuchen, unser Raumschiff so intakt wie möglich zu halten.

Wenn wir die Absicht haben, als Kommandant aus unserem Raumschiff, also aus unserem Körper auszusteigen, woran müssen wir vorher denken? Wir müssen zunächst den Raumschiffantrieb, die Schubkraft auf Leerlauf stellen, denn wir wollen schließlich aussteigen. Vielleicht wollen wir am Raumschiff außen eine Reparatur durchführen. Um den Austritt zu ermöglichen, ziehen wir einen Raumanzug an, woran ein lebenserhaltendes Kabel befestigt ist, das uns mit dem Schiff verbindet. Dieses ist silbrig gefärbt, um es gegen kurzwellige Strahlungen zu schützen, die dadurch reflektiert werden. Ein Kabel verbindet also den Ausgetretenen mit dem Raumschiff. Zugleich werden ihm durch dieses Kabel wichtige Informationen übermittelt samt den lebenserhaltenden Substanzen.

Wenn aber das Raumschiff Probleme bekommen sollte, würde der Kommandant sofort eine betreffende Information erhalten, sodass er dann ganz schnell zurückkehren kann. In dem Moment, wo wir Ängste haben, macht sich das als Informationsfluss über das lebenserhaltende Kabel bemerkbar, denn das Herz fängt dann im grobstofflichen Bereich an, schneller zu schlagen. Und sofort wird man in sein Raumschiff zurückgezogen. Dieses Beispiel ist als Analogie für den Ausstieg aus unserem grobstofflichen Körper ganz nützlich. Wir werden später in den Techniken zunehmend darauf eingehen.

Beim Zurücklegen von Entfernungen benötigen wir nur eine Milliardstel Sekunde – und dennoch hat man das Gefühl, dass man sich an einen anderen Ort bewegt. Wenn ich mich also zum Beispiel in Deutschland befinde und mich auf eine außerkörperliche Reise nach Australien begeben will, dann bin ich zwar sofort da, habe aber dennoch ein ganz kurzes Gefühl der Überwindung der Distanz zwischen beiden Orten.

Das geht also sehr schnell. Doch jetzt kommt das Interessante. Man kann sich auch langsam von einem Ort zum anderen bewegen. Man hat dann den Eindruck, dass man fliegt und man nimmt unter sich die Landschaften, Orte und Meere wahr. Es kommt also darauf an, auf welche Geschwindigkeit wir uns einstellen wollen.

Ich möchte dies noch ein wenig weiter ausführen. Viele Leser wissen, dass man gelegentlich Flugträume hat. Das heißt, vor allem Kinder und auch einige Erwachsene träumen, dass sie ihre Arme ausbreiten, sich abstoßen und dann über Kirchtürme und Häuser fliegen. Das ist immer sehr schön. Sie schweben wie ein Vogel über Landschaften und können dann beinahe federnd wieder auf dem Boden landen. Diese Flugträume bei Kindern hängen sehr oft mit den ihnen jetzt unbewussten, aber noch nachwirkenden Aufenthalten im Zwischenleben zusammen, jenen Jenseitsaufenthalten zwischen den einzelnen Inkarnationen. Denn im Jenseits vermögen wir uns mit der Vorstellungskraft ebenfalls schwebend von Ort zu Ort zu bewegen. Bei außerkörperlichen Reisen hat man ein sehr ähnliches Gefühl, doch ist dieses realer als in Flugträumen. Der bekannte und leider schon verstorbene berühmte Geistheiler und Präsident der *Spiritual Association of Great Britain, Tom Johanson,* hat seinem Freund *Trutz Hardo* in einem Interview einen Bericht über seine Reisen ins Jenseits gegeben, der im Anhang abgedruckt ist und den zu lesen ich Ihnen ans Herz legen möchte.

Doch auf eine Gefahr möchte ich jetzt schon hinweisen. Wenn jemand anderes das Zimmer betritt, in welchem man gerade eine außerkörperliche Reise unternimmt, würde es im Moment wenig stören. Wenn er aber den Körper des Reisenden berührt, kann es für diesen sehr gefährlich werden. Denn man darf nicht vergessen, dass dessen Herzschlag wie auch die Atemfrequenz stark reduziert sind, ja, der ganze Kreislauf ist herabgesetzt, was dem Körper an sich nicht schadet. Jedoch in dem Moment, wo der Körper berührt oder gar geschüttelt wird, entsteht ein Schockzustand, der bis zum Herzstillstand führen kann. Deswegen gehört es zu den wichtigsten Voraussetzungen, dass jeder, der sich auf eine außerkörperliche Reise begibt oder noch dabei ist, diese zu erlernen, absolut ungestört ist und seinen Lebenspartnern oder Mitbewohnern klar macht, ihn einige Zeit allein zu lassen und ihn nicht wecken oder gar berühren zu wollen. Am besten ist es, die Tür abzuschließen. Geräusche sind dagegen nicht unbedingt ein Problem. Es gibt schließlich die alltäglichen Geräusche, besonders in einer Stadt, die man oft gar nicht ausschließen kann.

Mir ist es einmal passiert, dass ich während eines Austritts von meiner herbeigetretenen Frau angefasst wurde. Ich hatte ihr vorher leider nicht gesagt, dass ich aus dem Körper herausgehen würde. Als sie mich dort liegen sah, meinte sie, ich sei tot. Sie war zu Tode erschrocken. Zur Kontrolle legte sie ein Seidentuch über mein Gesicht, um zu sehen, ob dieses durch einen leisen Atem noch bewegt wurde. Schließlich hat sie mich in ihrer Verzweiflung geschüttelt. Und dann hat mein grobstofflicher Körper, wie sie sagte, einen Sprung in die Höhe von fast zwei Metern gemacht. Anschließend knallte er mit einem Krach auf das Bett zurück. Das war der Moment, in dem mein feinstofflicher Körper mit einem unglaublichen Ruck in den physischen Körper zurückgekehrt war. Mein Herz ist Gott sei Dank nicht stehen geblieben. Aber es hätte passieren können und dann wäre ich tot gewesen.

Ich habe schon damals in Australien und dann auch in Malaysia nach Möglichkeit dreimal pro Woche eine solche außerkörperliche Reise unternommen. Diesen Rhythmus habe ich im Wesentlichen auch beibehalten, wobei ich nicht jedes Mal ein volles Programm durchführe. Auch kann es sein, dass ich mal drei oder vier Wochen aussetze. Doch wurden diese Reisen immer faszinierender, sodass ich diese immer weiter ausdehnte.

Ich habe festgestellt, dass es mir, wenn es mir einmal nicht so gut geht, schwer fällt, den Körper zu verlassen. Das heißt, wenn ich irgendwo Schmerzen habe, dann habe ich Probleme, mich in den Alphazustand zu begeben. Ich werde auch erklären warum. Wir dürfen nicht vergessen, dass diese Fähigkeit, aus dem Körper herauszusteigen, voraussetzt, dass wir das Energiemuster im Organismus ausgleichen. Haben wir irgendwo starke Schmerzen, dann ist es sehr schwierig, die Energie dort abzuziehen, weil sich die Energie auf diese schmerzende Stelle konzentriert. Auch sollte man – aus ähnlichen Gründen der Energieanhaftung – nicht mit vollem Magen aus dem Körper gehen.

Bei meinen außerkörperlichen Reisen habe ich relativ schnell festgestellt, dass ich in der Lage bin, gleich am Anfang zwei Ebenen aufzusuchen, wovon eine die Realebene ist, unsere tägliche Erlebnis-Ebene, auf der wir verweilen, also unser Haus, unsere Wohnung, die Straßen und Länder. Alles ist hier eigentlich konkret vorhanden und kann von uns auch ganz konkret besucht werden. Das hat nichts mit Projektion zu tun. Denn wir können keinen Unterschied dabei feststellen, ob wir diese Sachen mit unserem grobstofflichen Körper aufsuchen oder mit dem feinstofflichen Bereich.

Anders verhält es sich mit der zweiten Ebene, der Projektionsebene. Ich nannte es "das Wartezimmer" zur Wiedergeburt. Dort halten sich interessanterweise diejenigen Menschen oder Lebewesen auf, die wiedergeboren werden. Auf dieser Ebene wird das, was eine Seele im Guten und Bösen während einer Inkarnation getan hat, als ihr privates Umfeld projiziert, das heißt, dass sich das, was im Unterbewusstsein als mitgebrachtes Erlebnisgut beziehungsweise Seelengepäck in ihm gespeichert ist, auf dieser Ebene als sein Erlebnisumfeld darstellen wird. Besucht man solche Ebenen, so ist dies nicht ganz ungefährlich, da man hier mit guten, aber gelegentlich auch mit sehr negativen Kräften zusammenkommen kann. Das bedeutet aber auch, dass sich jeder selbst seinen eigenen Himmel oder seine eigene Hölle kreiert, denn Himmel und Hölle sind in uns selber. Und wenn es überhaupt so etwas wie die Hölle gibt, dann ist es das, was im Unterbewusstsein an eigenen Taten, Erlebnissen, Erfahrungen und Wahrnehmungen gespeichert mit auf diese Projektionsebene gebracht wurde. Diese unterscheidet sich von der Realebene in vielerlei. In der Projektionsebene ist eine ganz andere Welt vorhanden, und da erlebt man dann zum Teil sehr schöne positive Begegnungen und Begebenheiten, aber auch Horrorszenarien, je nachdem, wohin man aufgrund des mitgebrachten Seelengepäcks hingezogen wird. *Robert Monroe* kannte diese Ebene ebenfalls sehr gut und hat sie eindrücklich geschildert. Werden wir dort von zu großer Angst gepackt, werden wir mittels der Silberschnur schnellstens in unseren Erdenkörper zurückgezogen. Aber es sollen angeblich noch andere Ebenen existieren, die ich jedoch nicht kennen gelernt habe. Es handelt sich dabei sicherlich noch um verschiedene Parallelebenen, die ich jedoch nie aufgesucht habe. Mich haben die beiden von mir beschriebenen zwei Ebenen am meisten interessiert, weshalb ich sie auch am besten kenne.

Neugierde ist natürlich ein vorrangiges Motiv bei der Auswahl der aufzusuchenden Ziele. Ich habe zuerst einmal Plätze aufgesucht, an denen ich schon einmal war, die ich also kannte. Denn ich musste ja auch vor meinen Augen eine Zielvorstellung haben. Am Anfang habe ich mich im eigenen Land zu den mir bekannten Orten in Australien begeben. Ich habe natürlich auch Freunde aufgesucht und dabei festgestellt, dass ich sozusagen bei ihnen auftauchen konnte – und zugleich war ich enttäuscht darüber, dass sie mich nicht wahrnehmen konnten. Ich wollte eigentlich sagen: "Hallo, hier bin ich. Wie geht's euch?" Aber sie haben nicht reagiert.

Doch als ich in Malaysia war, hatte ich das Verlangen, bestimmte mir bekannte Orte in Australien aufzusuchen. Und das war für mich ein unglaubliches Erlebnis, dass ich in der Lage war, mich sozusagen im Fluge von Malaysia nach Australien zu begeben. Dann habe ich auch Deutschland, mein Geburtsland, auf die gleiche Weise aufgesucht. Ich hatte dabei ein freudiges Gefühl, ähnlich vielleicht jenem, dass ein Flugschüler haben dürfte, der zum ersten Mal alleine einen größeren Flug unternimmt und dann die Landung schafft.

Bei manchen Freunden, die ich auf diese Art besucht habe, hatte ich manchmal den Eindruck, dass sie meine Anwesenheit gespürt haben, denn sie drehten sich um oder brachen auf einmal ihr Gespräch ab. Ich erinnere mich an einige dieser von mir aufgesuchten Freunde. Sie saßen an ihrem Couchtisch und unterhielten sich. Plötzlich verstummten alle, aber ohne dass sie eigentlich wussten, was passiert war. Doch sie hatten gespürt, dass plötzlich eine andere Energie im Raum präsent war.

Noch empfänglicher für die unsichtbare Gegenwart eines feinstofflichen Besuchers sind Tiere. Wenn ich also Freunde aufsuchte, die Hunde bei sich hatten, dann haben diese manchmal geknurrt. Und jemand hatte dann laut gefragt: "Was ist denn mit dem Hund los?" Manchmal habe ich später mit den besuchten Freunden Kontakt aufgenommen und ihnen gesagt, dass ich wüsste, über was sie an jenem bestimmten Tag gesprochen hatten. Diese waren dann fassungslos und fragten mich, woher ich diese Tatsachen wüsste. Und ich entgegnete: "Na ja, ich war bei euch." Dann haben sie ungläubig gelacht oder waren zum Teil auch absolut fassungslos. Doch das, was ich sagte, hat auch genau gestimmt. Einige Freunde haben sich später dran gewöhnt, dass ich gelegentlich unsichtbar bei ihnen war, ohne in ihre Intimsphären einzudringen. Manche von ihnen wollten diese Technik außerkörperlichen Reisens dann auch lernen. Diese Reisen habe ich dann immer weiter ausgedehnt. Ich hatte dann natürlich das Verlangen, auch Länder, die ich nicht kannte, als Zielvorstellung zu haben. Ich bin nach Amerika oder auch nach England.

Die Reisen, die ich bis dahin durchgeführt hatte, fanden erstens in der Jetztzeit statt, zweitens beschränkten sie sich auf Länder dieser Erde. Denn ich hatte bis dahin noch nicht versucht, eine Zeitreise durchzuführen. Das heißt, ich habe nicht den Versuch unternommen, in die Vergangenheit oder in die Zukunft zu reisen, weil ich diese Möglichkeiten überhaupt noch nicht berücksichtigt hatte. Auch hatte ich noch nicht versucht, die Erde zu verlassen. Denn da war auch eine gewisse Angst vorhanden, um ganz ehrlich zu sein. Stattdessen habe ich Länder dieser Erde besucht und real deren Landschaften erlebt.

⁂

Reisen in die Vergangenheit und Zukunft

Später gelangen mir allerdings auch Zeitreisen mit dem feinstofflichen Körper in die Vergangenheit und sogar in die Zukunft. Es war damals die größte Überraschung für mich, dass das möglich ist. Und den Wunsch, historische Gegebenheiten persönlich beobachten zu können, haben wohl alle Menschen, hat besonders jeder Filmemacher. Jeder Autor würde zu gerne einmal Mäuschen spielen, um dabei zu sein, wie ein geschichtliches Ereignis wirklich stattgefunden hat – und im feinstofflichen Bereich ist das tatsächlich möglich.

Anders als bei Rückführungen in die eigenen Vergangenheiten, wie sie *Trutz Hardo* in diesem Buch beschreibt, kann ich mich bei außerkörperlichen Reisen nicht in eigene frühere Leben begeben. Ich kann also in die Geschichte zurückreisen, doch kann ich mir nie selber begegnen. Das hängt ganz einfach mit dem Umstand zusammen, das der feinstoffliche Körper gegenwartsbezogen ist. Es gibt nur diesen einen feinstofflichen Körper, er existiert nicht zweimal. In dem Moment, wo ich mir selber begegnen würde, würde ich zurückrutschen in meinen momentanen Erdenkörper.

Ich kann bei meinen Reisen in die Vergangenheit geschichtlichen Ereignissen beiwohnen und oft feststellen, dass das, was und wie es in den Geschichtsbüchern dargestellt ist, nicht stimmt. Mein Interesse an Geschichte ist sehr groß. Ich habe mich ja sehr stark mit *Laurence von Arabien*, der ich selber war und der 1935 durch einen Motorradunfall ums Leben kam, befasst. Ihm konnte ich nun leider nicht begegnen. Ich habe natürlich öfter versucht, ihm von Angesicht zu Angesicht gegenüberzustehen, doch es klappte nie. Einer Person jedoch, die *Laurence* sehr gerne gehabt hatte, konnte ich dann wiederbegegnen, konnte sie beobachten. Es sind viele geschichtliche Ereignisse, die ich in der Vergangenheit aufgesucht habe und manchmal wundern sich Leute, wenn ich darüber spreche, wie real ich die Situation schildern kann. Und dann höre ich immer: "Ach, der Hanno kann so gut erzählen, der tut gerade so, als ob er dabei gewesen wäre."

Zum Beispiel habe ich mich für *Konrad*, den so genannten schwarzen Ritter, der mich als historische Person immer fasziniert hatte, interessiert. Ich war bei seinem Turnier – feinstofflich natürlich – zugegen, ich habe ihn, der zu Beginn des fünfzehnten Jahrhunderts lebte, zu und auf diesem Turnier begleitet. Das ganze Umfeld war spannend und faszinierend anzusehen. Ja, ich saß sogar neben ihm und habe seine Gedanken lesen können. Er hat mich natürlich nicht wahrgenommen, sondern war voll auf das Turnier konzentriert. Doch kann ich mich noch daran erinnern, den Geruch des Pferdes wahrgenommen zu haben, den Geruch von Leder, ja sogar diese Rüstung, die ja auch einen Geruch hatte – es war eine Mischung aus Pferdedung, Holz, Leder und Metall. Ich habe beim Turnier alles wahrgenommen, auch das Jubeln der Leute. Es war allerdings ein sehr einfaches Turnier. Man darf sich das nicht so farbenfroh vorstellen, wie das heute in den Hollywood-Filmen dargestellt wird, aber es war dennoch sehr spannend.

Überdies habe ich den Vorfahren von *Konrad*, nämlich *Robert*, auf seinem Kreuzzug bis Antiochia hin begleitet. Ich habe mir bestimmte Höhepunkte der römischen Geschichte angesehen. Ich war – und das ist entscheidend für mich – bei den Sumerern gewesen. Die sumerische Hochkultur fasziniert mich sehr. Ich bin in Eridu spazieren gegangen und habe darüber das Buch *Der flüsternde Stein* geschrieben. Ich habe dabei genau eine Szene, die sich dort vor knapp 6.000 Jahren begeben hatte, beschrieben.

Ich plane, demnächst einmal das Leben Jesu zu erforschen und darüber ein Buch zu schreiben. Mal sehen, was daraus wird. Mein Vorteil bei solchen historischen Darstellungen besteht darin – ohne mich jetzt dadurch hervorheben zu wollen –, dass ich durch die außerkörperlichen Reisen in der Lage bin, historische Ereignisse mitzuerleben und dementsprechend schriftlich darstellen zu können. In den Büchern werde ich aber wohl selten darauf hinweisen, dass ich das Beschriebene selbst erlebt habe, und der Leser wird meinen, dass ich lebhaft geschilderte Begebenheiten irgendwo recherchiert und deren exakte Begebenheiten aus Büchern entnommen und fantasievoll dargestellt habe.

Ebenso, wie es möglich ist, im außerkörperlichen Zustand in die Vergangenheit zu reisen, ist es auch möglich, in die Zukunft zu reisen. Und auch hier kann man sich wiederum nicht selbst begegnen. Was ich wahrnehmen kann, sind zukünftige Ereignisse. Man könnte sich theoretisch die Lottozahlen vom übernächsten Jahr notieren und sie dann zum richtigen Zeitpunkt auf dem Lottoschein notieren, aber hier erfordern die ethischen Grundsätze, dies nicht zu tun. Außerdem würde man ein Paradoxon, eine Widersprüchlichkeit erzeugen wollen. Denn – und das wurde in den geheimen sieben Yoga-Büchern völlig richtig erwähnt – man darf nicht dazu beitragen, irgendein Ereignis zu verändern. Hierdurch würde eine Kettenreaktion ausgelöst, die einen selbst negativ beeinflussen könnte. Und dies betone ich auch bei jedem Seminar: Jeder, der die Technik des außerkörperlichen Reisens lernt, hat die Verpflichtung, die ethischen Grundsätze zu berücksichtigen. Ich habe mich von Anfang an – und darüber bin ich auch sehr glücklich – an die Prinzipien, die in den Yoga-Büchern niedergeschrieben waren, gehalten. Denn da stand: "Achtung, benutze diese Methode niemals für dein Ego, benutze die Methode niemals um bei anderen Menschen Eindruck zu erwecken, benutze diese Methode niemals zur eigenen Bereicherung oder zum eigenen Profit, nicht nur in finanzieller, sondern in jeder Hinsicht." Sollte diese Methode angewendet werden, um das eigene Ego zu stärken, um anzugeben, zu beeindrucken oder zur Bereicherung, dann ist hier eine innewohnende – ja man kann sagen –, eine ethische Kraft vorhanden, welche die Fähigkeit außerkörperlich zu reisen, langsam abbauen wird, d. h. diese Fähigkeit nutzt sich dann ab. Dies geschieht aus dem plausiblen Grunde, da die emotionale Energie zum Profit des Ego verwendet wird, womit die Energie, die zum Aussteigen benötigt wird, sich abschwächt beziehungsweise Letztere überlagert. Wer diese inhärente ethische Institution als Sicherheitsventil eingebaut hat, vermag ich nicht zu sagen. Doch sicherlich geschah dies von einer höheren Ebene aus oder von der anderen Seite.

Trotzdem hätte ich am liebsten von jedem Leser dieses Buches, der dann die weiter unten beschriebenen Vorgehensweisen der außerkörperlichen Reisen erlernen will, eine unterschriebene Erklärung, das Erlernte nicht psychisch, geistig und materiell zu missbrauchen und diese Methode nicht zum eigenen Profit zu verwenden. Denn Out-of-Body ist eine Bereicherung, auch eine spirituelle Bereicherung des eigenen Potenzials. Dazu allein sollte es angewendet werden.

* * *

Astralreisen außerhalb der Erde

Es geht jetzt um die Frage, inwiefern oder inwieweit man Reisen außerhalb der Erde unternehmen kann. Die Möglichkeit besteht durchaus, denn der feinstoffliche Bereich ist nicht an die normalen Naturgesetze gebunden. Er braucht auch keine Atemluft, und er ist nicht den Druckverhältnissen, die uns bestimmen, ausgesetzt. Aber es bestehen trotzdem Gefahren. Denn der feinstoffliche Bereich außerhalb der Erde kann beeinflusst werden durch extreme Gravitationsfelder, die im Universum vorhanden sind, kann weiterhin beeinflusst werden durch Neutronensterne, durch so genannte Pulsare, schwere Sternleichen, die besonders starke Magnetlinien aufweisen. Der feinstoffliche Bereich kann demnach auch physikalisch beeinflusst werden. Deswegen sollte – nur als Beispiel – ein feinstofflicher Körper nicht unbedingt in ein Atomkraftwerk eindringen. Das würde auf keinen Fall gut gehen, da auch der feine Stoff bestimmten elementaren physikalischen Bedingungen ausgesetzt ist, die den feinstofflichen Bereich katastrophal negativ beeinflussen können. Und würde der feinstoffliche Körper zerstört werden, wäre auch der grobstoffliche Körper tot. Darüber sollten wir uns im Klaren sein. Dagegen haben eine geringere oder eine größere Schwerkraft bis zu einer bestimmten Grenze keinen Einfluss auf den feinstofflichen Bereich.

Wir können sowieso nur für einen bestimmten Zeitraum aus dem Körper austreten. Man kann also nicht einen Monat draußen bleiben und herumreisen, das funktioniert nicht. Warum? Einfach deshalb, weil der grobstoffliche Körper dann sozusagen im Leerlauf läuft. Um auf den oben erwähnten Kommandanten zurückzukommen: Er muss nach einer gewissen Zeit wieder zurück in sein Raumschiff, denn dort muss alles in Betrieb gehalten werden.

Die Ziele, die wir außerhalb der Erde uns zu besuchen vornehmen, sind in mancher Beziehung etwas eingeschränkt. Ich würde auf keinen Fall irgendwelche Welten aufsuchen, von denen ich weiß, dass dort elementarphysikalische Bedingungen herrschen, die meinen feinstofflichen Bereich negativ beeinflussen können. Doch kann ich andere Planetensysteme problemlos aufsuchen. Ich könnte mich theoretisch auch außerhalb der Milchstraße bewegen, und ich könnte genauso zum Andromedanebel reisen, der 2,2 Millionen Lichtjahre entfernt ist. Doch das tue ich nicht. Die Milchstraße hat über 250 Tausend Milliarden Sterne. Die könnte man sich schließlich zunächst einmal als Zielobjekt eines außerkörperlichen Besuches vornehmen.

Wenn ich in die Milchstraße reise, beschränke ich mich darauf, einen bestimmten Planeten aufzusuchen, den ich bereits sehr gut kenne. Er ist nur 11,8 Lichtjahre entfernt, und ich kenne ihn in- und auswendig. Es ist so, als ob er meine Heimatwelt wäre. Und da bin ich sehr, sehr oft. Ich würde sagen, dass fast jede dritte meiner Out-of-Body-Reisen als Ziel diesen Planeten hat. Dieser Planet heißt *Achele* und gehört zum *Epsilon-Eridani-System*.

Doch besuche ich auch andere Welten, die humanoid-ähnliches Leben haben oder interessante Tiere vorweisen. Mich interessieren relativ wenige Welten, die anorganischer Natur sind. Was habe ich davon? Auch der Mond bietet für mich kein interessantes Ziel. Er ist eher ein langweiliger Himmelskörper. Ich würde auch nicht empfehlen, mal kurz den Jupiter aufzusuchen, denn er hat eine enorme Schwerkraft. Und obwohl auch der feinstoffliche Bereich eine bestimmte Schwerkraft hat, allerdings sehr begrenzt, ist es trotzdem riskant, sich dieser auszusetzen. Man kann zwar einen Jupitermond aufsuchen, aber bitte nicht den Jupiter. Dieser besitzt 32 Monde, die wenig interessant sind und auch wie die übrigen Gestirne in unserem Sonnensystem – von der Erde einmal abgesehen – wohl oft Mikroorganismen aufweisen, aber keine höheren Lebensformen bieten.

Ich empfehle allen Out-of-Body-Reisenden, sich bei ihren Abenteuern auf erdähnliche Welten zu beschränken. Doch Anfänger sollten generell erst einmal mit der Erde vorliebnehmen und sich dann später sorgfältig überlegen, ob sie andere außerirdische Experimente durchführen wollen. Denn: Wir sind die einzigen Humanoiden in unserem Sonnensystem.

Doch müssen wir davon ausgehen, dass es in unserem Milchstraßensystem bei rund 250 Milliarden Sternen, von welchen jeder 24. Stern mit ziemlicher Sicherheit ein Planetensystem besitzt, auf einigen oder sogar auf sehr vielen anderen Planeten sicherlich auch humanoide Lebewesen geben könnte. Viele dieser Sterne sind so genannte G 2-Sterne, d. h. sie befinden sich in der Hauptreihe und haben eine längere Lebensdauer. Einige von ihnen haben eine Ökosphäre und zum Teil auch eine Biosphäre. Ökosphäre bedeutet, dass sie eine wärmegebende Zone haben, und Biosphäre würde bedeuten, dass sie organisches Leben beherbergen.

Beim Epsilon-Eridani-System ist es z. B. der Fall. Es besteht aus drei Planeten, und einer von ihnen ist sehr erdähnlich. Während es – meinen bisherigen Erfahrungen nach – im Milchstraßensystem nur wenige Planeten mit Humanoiden gibt, die genauso oder ähnlich aussehen wie wir, sind die Bewohnern von Achele uns äußerlich sehr ähnlich.

Aber es gibt viele andere Planeten in der Milchstraße, die erdähnlich sind, d. h. sie haben nicht nur eine Ökosphäre, sondern auch eine Biosphäre. Leben entsteht ja eigentlich im interstellaren Raum, das wird oft übersehen. Das sind diese Gas- und Staubwolken, die durch Supernova-Explosionen, also durch explodierende Sterne, schwere Elemente herausschleudern, wodurch sich dort Aminosäuren mit Kohlenstoffverbindungen bilden, die dann eingebacken werden in den Eiskörper. Das ist das, was man als Kometen bezeichnet. Und in diesen Eiskörpern bilden sich dann bakterienähnliche Strukturen. Diese Eiskörper-Kometen knallen schließlich auf die jungen Planeten, und wenn dann eine Ökosphäre vorhanden ist, bilden diese bakterienähnlichen Strukturen mit der Zeit eine Biosphäre – so entsteht Leben. Durch Umweltbedingungen entstehen schließlich höhere Lebensformen bedingt durch eine negentropische Feldenergie. Mit dieser ist der Drang verbunden, komplexere Strukturen zu bilden. Das ist das eigentlich Unglaubliche, der Drang des Universums zu experimentieren, und zwar immer komplexere Strukturen mit einem reflektierenden Bewusstsein zu bilden, wobei der Sublimation der Liebe eine bedeutende Rolle zuzukommen scheint.

Ich bin nach all meinen Erfahrungen zu der Überzeugung gelangt, dass eine Art Schöpfungskraft, eine Art Blaupause vorhanden ist. Und diese Blaupause existiert auch schon für die Zukunft. Wir leben sozusagen in einer wachsenden Vergangenheit, weil wir sie als solche wahrnehmen. Das kann man an fortschreitenden Kalendern und Uhren erkennen, selbst an einer Atomuhr, an unserem Alterungsprozess, am Blühen, am Wachsen und Vergehen. Eine wachsende Vergangenheit also ist es, in der wir leben. Das Jetzt gibt es nicht als Gegenwart. Das ist so, wie der Schneidepunkt zwischen der wachsenden Vergangenheit und der Zukunft, denn die Zukunft besteht schon längst. Es sind alles Ereignisse, die schon längst da sind. In der Quantenphysik weiß man das. Und *Einsteins* Satz "Wenn man lang genug rausschaut ins Universum, dann sieht man den eigenen Hinterkopf" zitiere ich gerne. Denn d. h. wenn ich lange genug hinausblicke, dann schaue ich in die Zukunft und damit wieder in die Vergangenheit. Es ist eine Art Kreis. Was immer wir tun, wir bewegen uns auf diese Ereignisse zu, die schon längst geschrieben stehen.

Technologisch und ethisch sind die Bewohner *Acheles* wesentlich weiterentwickelt als wir. Aber das bedeutet nicht, dass sie in allem perfekt sind. Auch auf jenem Planeten gibt es Probleme, gibt es Emotionen. Auch diese Bewohner haben eine Vergangenheit mit all den negativen Folgen durchmachen müssen, wobei nach meinen Erfahrungen die *Acheler* die gleiche Herkunft haben wie die Menschen. Denn ihre Vorfahren gehörten zu den Überlebenden von Atlantis, die damals diesen Planeten für sich entdeckt hatten. Unsere genetische Verwandtschaft ist sehr eng, wobei die *Acheler* das Glück hatten, einen Wissensvorsprung mitgenommen zu haben, während wir nach dem Untergang von Atlantis hier wieder von vorne beginnen mussten. Viele der Probleme und der Konflikte, die man auf der Erde kennt, sind dort überhaupt nicht mehr vorhanden.

Aber es gibt auch andere humanoide Formen, zum Beispiel die kleinen *EBE's* (*Extraterrestrial Biologic Entities*), was übersetzt soviel bedeutet wie: außerirdische biologische Wesen. Das sind auch Humanoide, allerdings eine Mischung aus Reptiloiden und Humanoiden.

Ich habe auf meinen Reisen im Milchstraßensystem bisher etwa vierundzwanzig Planten mit humanoiden Gesellschaften entdeckt, was nicht ausschließt, dass unter der Vielzahl der Sonnensysteme samt den meist dazugehörenden Planeten vielleicht noch Tausende andere mit Menschen oder menschenähnlichen Wesen besiedelte Welten existieren. Denn natürlicherweise habe ich erst nur einen kleinen Bruchteil anderer Sonnensysteme besucht, doch die Möglichkeiten sind enorm. Aber wie gesagt, meine Reisezeit und meine Reiseziele sind auch begrenzt. Jedoch werde ich weiter andere humanoide Gesellschaften aufsuchen.

Und hier noch gleich ein Hinweis an alle, die solche Abenteuerreisen auf andere Gestirne unternehmen wollen. Es hat überhaupt keinen Zweck, anderen diese Erlebnisse zu schildern. Gehen sie nicht das Risiko ein, dass man über sie lacht. Lassen sie es. Es hat gar keinen Zweck. Sammeln Sie lieber Ihre Erfahrungen. Doch seien Sie sehr vorsichtig hinsichtlich der Mitteilung anderen gegenüber, denn man wird Sie nicht ernst nehmen, sondern vielmehr als Aufschneider, Fantasten, Irrsinnigen oder als Scharlatan bezeichnen. Auch dieses Buch – und dieses Risiko gehe ich auch gerne ein – wird vielleicht von vielen brüsk abgelehnt werden, da einige Inhalte als zu abgehoben und fantastisch erscheinen. Eine solche Haltung respektiere ich selbstverständlich, würde ich ohne meine vielen Erfahrungen selbst ebenso reagieren. Viele Leser sind mit derartigen Darstellungen einfach überfordert. Doch mit der Zeit wird sich alles ändern. Die Menschheit befindet sich in einer Übergangsphase, wo sie sich immer mehr von dem reinen materialistischen Weltbild trennen wird und sich mehr und mehr für das bevorstehende holistische Weltbild öffnet. Einen Beitrag dazu soll ja gerade dieses Buch liefern.

Für die *Acheler* zum Beispiel ist das holistische Weltbild schon längst Selbstverständlichkeit. Sie sind uns nicht nur in technischen Belangen weit überlegen, sondern auch in ethischen Dingen. Die *Acheler* besuchen seit langem mit ihren Raumschiffen die Erde und beobachten die Entwicklungen der Menschheit. Und sie versuchen auch manchmal Denkanstöße zu geben, ohne einzugreifen, denn es ist unethisch in Entwicklungsprozesse der Erdenmenschheit einzugreifen, um diese zu beschleunigen. Die Menschen müssen ihre Entwicklungsschritte als Erfahrungsbasis selbst durchlaufen samt all den negativen Welterfahrungen wie Kriegen, Hungersnöten, Naturkatastrophen und Krankheiten.

Wir Menschen denken in einer Art Kurzzeitstrategie. Die *Acheler* hingegen sehen die Geschehnisse in einem größeren Zusammenhang und denken strategisch langzeitlich. Ihr Eingreifen, um Dinge auf Erden entscheidend zu verändern, würde unsere eigenen Entwicklungsschritte abkürzen und uns somit wichtiger Eigenerfahrungen berauben.

Die *Acheler* sehen aus wie du und ich, wie jeder normale Mensch. Sie würden in der Gesellschaft niemals auffallen. Sie weilen manchmal unter uns und geben gewisse Denkanstöße. Einer von ihnen war der bereits legendenumwobene *Graf Saint Germain*. Sie kehren dann nach einiger Zeit zurück auf ihren Heimatplaneten, aber viele von ihnen verweilen auch nur mit ihrem feinstofflichen Körper unter uns, sind für uns also unsichtbar. In meinem Buch *Zeitriß* (siehe Literaturverzeichnis) habe ich ausführlich über die *Acheler* geschrieben. Ich habe dort ein Interview mit einem *Acheler* wiedergegeben, es aber nicht als Tatsachenbericht hingestellt, sondern als Klartraum, da mir der Leser einen Tatsachenbericht nicht als solchen abgenommen hätte. Wenn ich meinen Heimatplaneten feinstofflich mittels einer Out-of-Body-Reise aufsuche, sehen mich deren Bewohner genau in der Kleidung, die ich auf Erden beim Ausstieg anhatte. Sie kennen mich bereits und akzeptieren mich dann in meiner irdischen Kleidung. Ich habe auch in jenem Buch sehr viele Einzelheiten über ihre Lebensweise, die Politik und vieles andere sehr ausführlich beschrieben. Meine Erfahrung, die ich durch feinstoffliche Reisen machen konnte, fließen auf die ein oder andere Art auch in meine Bücher ein.

Aber nicht nur Menschen meines Heimatplaneten Achele verweilen sichtbar oder unsichtbar unter uns, sondern auch jene von anderen Planeten, die auch jenseits des Milchstraßensystems angesiedelt sein mögen. Sensible Menschen können immer wieder spüren, dass unsichtbare Besucher da sind, vor allem auch in entscheidenden Momenten, wo Hilfe angesagt ist. Es verweilen also nicht nur Menschen auf der Erde und gelegentlich außerirdische Besucher in einem grobstofflichen Körper, sondern auch solche Außerirdische, die gerade eine feinstoffliche Reise durchführen. Darüber hinaus gibt es aber auch noch feinstoffliche Parallelwelten, in welchen ebenfalls humanoide oder andere Wesen wohnen, die genauso von Außerirdischen besucht werden können.

Ich möchte in diesem Zusammenhang auf den Pulitzerpreisträger *Prof. John Mack*[15] hinweisen, der Entführungen von Menschen durch angebliche Außerirdische untersuchte und ebenfalls herausgefunden hatte, dass feinstoffliche Parallelwelten existieren. Oft spricht er in diesem Zusammenhang gar nicht mehr von Außerirdischen, sondern von Lebewesen, die aber, wie er es nannte, in einer anderen Dimension vorhanden sind, sodass diese von ihm untersuchten Erlebnisse real sind. Das war seine Schlussfolgerung. Dieser Professor kam aber ebenfalls zu der Feststellung, dass sich der Großteil dieser unerklärlichen Ereignisse auf einer feinstofflichen Ebene ereignete, d. h. Menschen werden zwar als grobstoffliche Körper entführt, aber das, was dann mit ihnen passiert, geschieht meist durch feinstoffliche Wesen. Und daraus können wir ersehen, dass parallel zu unserer grobstofflichen Welt sehr viel Aktivität, sehr viel Bewegung auf der feinstofflichen Ebene vorhanden ist.

* * *

Die Bedeutung von Träumen als Wahrheitsvermittlung

Es gibt einige Wissenschaftler, die zwar sehr offen für diese außerkörperlichen Phänomene sind, jedoch erklären, dass das, was Astralreisende oder Out-of-Body-Reisende erleben, im Grunde genommen auf luzide Träume zurückzuführen sei. Luzide Träume sind eine großartige Sache, denn sie öffnen eigentlich ein Potenzial für paranormale Fähigkeiten in uns, das man nutzen kann, um das eigene Potenzial zu erweitern und es dann auch im Tagesgeschehen anzuwenden. Wir sollten generell unterscheiden zwischen den normalen Träumen, dem Klartraum und dem luziden Traum.

In England wurde in den dreißiger Jahren des vorigen Jahrhunderts, ein zweijähriges Experiment durchgeführt, das dann als Buch mit dem Titel *An Experiment with Time (Ein Experiment mit der Zeit)*[16] seinen Niederschlag fand. Dort hat ein Schlafforscher die Träume von Versuchspersonen über zwei Jahre lang aufgezeichnet und diese mit dem Tagesgeschehen verglichen. Er konnte dabei hundertprozentig feststellen, dass alle Versuchspersonen Träume hatten, die Dinge sozusagen voraussagten, wobei es sich um prophetische beziehungsweise präkognitive Träume handelte. Das Problem hier war, dass fast alles, was aufgezeichnet wurde, relativ banal war, sodass der Person im normalen Leben praktisch nicht aufgefallen wäre, dass sie etwas vorausgeträumt hatte. Doch manches Mal mag sie sich daran erinnern und denken: Das habe ich doch schon irgendwo einmal gesehen. Man spricht dann von einem Déja-vu-Erlebnis. Meistens handelte es dabei um banale Dinge, aber gerade die Banalität war beeindruckend, denn hier wurde ziemlich präzise vorhergesehen, was dann am nächsten oder übernächsten Tag passieren würde. Manchmal werden auch einschneidende

Ereignisse vorausgesehen. Von solchen haben wir sehr viele Beispiele. Zum Beispiel wurde das Kohlenunglück in Wales vorausgeträumt, bei dem viele Kinder ums Leben kamen, und auch die Ermordung von *John F. Kennedy* wurde von einigen Sehern im Traum vorausgesehen. So gibt es viele interessante präkognitive Träume, die aufgezeichnet worden sind.

Andere Menschen haben solche präkognitiven Zusammenhänge in Meditationen gesehen. *Edgar Cayce*, der so genannte schlafende Prophet, wäre hier als ein klassisches Beispiel zu nennen.[17] Im Schlaf konnte er unter anderem Dinge voraussehen und diktieren, die dann wirklich eintrafen. Tatsache ist, dass in den dreißiger Jahren des vorigen Jahrhunderts in Chicago durch die Schlafforschung des *Prof. Nathaniel Kleitman*[18] erkannt wurde, dass der Mensch nicht nur fünfmal zwanzig Minuten in der Nacht träumt, sondern die ganze Zeit hindurch während er schläft. Man muss nur unterscheiden zwischen den so genannten Rem-Träumen und den Non-Rem-Träumen. Non-Rem-Träume sind eben die Träume, in welchen die Augen sich nicht so schnell unter den geschlossenen Augenlidern bewegen, während sich die Pupillen bei den Rem-Träumen oft derart schnell bewegen, als ob wir ein Tennisspiel beobachteten, wobei auch der Körper sehr aktiv sein kann.

In den Non-Rem-Träumen überlegen wir dagegen, was wir zum Beispiel am nächsten Tag alles erledigen müssen. Müssen wir zum Steuerberater, müssen bestimmte Rechnungen bezahlt werden, muss etwas am Auto repariert werden – aber wir schlafen. In diesen normalen Träume haben wir weniger Zugang zum paranormalen Bereich. Inzwischen weiß man, im Gegensatz zu der *Freud'schen* Traumpsychologie, dass der Schlaf die Träume behütet. Früher, zu *Sigmund Freuds* Zeiten war man der Ansicht, dass die Träume nicht so wichtig seien wie der Schlaf. Doch durch Schlafentzug-Experimente konnte man feststellen, dass man Menschen sehr lange ohne Schlaf halten kann, aber nicht ohne Träume. Ohne Träume stirbt der Mensch.

Wenn ein Mensch lange vom Schlafen abgehalten wird, stellen sich unwillkürlich Mikrotraumphasen ein. Dann hat er wirklich Halluzinationen, so würde man es ausdrücken. Jeder, der lange im

Auto auf der Autobahn fährt und übermüdet ist, kennt das. Er sieht dann Dinge, die gar nicht da sind, z. B. Schatten auf der Straße. Wenn wir wirklich unendlich müde sind, dann haben wir Halluzinationen oder wir nicken ganz kurz ein. Diese Mikroschlafphasen sind aber eigentlich Mikrotraumphasen, d. h. der Traum ist für den Menschen absolut essenziell notwendig, und zwar mehr noch als der Schlaf. Denn man hat festgestellt, dass der Traum erstens dafür sorgt, dass wichtige Wachstumshormone entstehen, vor allem bei Kindern und Jugendlichen, weswegen vor allem der Schlaf um Mitternacht sehr wichtig ist, da sich dann diese Wachstumshormone bilden. Und zweitens fand man heraus, dass der Traum uns auf zukünftige Ereignisse vorbereitet, damit wir besser damit umgehen können. Drittens schließlich verarbeitet man im Traum das vergangene Tagesgeschehen. Es gibt verschiedene Speicher in unserem Hirncomputer, in welche nun alles eingeordnet wird.

Die Rem-Träume sind dabei die profunderen Träume, die in der Tat paranormal sind. Während dieser Traumphasen können wir Zeitreisen durchführen, ohne den Körper zu verlassen. *J. W. Dunne* als Experimentator hat in seinem schon erwähnten Buch *An Experiment with Time*[16] nachgewiesen, dass wir alle - und das ist das Interessante - prophetische beziehungsweise präkognitive Träume haben, in welchen wir Dinge voraussehen. Denn die Zeit im Traum ist anders als im Wachzustand. Das, was im Traum jetzt geschieht, ereignet sich im Tagesleben erst in der Zukunft. Man könnte also von zwei verschiedenen Zeitlinien sprechen, die aneinander vorbeilaufen. Und während unseres Tagesgeschehens können wir Situationen, Personen, Gefühle, ja sogar Gerüche wieder erkennen, die wir geträumt hatten, und denken, dass wir exakt diese Situation doch schon vorher irgendwo einmal erlebt haben. Auf diese Art kommen die Déja-vu-Phänomene zustande. Hierbei handelt es sich um Erlebnisse, die wir vorausgeträumt hatten und die dann auch wirklich eintreten sind. Man kann sich dann plötzlich an jedes gerade stattfindende Ereignis oder an jeden selbst gesprochenen oder gehörten Satz erinnern. Meist ist man darüber sprachlos und kann sich dieses Phänomen nicht erklären, oder man ordnet es dann in die Rubrik hellseherische Fähigkeiten ein.

Doch jetzt wollen wir auf die so genannten luziden Träume zu sprechen kommen. Hier kann man lernen, mit diesem prophetischen Traumpotenzial umzugehen, da sich mit ihm für uns ein größeres Spektrum öffnet als beim Tagesbewusstsein, wo wir nur einen beschränkten Teil des tatsächlich Vorhandenen wahrnehmen können. Im luziden Traum wird unser Wahrnehmungsspektrum um vieles erweitert. Wir können dann größere Zusammenhänge erkennen. Weiterhin – und das ist für mich das Erstaunliche – kann man auch kreativ träumen, das heißt, man kann lernen, das luzide Traumpotenzial als Werkzeug zu benutzen.

Die englische Wissenschaftlerin *Celia Green*[19] hat eine ähnliche Art des Träumens erforscht. Sie nennt ihn den Cleardream (Klartraum). Im Klartraum weiß der Träumende, dass er träumt und kann diesen steuern, d. h. man ist sich voll bewusst, dass man den Traum sozusagen als Fahrzeug, als Werkzeug benutzen kann, um Abenteuer zu erleben und somit auch begrenzt Zeitreisen durchzuführen. Anders ausgedrückt: Ich bin der Lage, bestimmte Dinge auch präkognitiv vorauszusehen. Aber es funktioniert ebenfalls, wenn wir den umgekehrten Weg wählen und retrospektiv in die Vergangenheit zurückgehen. Auf diese Art können wir eigene Erlebnisse in der Vergangenheit ziemlich in allen Einzelheiten wieder erneut erleben. Hierbei handelt es sich genau um das gleiche Phänomen, das wir bei der Rückführung unter Hypnose vorfinden.

Unter Hypnose kann man eingeben, dass man in ein beliebiges Alter des gegenwärtigen Lebens zurückgeht oder zu einem bestimmten Ereignis, zum Beispiel zu einem bestimmten Geburtstag, zum ersten Schultag oder zur Geburt. Man kann dabei ganz präzise Fragen stellen wie zum Beispiel: "Was hast du in deiner Hosentasche, welches Wetter ist draußen, wer ist zugegen, was passiert heute?" Und man erinnert sich dann oft sehr genau an Einzelheiten, was man im normalen Wachbewusstsein nicht vermag. Man hatte auch mit Studenten Versuchsreihen durchgeführt. Diese wurden interessanten Situationen im Tagesgeschehen ausgesetzt. Am nächsten

Tag hypnotisierte man sie, und sie konnten sich unglaublich präzise wieder an Einzelheiten erinnern, die sie eigentlich normalerweise vergessen hätten. Das ist dieses riesige Potenzial unseres Unterbewusstseins, das wir im Luzidtraum und auch im Klartraum nutzen können, wobei der Klartraum ein ganz anderes Potenzial aufweist, weil wir hier sozusagen zu Reisenden werden, wenn auch nicht zu Astralreisenden. Das ist der Unterschied.

Viele Wissenschaftler hatten im luziden Traum ihre großen Eingebung. Man denke nur an die berühmte *Einstein'sche Formel* $e = mc^2$, die diesem Erneuerer der modernen Physik im Traum eingegeben wurde und die er sofort nach dem Aufwachen aufschrieb. Andere Nobelpreisträger haben ebenfalls im Traum entscheidende Eingebungen bekommen, z. B. die Ringstruktur des Benzols wurde im Traum gesehen. Man kann aus diesen Beispielen ersehen, dass der Traum unglaubliche Möglichkeiten an erweiterten Erkenntnissen bietet. *Carlos Castaneda* hat einmal gesagt, dass man wieder lernen solle zu träumen. Man kann überdies die Technik erlernen, wie man sich an seine Träume erinnert und wie man dann ganz bewusst diese Träume steuert.

Doch mit der außerkörperlichen Erfahrung verhält es sich ganz anders. Denn diese gewinnt man durch einen materialistischen Zustand, wobei ich das Wort "materialistisch" in diesem Zusammenhang am liebsten gar nicht verwenden möchte, und dennoch besteht auch der feinstoffliche Bereich aus kleinsten feinstofflichen Materieteilchen, während das luzide Träumen und der Klartraum nicht mit der Materie verbunden sind. Diese sind Projektionsverfahren, die, wie interessant und spannend sie auch sein mögen, jedoch nichts mit dem realen Körperaustritt zu tun haben.

* * *

Möglichkeiten außerkörperlicher Reisen während des Schlafzustandes

Während des Schlafes kann es hin und wieder geschehen, dass man aus dem Körper wie zufällig herausrutscht. Sie befinden sich eventuell in einem interessanten Traum und wachen plötzlich mit einem furchtbaren Ruck auf. In solchen Fällen befanden Sie sich wirklich außerhalb Ihres Erdenkörpers und sind mit einem heftigen Ruck plötzlich in diesen zurückgekehrt. Obwohl ich selbst ganz bewusst aus dem Körper aussteige, habe ich solch ein Erlebnis in Australien gehabt. Ich lag am Sandstrand der Goldküste, die sich zwischen Sydney und Brisbane befindet. Damals gab es dort noch keine Hotels oder Hochhäuser. Der Strand war also menschenleer, und ich habe dort übernachtet. Während ich mich im Schlaf in einem Traum aufhielt, befand ich mich auf einmal außerhalb meines Körpers. Plötzlich wachte ich mit einen unglaublichen Ruck wieder auf und war zu Tode erschrocken. Doch in einem Bruchteil von einer Sekunde hatte ich sofort begriffen, was passiert war. Solche Erlebnisse haben viele Menschen schon gehabt. Sie sollten sich eigentlich darüber freuen, denn das ist schon der erste Schritt des Out-of-Body. Solches ereignet sich auch häufig bei schwerstkranken Menschen, weil die Energie auf Leerlauf steht und den feinstofflichen Bereich nicht mehr festhalten kann. Durch diesen plötzlichen Ruck ist dann das zuvor Erlebte leider meist sofort vergessen. In den allgemeinen Träumen erinnern wir uns meist nur an die letzten Ereignisse der Rem-Phasen.

Wenn ich jetzt mit meinem grobstofflichen Körper zu einem Ort komme und sehe nun plötzlich den Kellner und weiß schon, was der Kellner sagen wird, dann kann es sich in diesem Fall natürlich um ein vorausgegangenes luzides Traumgeschehen gehandelt haben. Das ist allerdings noch kein Hinweis dafür, dass ich außerhalb meines Körpers war. Wir müssen immer wieder eine ganz scharfe Trennlinie ziehen zwischen hellseherischen Projektionen, zwischen präkognitiven Fähigkeiten im Wachbewusstsein, zwischen präkognitiven Eindrücken im Traum, was im luziden Traum als auch im Klartraum geschieht, zwischen dem, was wir in der Rem-Phase geträumt haben und zwischen einem – was viel seltener der Fall ist – wirklichen außerkörperlichen Geschehen.

Wenn wir zum Beispiel an einem uns bisher noch unbekannten Ferienreiseziel ankommen und das Hotel, der Portier und einige der Hotelgäste kommen uns bekannt vor, dann haben wir in einem kognitiven Traum diese Dinge schon vorausgesehen. Doch hier waltet das Resonanzgesetz. Wir treffen beim Déja-vu-Erlebnis immer mit Personen oder Plätzen zusammen, die für uns von irgendeiner Bedeutung sind, d. h. wir sind selber sozusagen in einem präkognitiven Traum vorher in Resonanz getreten mit dem Ort, den wir dann besuchen werden. Nur selten wird es vorkommen, dass wir in Resonanz treten mit einem Ort oder mit Personen, mit denen wir dann später keinen Kontakt haben werden. Im Allgemeinen ist es demnach so, dass die Déja-vu-Erlebnisse immer ein Voraussehen von einem Ereignis zum Inhalt haben, das wir selber erleben werden, während wir bei den außerkörperlichen Erfahrungen die Realszene relativ korrekt vor uns haben, ohne dass sie wie beim Déja-vu-Erlebnis an eine Begebenheit gekoppelt ist.

Auch sollten wir uns nicht wundern, wenn wir einen Ort aufsuchen, den wir zuvor auf einer außerkörperlichen Reise in Augenschein genommen hatten. Im Großen und Ganzen entspricht das, was wir dann sehen, genau dem mit dem feinstofflichen Körper schon Wahrgenommenen. Es kann aber sein, dass wir durch unsere Emotionen Dinge manchmal auch hinzuinterpretieren, denn ein Gleiches tun wir ja auch im Tagesgeschehen. Ich brauche nur mit Freunden einen Weg entlangzulaufen und hinterher jeden zu befragen, was er auf diesem Weg alles wahrgenommen hat. Und da werde ich ganz unterschiedliche Eindrücke bekommen. Diese unterschiedlichen Eindrücke sollten aber nicht dazu führen, dass man jetzt wie die militanten Skeptiker bezüglich der außerkörperlichen Reisen folgert: "Aha, jetzt haben wir mehrere Leute, die behaupten, zusammen aus dem Körper herausgegangen zu sein und denselben Ort aufgesucht zu haben, und jeder beschreibt die Dinge anders. Das ist also ein schlüssiger Beweis dafür, dass sie gar nicht aus dem Körper ausgetreten waren." Sicherlich werden in der Beschreibung schon Unterschiede vorliegen, denn die Wahrnehmung wird nie identisch sein. (Wir haben nur die Wahrnehmung einer subjektiven Wirklichkeit – und es gibt allein subjektive Wirklichkeiten.) Aber sie werden im Großen und Ganzen das Gleiche beschreiben. Dennoch unterscheiden sich die Sinnesorgane von Mensch zu Mensch. Der eine riecht besser, der andere sieht besser und der andere hört besser und wieder ein anderer verlässt sich nicht so sehr auf sein Gehör, sondern eher auf seine Augen. Im feinstofflichen Bereich ist es nun sehr ähnlich. Wir sind zwar in diesem absolut gesund, wenn man so will, und unsere Sinnesorgane funktionieren, aber auch dort gibt es Unterschiede. Das muss man ganz klar erkennen.

Viele Menschen, die aus Versehen – ich sage bewusst aus Versehen – aus dem Körper heraustreten und dann wieder zurückkehren, werden dann oft hinterher den Eindruck haben, sie hätten geträumt – obwohl es in der Tat eine außerkörperliche Reise war, die sie durchgeführt haben. Aber umgekehrt kann es sein, dass Versuchspersonen sich einreden, aus dem Körper ausgestiegen zu sein, aber es war dann eben nur ein luzider Traum oder ein Rem-Traum, der ihnen später dieses Déja-vu-Erlebnis bescherte. Das ist die Schwierigkeit in der Beweisführung der Realität der außerkörperlichen Erfahrungen – zumindest für die Skeptiker.

Diese Trennlinie zu ziehen ist auch nicht einfach. Doch vielleicht entwickeln wir eines Tages ein Messinstrumentarium, das den feinstofflichen Bereich messen kann. Aber dann unterliegt es der so genannten *Unschärfe-Relation*, wie sie der Physiker *Heisenberg* genannt hat. Das bedeutet, dass das Messinstrumentarium möglicherweise sogar den feinstofflichen Bereich irgendwie beeinflussen kann, sodass man wiederum keine korrekte Lösung bekommt. Die Unschärferelation in der Quantenphysik ist in der Tat problematisch. Wenn etwas sehr Kleines sehr wenig Masse hat, dann haben wir ein Messinstrumentarium, das viel zu grobstofflich ist. Und am liebsten wäre es den Skeptikern unter den Naturwissenschaftlern, dass man, wenn man schon behauptet, das Feinstoffliche existiere, es auch bitte reproduzierbar messen könnte. Und das gelingt bis jetzt noch nicht. Hier haben wir nur eine indirekte Beweisführung, die für die militanten Skeptiker nie ausreichen wird, sodass im Grunde genommen am Ende nur noch die eigene Erfahrung zählen kann, die dann natürlich überzeugt.

* * *

Out-of-Body-Erlebnisse während des klinischen Todes

An dieser Stelle möchte ich auch auf das Phänomen des klinischen Todes kommen, was lange Zeit für die Mediziner ein Problem war, da man sich nie entschließen konnte, ab wann der klinische Tod eigentlich eingetreten ist. In früheren Zeiten galt der Mensch als tot, wenn er zu atmen aufgehört hatte oder kein Pulsschlag mehr gemessen werden konnte. Dann stellte man aber fest, dass trotz dieser Indikatoren mancher für tot Erklärte wieder zum Leben zurückkehrte. Also war er offensichtlich nicht tot gewesen. Dann ging man dazu über, den Hirntod mit einem Instrumentarium festzustellen. Wenn also die Hirnströme aufhören und auf dem Monitor über einige Minuten hinweg keine Frequenzen mehr angezeigt worden sind, dann ist der Tod endgültig. Das Problem hierbei ist, dass Menschen nach mehr als drei Minuten sehr oft wieder bei vollem Bewusstsein gewesen sind, ohne Hirnschäden zu erleiden. Es existieren Fälle, bei denen Menschen sogar nach einer halben Stunde wieder zurückgekehrt sind, ohne motorische Schäden erlitten zu haben. Das ist für viele sehr unwirklich, dennoch ist es vorgekommen. Doch heute haben Mediziner und Biochemiker festgestellt, dass das Gehirn nach dem konstatierten Tod weiter biochemisch arbeitet und dass auch Eindrücke im Gehirn nach wie vor vorhanden sind.

Wenn jemand nach einem so genannten klinischen Tod wieder zurückkehrt, dann wird er auch irgendwann seine Eindrücke anderen schildern wollen. Meist hatten die klinisch Toten ein Tunnelerlebnis, bei dem ihnen ein helles Licht entgegenstrahlte. Viele kamen dann in dieses Licht hinein und haben dort ihre verstorbenen Verwandten wieder getroffen, die sie begrüßt haben. Sie fühlten sich bei ihnen sehr geborgen. Das Unerfreuliche für sie war dann die Tatsache, dass sie plötzlich wieder in ihrem Körper aufwachten. Für die eingefleischten Skeptikern unter den Medizinern sind das freilich alles frei erfundene Hirngespinste beziehungsweise Halluzinationen. Letztere, so meinen sie, gehen auf bestimmte Reaktionen in den Nervenbahnen, ausgelöst durch Reaktionen der Synapsen, zurück, wodurch automatisch eine audiovisuelle Einengung der Wahrnehmung entsteht, was wiederum den Tunneleffekt mit dem Licht erklärt. Auf keinen Fall wären diese klinisch Toten in jenem so genannten Jenseits gewesen und seien dann von verstorbenen Verwandten begrüßt worden. Das, so argumentieren diese Skeptiker, gehe zweifellos auf Wunschprojektionen zurück.

Wir haben jedoch viele Fälle von Menschen, die klinisch tot waren, und bei denen sich die Ärzte bemühten, sie wieder zurückzuholen. Wieder zurückgekehrt können jene der klinisch Totgewesenen im Nachhinein alles berichten, was während der Zeit ihres Herzstillstandes passiert ist. Sie schwebten über ihrem Körper und beobachteten alle Aktivitäten, die dort von den Ärzten unternommen wurden. Sie können die einzelnen für die Reanimation verwendeten Instrumente beschreiben, sie schildern die Einzelheiten des eventuell vorgenommenen Elektroschocks, ja, sie können sogar die Sätze wiedergeben, die die Ärzte gesprochen haben, und total Blinde, die in diesem Zustand wieder sehen konnten, waren in der Lage, sogar die Strumpfmuster des Operateurs genau wiederzugeben. Bei so viel Beweismaterial müssten sich die Skeptiker eigentlich geschlagen geben und anerkennen, dass der klinisch Tote mit seinem feinstofflichen Körper den grobstofflichen verlassen hatte. Und dennoch behaupten sie, dass deren Wahrnehmung im Körper noch vorhanden gewesen sein müsse. Doch wie kommt es, dass der über seinem Körper Schwebende genau die Instrumente, die er nur von oben sehen kann, beschreibt, während seine Augen geschlossen blieben? Es gibt sogar Berichte, dass ein klinisch Toter aus dem Operationssaal wegschwebte, sich durch die Gänge des Krankenhauses bewegte und eventuell auch den Operationen im OP nebenan zusah. Viele, viele solcher Fälle sind extrem gut dokumentiert.

Trutz Hardo erzählte mir eine hierzu passende schöne Geschichte, die er als Wahrheitsbericht gelesen hatte. Ein Reanimierter liegt wieder auf Station. Und der Chefarzt, der die Operation durchgeführt hatte, kommt nun mit seinen Studenten an die Betten und auch zu dem Reanimierten und sagt: "Ja, Sie wären uns ja beinahe von der Schippe gesprungen." Und dieser entgegnet: "Ich weiß, ich habe alles mitbekommen. Sie haben dann gesagt: Exitus." "Ja, das stimmt. Das habe ich wirklich gesagt. Aber jeder Arzt hätte das in diesem Augenblick des Herz- und Gehirnstillstandes ebenfalls sagen können. Dieser eine Satz beweist mir noch nicht, dass Sie wirklich ..." "Doch, ich kann Ihnen wirklich beweisen, dass ich mich die ganze Zeit über außerhalb meines Körpers befunden habe." "Ja, dann mal los. Beweisen Sie es mir", entgegnete der sich seiner Haltung sicher glaubende Professor. "Sie haben zu der Schwester gesagt, reichen Sie mir zuerst dies Besteck und dann erst das andere." "Ja, das stimmt alles. Das würde aber jeder andere Operateur auch gesagt haben können. Das überzeugt mich nicht, dass Sie alles gesehen und gehört haben wollen." "Doch, ich weiß ganz genau, was dann geschehen ist, als sie 'Exitus' gesagt haben. Sie sind auf den Gang hinausgegangen, und ich habe Sie dorthin im Schwebezustand begleitet. Dort haben sie dann eine Packung Lucky Strike aus Ihrer Brusttasche gezogen. In dem Päckchen befanden sich noch drei Zigaretten. Sie nahmen sich eine heraus und zündeten sich diese mit einem blauen Feuerzeug an. Und dann kam die Operationsschwester heraus, der haben sie auch eine Zigarette angeboten und zündeten dann auch diese Zigarette mit Ihrem Feuerzeug an. Sie rauchten einige Züge – und dann haben Sie ihr in den Hintern gekniffen." Der rot gewordene Professor stürmte mit seinen Studenten zum nächsten Patienten. – Skeptiker kann man eben nur durch knallharte Beweise überzeugen, wenn überhaupt.

Einen anderen sehr beeindruckenden Bericht über seinen körperlichen Ausstieg während des klinischen Todeszustandes hat uns *Stefan von Jankovich*[20] gegeben. Er hatte einen Autounfall im Tessin. Er sah plötzlich, wie sein Körper auf der Straße mit einer Decke zugedeckt wurde und Ärzte sich unterhielten und sagten: "Also, da ist nichts mehr zu machen." Und dann merkte er, wie er wegflog. Es war wunderschön. Die Landschaft nahm er mit seinem feinstofflichen Körper – dem Astralkörper – ganz real wahr. Doch dann zog ihn wieder etwas zurück. Ein junger Arzt, der die Decke hochhob, forderte die anderen Ärzte auf, eine Reanimierung vorzunehmen. Und tatsächlich, zu seinem größten Bedauern, wurde er wieder in den Körper zurückgezogen.

Man kann nun nicht mehr davon reden, dass das Gehirn Halluzinationen durch die Produktion von Morphinen hervorruft, nachdem der Körper sich in einem traumatischen Zustand befindet. Denn in dem Moment, wo jemand "tödlich" verunglückt oder durch Krankheit in einen Zustand gerät, wo die Energie des Körpers heruntergesetzt ist, passiert es fast automatisch, dass sich der feinstoffliche Körper löst, besteht doch dann offenbar kein Grund mehr, der ihn noch an das Grobkörperliche bindet. Seine Aufgabe ist dann ja sozusagen erfüllt. Und dann kommt es zu einer Doppelerfahrung, sodass sowohl auf der außerkörperlichen Realebene als auch auf der Projektionsebene simultan Dinge wahrgenommen oder erlebt werden können. In der Projektionsebene sieht er natürlich seine verstorbenen Verwandten so, wie sein Unterbewusstsein sie gerne wahrnehmen würde. Das heißt, er sieht diese Verstorbenen meistens verjüngt, weil er sie so auch gerne wahrnehmen möchte. Und er trifft dort vielleicht auf einen Bekannten, der auf Erden sein Bein verloren hatte und sich ihm nun wieder mit zwei Beinen vorstellt. Er nimmt auf dieser Projektionsebene alles ziemlich positiv wahr, weil in dieser eine Vermischung stattfindet. Somit ist das, was auf Erden noch organisch problematisch war, nun gar nicht mehr vorhanden.

Doch ist diese Projektionsebene genauso eine Realität wie die so genannte Realebene, beide sind Facetten der Wirklichkeit. Das ist das Erstaunliche im Universum: Es existieren keine unrealen Ebenen. Sie sind alle vorhanden, und die Projektionsebene ist eine absolute reale Ebene, in die wir jedoch unsere eigene bewusste Wahrnehmung mit hineinprojizieren, sodass sich positive und negative Aspekte darstellen können. Man könnte dementsprechend von dieser Projektionsebene als einer Ebene der so genannten subjektiven Wirklichkeit sprechen.

B.

Die Praxis der Astralreisen

* * *

Vorbereitungen für den Ausstieg aus dem Körper

Im Prinzip ist jeder geeignet, die Technik oder die Methode der Out-of-Body-Reisen oder -Erfahrungen zu lernen. Es gibt im Grunde keine Grenzen, wobei ich davon abraten möchte, Kindern diese Technik beibringen zu wollen, obwohl sie wahrscheinlich mit dieser oft weniger Probleme hätten als Erwachsene. Doch Kinder sollten sich erst einmal entwickeln. Ebenso ist das Out-of-Body nicht für labile und psychisch kranke Personen geeignet. Ich setze persönlich bei meinen Seminaren, wenn ich sie durchführe, voraus, dass bei jedem zum einen eine gewisse Bereitschaft da ist, aber auch eine gewisse Reife und auch ein gewisses intellektuelles Verständnis. Wichtig ist auch die Intention. Ich warne davor, diese Methoden oder diese Technik zu erlernen, nur um einen persönlichen Vorteil zu erreichen. Dies ist nicht sinnvoll, und es funktioniert auch nicht. Man sollte sich selber fragen: Warum interessiere ich mich für Out-of-Body? Warum will ich diese Methode lernen? Was sind meine Motive? Was bezwecke ich damit? Was möchte ich erreichen? Man sollte sich darüber im Klaren sein, dass sich, sobald man die Praxis erlernt hat, damit zugleich ein neuer Lebensabschnitt öffnet. Es ist in mancher Beziehung für viele Menschen auch eine Zäsur, denn in dem Moment, wo ich die Tür aufmache zu einem neuen Horizont, zu einer Bewusstseinserweiterung, ändert sich in vieler Hinsicht mein Leben. Das ist ganz klar.

Man sollte auch seinen Gesundheitszustand, der hier ebenfalls eine Rolle spielt, in Erwägung ziehen. Auf der einen Seite ist es natürlich so, dass für die erfolgreiche Umsetzung der Methode eine totale körperliche Entspannung des Organismus herbeigeführt werden muss. Sollte jemand nun einen Herzschrittmacher oder

Herz-Kreislauf-Probleme haben, dann ist diese Methode unter Umständen nicht zu empfehlen, da hier die Atemfrequenz und die Herzfrequenz herabgesetzt werden. Im Großen und Ganzen ist das völlig gefahrlos, ja, im Gegenteil, es ist zum Vorteil des ganzen Organismus. Es sei denn, jemand ist krank oder nimmt bestimmte Medikamente ein. Das sollte man vorher abklären. In vieler Hinsicht ähneln wir, das habe ich oben schon angeführt, sozusagen Astronauten in ihrem Raumschiff. Und ein Astronaut, bevor er sein Raumschiff verlässt, sollte eben auch erst einmal feststellen, ob er einigermaßen gesund ist. Das gehört einfach dazu.

Sind also diese Voraussetzungen erfüllt – erstens, dass man einen normalen Gesundheitszustand hat, obwohl nichts Dramatisches passieren kann, zweitens, dass man nicht unbedingt das Motiv hat, mit dieser Technik andere zu übervorteilen oder materielle Gewinne dadurch zu erzielen –, sollte man sich vorher noch überlegen, ob man überhaupt bereit ist und damit zurecht kommt, dass sich mit dem Ausstieg aus dem Körper etwas Grundlegendes verändert. Komme ich damit zurecht, dass ich eine Tür öffne und eine neue Sicht der Dinge bekomme? Bin ich bereit dazu, dass auch Dogmen, Glaubenssätze, Wertvorstellungen über den Haufen geworfen werden könnten? Kann ich einen Paradigmenwechsel bei mir zulassen? Bin ich in der Lage, in meinem bisherigen Weltbild vielleicht etwas zu revidieren? Wenn dies alles bejaht wird, dann kann man in die Praxis übergehen.

Zunächst will ich über gewisse wichtige Voraussetzungen sprechen. Ich rate allen, zuerst einmal alle Metallteile vom Körper abzulegen, das ist ganz entscheidend. Auch sollte man Uhren und Ketten ablegen. Das ist deswegen von Wichtigkeit, weil der erste Schritt in die Einführung der Technik der Out-of-Body-Reisen darin besteht, dass wir das Energieniveau ausgleichen müssen. Wenn wir aber Metallteile am Körper haben, konzentriert sich automatisch etwas Energie an diesen Metallteilen. Zum Zweiten sollte man keinen Alkohol getrunken und keine Drogen zu sich genommen haben. Ferner sollte man nicht gerade gegessen haben. Warum?

Weil die Energie dann zu sehr durch den Verdauungsprozess im Bauch gebunden ist. Eine zu starke Bindung der Energie in den Genitalien wäre ebenfalls ein Hindernis.

Man sollte also darauf achten, dass man sich ausgeglichen und relativ ungestresst auf eine Matte oder auf ein Bett legt, wo man ganz bequem liegt. Man sollte sich auch zudecken, weil der Körper durch die Herabsetzung des Energieniveaus etwas kühler wird. Doch sollte man keine schwere Decke nehmen, sondern eher eine dünne. Überdies achten Sie bitte darauf, dass der Kopf bequem liegt, nicht zu flach und nicht zu hoch. Und man sollte frei und ruhig atmen können. Man sollte weiter darauf achten, dass man nicht gestört wird, d. h. alle unnötigen Geräusche, die im Zimmer sind, sollten, wenn es möglich ist, abgestellt werden. Das bezieht sich vor allem auf das Telefon und die Hausklingel.

Lebt man mit einem Lebenspartner oder einer Lebenspartnerin zusammen, dann sollte man erklären, dass man überhaupt nicht berührt oder gestört werden darf. Man kann ja auch sagen, dass man jetzt meditieren möchte, wenn man dem Lebenspartner nicht unbedingt erklären will, dass man jetzt den ersten Schritt zur außerkörperlichen Reise durchführt. Es ist schließlich auch möglich, dass der Partner das lächerlich findet. Also sagt man: "Ich will mich hinlegen und meditieren. Bitte berühre mich nicht. Denn ich bin dann so tief versunken, dass ein Aufwecken oder Berühren deinerseits mir einen Schock verursachen würde." Und das ist auch ganz entscheidend. Sie müssen unbedingt darauf achten, dass sie niemand schüttelt oder berührt, wenn sie diese ersten Schritte der Technik durchführen – und später sowieso!

* * *

Mögliche Gefahren während des Aufenthaltes außerhalb des Erdenkörpers

Die Gefahren bei einer Out-of-Body-Reise sind im Großen und Ganzen nicht so problematisch, weil eine Art Schutzmechanismus in uns eingebaut ist. Aber man muss sich darüber im Klaren sein, dass man am Anfang nur für relativ kurze Zeit aus dem Körper aussteigen wird. Doch kann sich dann solch ein Glücksgefühl einstellen, dass man versucht, mit aller Gewalt wesentlich länger außerhalb des Körpers zu bleiben. Doch das sollte man nicht, denn das könnte insofern eine Gefahr beinhalten, dass der grobstoffliche Bereich Schwierigkeiten bekommt. Man sollte immer auf sich selber hören und auf den leisen Zug achten, der dann entsteht, wenn ihr grobstofflicher Körper nach dem Kommandanten verlangt. Das heißt, Sie als Astronaut werden zurückgerufen in Ihr Raumschiff, und dann sollten Sie sich nicht dagegen wehren, sondern wirklich zurückkehren.

Eine weitere Gefahrensituation könnte sich ergeben, was immer wieder mal passiert, wenn ein Out-of-Body-Reisender in Projektionsebenen hineingerät, die manchmal problematisch sind. Man sollte sich auf keinen Fall in irgendwelche Situationen dieser Projektionsebenen begeben, denn in diesen können wir auch auf negative Ereignisse stoßen, also nicht nur auf positive. Doch es ist relativ selten, wenn jemand mit diesen Reisen anfängt, dass er in diese Projektionsebene hineingerät. Im Großen und Ganzen, ich würde sagen zu 99 %, wird man sich in der so genannten Realebene aufhalten, wo eigentlich keine Gefahren vorhanden sind.

Und ich wiederhole mich ganz bewusst nochmals, da es ganz entscheidend ist: Wenn Sie außerhalb des Körpers sind, darf niemand Ihren Körper schütteln oder berühren. Ein Außenstehender hätte den Eindruck, dass etwas mit Ihnen nicht stimmt, weil sie so langsam atmen, der grobstoffliche Körper wie tot daliegt und der Herzschlag so niedrig ist. Der Partner oder jemand anderes glaubt dann vielleicht, Sie hätten gesundheitliche Probleme. Und dann würde die Gefahr bestehen, wenn er oder sie Sie schüttelt, dass unter Umständen Ihr lebenserhaltendes Kabel vom Raumschiff zum Kommandanten reißt. Dann könnten Sie nicht mehr zurück zu Ihrem grobstofflichen Körper, denn dann wäre der grobstoffliche Körper tot. Das muss man ganz klar sagen. Sie würden zwar weiterleben im feinstofflichen Bereich und würden dann als Resonanzphänomen irgendwann wiedergeboren werden, doch Sie könnten nicht wieder in Ihren jetzigen grobstofflichen Körper zurückkehren. Ich will hier auf gar keinen Fall Angst oder Panik verbreiten, aber es ist einfach wichtig, dass man auf diese Gefahren betont hinweist. Von dem soeben beschriebenen Ausnahmefall und vom physischen Tod abgesehen, wird es jedoch niemals geschehen, dass man nicht mehr in seinen Erdenkörper zurückfindet, da man automatisch in den grobstofflichen Bereich, also in den Erdenkörper, zurückgezogen wird. Ich bin auch oft gefragt worden, ob es sein kann, dass man aus Versehen in den falschen Körper hineinrutschen könnte. Das geschieht aufgrund des Resonanzphänomens ebenfalls nicht, denn nur die einem eigene spezifische Schwingung kann in die entsprechende, gleich resonierende Schwingung zurückfinden.

Bevor wir nun in die Einzelheiten der Praxis übergehen, noch eine Bemerkung. Wenn es Ihnen gelingt – und dazu gratuliere ich Ihnen jetzt schon ganz herzlich –, dass Sie aus dem Körper aussteigen, dann berücksichtigen Sie bitte, was ich oben schon erwähnte, dass sie sich vorher genau überlegt haben, welche Ziele Sie sich setzen. Ihre Reiseziele sollten auf jeden Fall ungefährlicher Natur sein. Denn es hat keinen Sinn, dass Sie sagen: "Ich bin neugierig. Ich will mir jetzt die Sonne anschauen." Bitte unterlassen Sie solche gewagten Abenteuer. Am Anfang ist es sowieso sehr ratsam, erst einmal die nähere Umgebung aufzusuchen. Und wenn Sie darin eine gewisse Fertigkeit erreicht haben, dann können Sie sich größere Ziele vornehmen. Aber niemals sollten Sie dem Wunsch oder dem Drang nachgeben, aus lauter Neugierde oder Abenteuerlust zu schnell gewagte Situationen anzusteuern. Der feinstoffliche Bereich ist relativ sicher. Aber ich würde z. B. nicht empfehlen, den Reaktor eines Atomkraftwerks aufzusuchen oder dergleichen. Auf keinen Fall.

Und hier noch ein Hinweis auf das Einsamkeitsgefühl, über das ich mich natürlich auch mit vielen Out-of-Body-Reisenden unterhalten habe. Alle, durchweg alle sagen, dass das Leben sich verändert hätte, und viele bestätigen auch, sie seien wesentlich einsamer geworden. Nicht dass sie das bereuen würden, aber es ist so, als ob sie etwas Großartiges gesehen haben, und es – nun zurückkehrt – den anderen nicht mitteilen können. Sie laufen mit einem fantastischen Geheimnis herum, und manchmal ist es auch sehr schwer, so ein Geheimnis zu bewahren. Man möchte gerne über die neu gewonnenen Eindrücke, neuen Erfahrungen, neuen Wertvorstellungen sprechen – und in manchen Fällen ist das auch möglich. Es existieren immer wieder aufgeschlossene Menschen, vielleicht auch Menschen, die ähnliche Erfahrungen gemacht haben, mit denen man kommunizieren kann. Aber im Großen und Ganzen ist das eben nicht der Fall. Und das heißt, dass einen doch eine gewisse Einsamkeit und manchmal auch Melancholie befällt. Aber das Positive ist, dass es alle verneint haben, wenn ich sie dann gefragt habe: "Würdest du, wenn du könntest, um weniger einsam zu sein und nicht diese Melancholie zu verspüren, den Sprung zurück machen, sodass du nie mit deinem feinstofflichen Körper gereist bist?" Alle würden es unter gar keinen Umständen aufgeben.

Aber bitte seien Sie sich darüber im Klaren, dass es sich hierbei nicht um den Kauf eines neuen Autos oder einer Reise nach Mallorca handelt, sondern das ist etwas sehr Bedeutendes, ein sehr profunder Schritt in ihrem Dasein und Bewusstsein, den sie durchführen. Und wenn Sie sich fest zu diesem Schritt entschlossen haben, dann können wir nun in die Praxis übergehen.

***

Schritte zum Ausstieg aus dem Körper

Die Methoden und Techniken der Out-of-Body-Erfahrung beinhalten verschiedene Schritte. Wir haben hierbei das Problem, dass einige Menschen diese Methode sehr schnell durchführen können, während andere längere Zeit dafür benötigen. Und deswegen gibt es eigentlich am Anfang immer bestimmte Übungen, die wir durchführen können oder sollten, um uns sozusagen Schritt für Schritt auf den eigentlichen Ausstieg vorzubereiten. Die Übungen sind vielfältiger Art. Sie reichen von Konzentrationsübungen bis zu verschiedenen Entspannungsübungen. Es können auch Übungen sein, bei denen wir uns visuell hinter geschlossenen Augen Dinge vorstellen. Eine interessante Methode wäre natürlich, eine Rückführung zu machen. Denn schon während der Rückführung lernen Sie Entspannungstechniken, wenn Sie einen guten Seminarleiter haben, wie z. B. *Trutz Hardo*. Da hätten Sie schon einmal einen sehr interessanten ersten Weg, denn auch bei der Rückführung benutzt man im Grunde genommen ähnliche Methoden wie bei der Vorbereitung zum Ausstieg, läuft das Ganze doch darauf hinaus, dass der Körper energetisch ausgeglichen wird und eine tief gehende Entspannung erreicht wird. Das ist entscheidend.

Es ist sinnvoll, anfangs bestimmte Übungen durchzuführen, die als visuelle Konzentration bezeichnet werden. Das heißt, man setzt sich ganz ruhig und entspannt hin, schaut sich den Raum an, schließt die Augen und untersucht unter geschlossenen Augen sozusagen einen bestimmten Punkt im Zimmer. Ein bestimmtes Bild vielleicht, einfach, um sozusagen die Konzentration auf etwas zu fokussieren. Denn eine wichtige Voraussetzung ist es, den unruhigen Geist, den wir in uns tragen, erst einmal zur Ruhe zu bringen. Durch diese Konzentrationsübung lernt man zwar nicht, eine Projektion herbeizuführen, doch sie hilft, diesen Unruhegeist in unserem Kopf ruhig zu stellen. Unter den vielen Übungen, die man machen kann, können Sie auch Folgendes versuchen: Stellen Sie sich bei geschlossenen Augen ein Symbol vor. Das kann ein farbiges Viereck sein, ein Halbmond, eine Kugel, ein Oktogon oder es kann meinetwegen auch die Form eines Fisches haben. Aber man sollte wirklich versuchen, sich auf ein Symbol, das für Sie besonders prägnant ist, zu konzentrieren und dieses Symbol beizubehalten, denn das könnten Sie später als ein posthypnotisches Signal nutzen, um den Entspannungszustand, der benötigt wird, immer wieder schnell zu erreichen.

Das wären also bestimmte Übungen, die man am Anfang machen kann.

Und nun kommen wir zu den entscheidenden Schritten. Sie haben vorher noch die Vorhänge vorgezogen und das Licht abgedunkelt, sodass die Augen bei geschlossenen Lidern nicht geblendet werden. Sie haben sich auf eine bequeme Liege gelegt, auf der der Kopf nicht zu hoch und nicht zu niedrig zu liegen kommt. Sie sollten sich am besten fast oder ganz ausziehen, aber - ich wiederhole es noch einmal - zudecken. Der Körper darf unter gar keinen Umständen frieren. Metallteile haben wir, soweit das möglich ist, abgenommen. Dann sollte man sich einfach ruhig hinlegen und die Augen schließen. Und noch ein Hinweis: Führen Sie diese folgenden Übungen nie durch, wenn Sie total erschöpft und müde sind. Denn dann würden Sie in kürzester Zeit eingeschlafen sein, was Ihnen zwar nicht schadet, aber Ihre außerkörperlichen Erfahrungen vereitelt. Also achten Sie bitte darauf, dass Sie die Übungen nur durchführen, wenn Sie geistig und körperlich für dieses Unternehmen sozusagen "einsatzfähig" sind.

a.) Das Ruhigstellen des ganzen Körpers

Nun werden Sie eine Art Dialog mit sich selbst führen. Das ist überhaupt nicht problematisch. Diese Entspannungsübungen, die wir jetzt durchführen, sind sowieso nützlich, auch wenn Sie den

Ausstieg nicht sogleich, sondern vielleicht erst nach einigen Malen erreichen. Aber solch eine Entspannungsübung wird Ihnen auch im täglichen Leben sehr behilflich sein, Stress besser zu bewältigen. Denn was wir jetzt erreichen wollen, ist, dass Sie den ganzen Stress sozusagen wegschieben. Sie machen Ferien vom Ich, so können wir es einmal nennen. Legen Sie sich ganz ruhig hin und atmen Sie jetzt erst einmal ganz ruhig, ganz langsam. Einfach ganz ruhig atmen, konzentrieren Sie sich auf Ihre Atmung und versuchen Sie, vor Ihren geschlossenen Augen das Symbol zu sehen, das Sie sich ausgesucht haben. Das kann ein blauer Mond sein, es kann ein rotes Viereck sein, egal was, wählen Sie sich Ihr Symbol, es gehört Ihnen. Versuchen Sie nun dieses Symbol vor Ihren geschlossenen Augen zu sehen, während Sie ruhig weiteratmen. Das Atmen ist sehr, sehr wichtig. Und Sie sollten dran denken, Sie atmen so, dass sich der Bauch auf und ab bewegt. Das Zwerchfell muss in einem sehr ruhigen Rhythmus steigen und sinken. Also keine flache Atmung, sondern eine ruhige ausgeglichene Atmung ist hier ganz entscheidend.

All die im Stillen oder im Flüstern gesprochenen Worte werde ich mit fetten Lettern hervorheben, sodass sie sich von der übrigen Schrift abheben und sich Ihnen leichter einprägen.

Und nun, während Sie Ihr Symbol vor Ihren geschlossenen Augen sehen und ruhig atmen, sagen Sie zu sich selbst im Stillen oder auch flüsternd: **"Ich bin ganz entspannt. Mir geht es gut. Ich bin ganz entspannt. Ich bin ganz ruhig. Ich bin ganz entspannt. Ich fühle mich ausgesprochen wohl. Mir geht es gut. Ich bin entspannt. Ich bin nicht gestresst. Ich denke über nichts weiter nach, außer dass ich ganz entspannt bin. Ich fühle mich ganz wohl. Unglaublich wohl. Bin ganz ruhig und entspannt ..."** Sprechen oder denken Sie diese Sätze im Rhythmus Ihrer Atmung, das ist sehr wichtig. Das heißt, jedes Mal, wenn sich z. B. Ihr Zwerchfell gehoben hat, kommt beim Ausatmen das Wort "entspannt". **"Ich bin ganz ruhig und entspannt. Ganz ruhig und entspannt"**, und wiederholen Sie es immer wieder. Das heißt, im Rhythmus Ihrer Atmung geben Sie bestimmte Kommandos ein, die Sie sich selber auserwählt haben. Diese Art Kommandos geben Sie sich immer wieder. Das kann eine Viertelstunde, das können zwanzig Minuten sein, oder es kann eine halbe Stunde dauern.

Dann gehen Sie zum nächsten Schritt über, und während Sie nun ganz ruhig atmen, ganz entspannt sind und die Augen geschlossen haben, geben Sie sich immer wieder die Kommandos. Und nun machen Sie etwas ganz Interessantes, etwas ganz Spannendes. Sie verlassen jetzt für eine Weile Ihr Symbol, das Sie vor Ihren geschlossenen Augen gesehen haben, und schauen nach innen. Das heißt, Sie als Kommandant suchen jetzt Ihr Raumschiff in allen Abteilungen auf und stellen alles ruhig, der ganze Betrieb wird sozusagen auf Leerlauf gestellt. Sie fangen ganz unten, am besten am äußersten Ende Ihres Raumschiffs, Ihres Körpers also, damit an. Sie gehen zu Ihren Zehen hinunter und können nun auch versuchen, sich visuell vorzustellen, wie Ihre Zehen innen aussehen. Das ist gar nicht so schwer, denn Sie wissen ja, dass sich dort Knochen befinden, um die sich Muskulatur gebildet hat. Das können Sie versuchen zu imaginieren, und dann sagen Sie: **"Meine Zehen sind ganz entspannt."** Bei dem Wort "entspannt" kommt dann immer wieder diese ausatmende Bewegung. Ihre Atmung muss immer im Rhythmus bleiben mit "entspannt" oder "ganz entspannt". Das Zwerchfell hebt sich, danach atmen Sie aus. Doch in dem Moment – und das ist ganz entscheidend, deshalb wiederhole ich es nochmals –, in dem sich das Zwerchfell wieder senkt, sagen sie erst "entspannt". Sie sagen: **"Meine Zehen sind ganz entspannt. Mein großer Zeh am rechten Fuß ist ganz entspannt."** Und so verfahren Sie mit all Ihren Zehen. Sie müssen hierbei Geduld haben, aber es macht auch Spaß. Sie werden feststellen, dass Sie Ihre Zehen bewegen, damit Sie Ihre Entspannung richtig spüren. Das ist ganz wichtig, dass Sie sich selber sozusagen das Kommando geben und Ihrem eigenen Kommando, Ihrem eigenen Befehl, Ihrer eigenen Aufforderung auch Folge leisten.

Das können Sie beliebig lange so durchführen und zwischendurch immer wieder sagen: **"Ich bin ganz ruhig, ich habe keine Probleme, ich denke an nichts, außer dass ich ganz entspannt**

bin. Ich habe keinen Stress. Der ganze Stress weicht von mir. Mir geht es ausgesprochen gut. Ich hab mich lange nicht so wohl gefühlt. Ich bin ganz entspannt, ganz ruhig."

Nachdem Sie sozusagen Ihre Zehen durchhaben, können Sie zwischendurch auch sagen: **"Meine Organe sind vital, entspannt und gesund. Sie fühlen sich ausgesprochen wohl."** Und dann gehen wir so langsam von der ersten Abteilung am Ende unseres Raumschiffs, den Zehen, zu den Füßen über. Und auch hier ist es entscheidend, dass Sie dann wieder sagen: **"Meine Füße sind ganz entspannt."** Und Sie bewegen dabei Ihre Füße, während Sie immer wieder sagen: **"Meine Füße sind ganz entspannt. Und ich bewege meine Füße, bis ich eine totale Entspannung in meinen Füßen fühle. Jede Zelle in meinem Zehen und meinen Füßen ist ganz entspannt. Ganz entspannt."** Das wiederholen Sie immer wieder. Aber bitte denken Sie daran, immer in Resonanz mit der Atmung zu sein. Das ist ganz, ganz wichtig. Wiederholen Sie: **"Meine Füße sind ganz entspannt, mein rechter Fuß ist ganz entspannt. Mein linker Fuß ist ganz entspannt, total entspannt. Jede Zelle in meinem Fuß ist entspannt. Ich fühle mich ausgesprochen wohl. Ich denke an nichts, außer dass ich ganz entspannt bin, dass meine Füße ganz entspannt sind, meine Zehen ganz entspannt sind."**

Dann gehen Sie weiter nach oben. Sie gehen über zu Ihren Beinen, zu den Waden, zu den Wadenmuskeln. **"Sie sind ganz entspannt. Ganz ruhig."** Das machen Sie mit dem rechten und dem linken Bein. Diese Entspannungsübung klingt vielleicht etwas mühsam, weil sie so sorgfältig durchgearbeitet wird. Doch sie ist entscheidend. Sie müssen erreichen, dass der gesamte Organismus, wenn Sie diese Übungen zu einem Ende gebracht haben, total entspannt ist. Ganz ruhig, ganz *relaxed*, wie man im Englischen sagt, damit Sie später die nächsten Schritte durchführen können.

Dann machen Sie weiter bei den Knien. Immer den gleichen Befehl, und versuchen Sie auch das Ganze von innen zu sehen. Sie sind ja der Raumschiffkommandant und besuchen Ihren Körper, Ihren grobstofflichen Körper, sozusagen von innen. Versuchen Sie zu visualisieren, denn diese Visualisierung ist sehr hilfreich. Mit ein bisschen Fantasie kann man das eigentlich leicht bewerkstelligen. Wenn Sie einen Horror davor haben, sich alles von innen anzusehen, dann lassen Sie es sein. Konzentrieren Sie sich stattdessen unter geschlossenen Lidern auf das Äußere. Sie schauen sich also bei geschlossenen Lidern die Zehen von außen an.

Manche Menschen legen sich lieber auf die Seite als auf den Rücken. Auch das ist kein Problem. Wichtig ist, dass Sie eine optimale Lage erreichen, so wie es für Sie am komfortabelsten ist. Und wenn Sie nun von außen Ihre Zehen betrachten, dann versuchen Sie in Gedanken, diese anfassen. Ihre grobstofflichen Hände jedoch bleiben auf dem Bett liegen. Sie benutzen einfach Ihre Vorstellungskraft, und bekommen das Gefühl, als ob aus Ihrem grobstofflichen Arm ein anderer Arm herauskommt, der sozusagen Ihre Zehen, während Sie diese entspannen, berührt. Das Gleiche tun Sie dann mit dem einen und dann mit dem anderen Bein sowie mit den Wadenmuskeln. Das ist immer so, als ob Sie sich streicheln. Sie streicheln Ihre Zehen, Ihre Beine und sagen: **"Du bist ganz entspannt. Ganz ruhig. Du, mein rechtes Bein, bist ganz entspannt."** Dabei versuchen Sie, soweit es Ihnen gelingt, sich alles optisch vorzustellen. Sie visualisieren alles unter den geschlossenen Lidern.

Dann machen Sie mit Ihrem Unterkörper genau das Gleiche. **"Mein Unterkörper ist ganz entspannt, ganz ruhig, ganz entspannt"**, und Sie bleiben dabei immer wieder in der Resonanz mit der Atemfrequenz. Das ist sehr entscheidend, d. h. das Zwerchfell hebt sich, und beim Prozess des Absinkens, des Ausatmens, kommt dann der Befehl: **"Ganz ruhig, ganz entspannt."** Und so arbeiten Sie sich langsam nach oben.

Wenn Sie den Unterkörper sozusagen ruhig gelegt haben, dann kommen Sie zum Bauch, einer wichtigen Stelle. Der Bauch muss ganz ruhig sein. Während er sich hebt und senkt, haben Sie das Gefühl, dass Sie sozusagen mit Ihrer feinstofflichen Hand Ihren Bauch ganz leicht streicheln und sagen: **"Du bist ganz, ganz entspannt, ganz ruhig. Jedes Organ arbeitet gesund und normal weiter, ist**

aber ganz entspannt." Hierbei ist es wieder sehr entscheidend, dass Sie sich selber sehr langsam, sehr eindringlich und ganz ruhig diesen Befehl, diese Aufforderung geben.

Und dann gehen Sie weiter nach oben.

Sie kommen jetzt zu Ihrem Oberkörper. Sie sollten Ihre liebevollen Befehle nicht nur einmal sagen, sondern sie immer wiederholen, bis Sie wirklich das Gefühl haben, dass eine totale Entspannung erreicht worden ist. Sollten Sie merken, dass die Zehen nicht ganz entspannt sind, gehen Sie ruhig noch einmal zu ihnen, sodass die Zehen Ihnen gehorchen. Sie sind der Kommandant und Ihr Raumschiff muss Folge leisten. Ihre Aufforderung ist ja zudem eine ganz liebe Aufforderung an Ihre Zehen, Ihre Beine, dass sie ganz entspannt sind. Und dann gehen sie wieder zurück zum Oberkörper. Nach dem Bauch kommen Sie zum Magen. Dieser muss ebenfalls ganz entspannt, ganz ruhig sein. Sie haben ja hoffentlich meiner Bitte Folge geleistet und nicht zu viel gegessen und auch keinen Alkohol getrunken. Der Magen ist also nicht in Aufruhr. Er ist ganz entspannt und ganz ruhig. Und dann sagen Sie einfach, dass alle Organe, d. h. der Magen, die Bauchspeicheldrüse, die Leber, die Galle, die Nieren und alles, was in diesem Bereich vorhanden ist, ganz ruhig und normal arbeitet. Das ist ganz wichtig.

Erst dann gehen Sie weiter nach oben. Sie kommen nun zu Ihrem Brustkorb. Auch hier geben Sie wieder den Befehl: **"Mein Herz schlägt ganz ruhig und normal."** Erwähnen sie immer das Wort "normal", denn wir wollen ja nicht, dass das Herz "unnormal" schlägt und aus dem Rhythmus kommt. Zur Unterstützung können Sie auch das Wort "vital" hinzufügen. Also: **"Mein Herz schlägt ganz ruhig, vital und normal."** Das ist wiederum ganz entscheidend, denn das Herz sollte weiterhin ruhig und normal arbeiten. Sie können sich auch, ohne Ihre Hand zu heben, vorstellen, mit einer Hand das Herz zu streicheln. Eine andere Möglichkeit ist es, zu visualisieren, dass Sie Ihr Herz, das so viel Arbeit über viele, viele Jahre leisten musste, kurz sehr liebevoll in Ihre feinstoffliche Hand nehmen und sagen. **"Du, mein Herz, du schlägst ganz normal, ganz ruhig, ganz vital. Du bist ganz**

wunderbar. Du schlägst ganz ruhig und vital und ganz normal." Und dann geht man weiter.

Nachdem Sie den Brustkorb hinter sich haben, gehen Sie hinauf zum Hals- und Nackenbereich. Es ist ganz entscheidend, dass der Nacken völlig entspannt ist. Wenn Sie sich den Befehl geben, rollen Sie also ein bisschen mit dem Kopf, sodass sich der Nacken entspannt. Vielleicht knackt es dabei ein bisschen, dann drehen Sie den Kopf in die andere Richtung. Nicht kräftig, nicht hektisch, sondern ganz sanft. Ganz ruhig den Nacken und somit den Kopf bewegen. Und dann auch wieder liebevoll den Befehl eingeben, dass die Nackenmuskulatur entspannt ist, normal und sich wohl fühlt. Ganz entscheidend ist dieses Wohlfühlen. Und Sie können auch zwischendurch immer wieder dem Herz sagen, dass es sich wohl fühlt. Es ist sehr wichtig, dass sich alles wohl fühlt.

Schließlich kommen wir jetzt zum Kopf. Sie sagen: **"Ich bin ganz ruhig. Ich bin ganz ruhig und entspannt. Ich denke an nichts, außer an Entspannung. Ich denke an gar nichts. Der ganze Stress weicht von mir. Ich will nichts von außen hören. Ich will nur meine eigene Stimme hören. Ich will ganz ruhig und entspannt sein. Mein Gehirn ist ganz ruhig und entspannt und fühlt sich außerordentlich wohl. Es arbeitet normal. Es ist nun ganz entspannt und fühlt sich ausgesprochen wohl. Ich höre nur meine eigene Stimme."** Sie hören nun Ihre eigene Stimme, und die Stimme sagt: **"Ich bin ganz entspannt. Ganz ruhig. Ich fühle mich wohl. Ich fühle mich ganz angenehm."**

Auch am Kopf gehen wir wieder alle Teile durch, jedoch sehr sorgsam und nichts auslassend. Sie können sogar Ihre Haare entspannen, indem Sie sagen: **"Meine Haare sind ganz entspannt."** Denn es soll sich alles entspannen. Jedes Haar, jeder Zahn, jeder Zehennagel soll entspannt sein. Das ist ganz wichtig, denn es sind alles Zellen. Und als solche sind sie Informationsträger. Egal, ob es sich dabei um die Haare oder die Zehennägel handelt – alle transportieren Information. Deswegen ist die Entspannung auch dort herbeizuführen. Bleiben Sie besonders lange, ruhig und gelassen beim Kopf. Denn der Kopf- und der Nackenbereich sind sehr, sehr wichtig.

Sollten Sie irgendwelche Gedanken haben, die Sie ablenken wollen, so stellen Sie sich vor, Sie hätten einen Handfeger in der Hand und kehren Sie sie damit einfach weg. Sollten Sie dagegen irgendwelche Sorgen oder Ängste befallen, dann sagen Sie sich in Gedanken oder flüsternd: **"Ich bin vollkommen angstfrei. Ich mache mir keinerlei Sorgen. Ich habe Mut und Selbstvertrauen. Mir geht es sehr gut. Ich bin voller Freude."** Sie müssen Ihren Kopf unbedingt beruhigen. Sie sind der Kommandant, und Sie beherrschen die Computerzentrale, die die Befehle ausgibt. Deshalb müssen Sie dafür Sorge tragen, dass alles wirklich ganz gelassen, ganz ruhig und entspannt ist. Falls jedoch irgendwelche Störgeräusche Sie ablenken, sagen Sie: **"Ich höre nichts. Die Geräusche interessieren mich überhaupt nicht. Ich ruhe in mir selbst. Ich ruhe in mir selbst und bin ganz entspannt. Ich fühle mich ganz wohl. Ich denke an nichts weiter. Ich habe überhaupt keinen Stress. Ich bin ruhig. Mir geht es ausgesprochen gut. Ich fühle mich so wohl wie schon lange nicht mehr."** Diese Befehle sollten immer und immer wieder geben werden.

Schließlich kommen Sie, wenn Sie das alles sehr oft und immer in Resonanz mit der Atemfrequenz gesagt haben, zu den Schultern, den Armen und den Händen. Sie verfahren nun mit den Schultern und dem linken und rechten Oberarm, den Unterarmen, den Händen und den Fingern genauso wie mit den übrigen Körperteilen, die Sie bereits in einen Zustand der Entspannung versetzt haben. Nehmen Sie sich jede Körperseite gesondert vor. Sie können jeden einzelnen Finger entspannen.

Wenn Sie das erreicht haben, indem Sie es immer wiederholen und sich wohlfühlen, dann kommen wir nochmals zur Atmung. Sie gehen jetzt – und das ist ein entscheidender Faktor – nochmals zum Brustkorb zurück, zu Lunge und Herz, die ja ganz ruhig, ganz normal und vital arbeiten sollen. Das heißt, Sie atmen langsam und ruhig, und auch Ihr Herz schlägt kräftig, normal und ruhig. Und nachdem Sie dort nochmals die liebevollen Befehle gegeben haben, konzentrieren Sie sich jetzt wirklich auf Ihre Atmung. Sie atmen jetzt ganz ruhig. Sie können dabei auch ein bisschen langsamer atmen, das schadet überhaupt nicht, wenn Sie richtig schön tief atmen. Denken Sie daran, dass sich das Zwerchfell und der Bauch heben. Tief einatmen, tief ausatmen. Und Sie sagen: **"Ich atme tief ein und tief aus. Mein Herz schlägt ruhig, normal, kräftig, vital und langsam."** Geben Sie sich ruhig viele solcher Aufforderungen, denn das hat einen direkten Einfluss auf Ihr Herz, das es Ihnen danken wird. Die Information gelangt zu Ihrem Herz, dass es ruhig, kräftig, normal, aber schön langsam schlägt, denn es muss nicht schnell schlagen. Schnelles Schlagen bedeutet Stress, bedeutet Ängste. Die haben Sie jetzt nicht. Deshalb ist die Aufforderung, es soll ruhig und langsam schlagen, öfter einzugeben.

Nun kommt der nächste Schritt. Sie sagen zu Ihrem Körper, was unglaublich angenehm ist: **"Mein ganzer Körper ist vollkommen ruhig, entspannt und angenehm schwer. Angenehm schwer."** Und wenn Sie das Wort "schwer" sagen, ist wieder der Moment angebracht, in welchem sich das Zwerchfell beim Ausatmen senkt. Sie spüren diese Schwere jetzt auch. Sie spüren sie, denn Sie sind der Kommandant, und Sie haben die Aufforderung erteilt, dass sich Ihr Raumschiff, Ihr Körper, angenehm schwer fühlt – und Ihr Körper folgt dieser Aufforderung. Wenn Sie nun sagen: **"Mein rechter oder linker Arm ist angenehm schwer, er ist schwerer als normal"**, dann werden Sie feststellen, wenn Sie ihn hochheben, dass er wirklich etwas schwerer ist. Sie können natürlich auch zusätzlich noch sagen: **"Mein Arm ist so schwer, dass ich ihn jetzt im Moment gar nicht heben kann oder heben möchte. Er ist mir einfach zu schwer. Ich will ihn gar nicht hochheben."** Denken Sie daran: All diese Befehle werden immer ruhig, gelassen und langsam gesagt.

Bei diesen Vorgängen brauchen Sie nie Angst zu haben, denn Sie tun sich damit etwas Gutes. Nichts Negatives kann daraus entstehen, sondern ganz im Gegenteil. Sie machen Ferien vom Ich. Und diese Entspannung ist ein ganz entscheidender wichtiger Schritt. Wenn Sie den Eindruck haben, dass irgendwo im Körper eine Unruhe ist oder etwas noch nicht gänzlich entspannt ist, kehren Sie sofort dorthin zurück. Sie müssen unter allen Umständen erreichen, dass der ganze Organismus entspannt ist. Sie als Kommandant merken, dass eventuell noch in einer Abteilung eine gewisse Unruhe ist, dass da noch Geräte oder Instrumente laufen. Sie gehen hin und stellen diese auf Leerlauf. Sie stellen diese Geräte nicht ab, das wollen Sie ja gar nicht, sondern Sie können sie jetzt sozusagen auf Standby stellen. Und damit funktioniert alles normal, aber man wird nicht aufgefordert, auf Hochtouren zu arbeiten, weil es jetzt nicht erforderlich ist. Denn der Organismus wird im Moment nicht gefordert. Deswegen achten Sie darauf, hören Sie, lauschen Sie nach innen, ob irgendwo noch nicht die totale Entspannung eingetreten ist. Und bitte haben Sie Geduld, und wenn es sein muss, wiederholen Sie Ihre Übungen, bis Sie die Entspannung spüren und sagen können: **"Ich bin total entspannt und angenehm schwer, ganz angenehm schwer."** Und jedes Mal bei den Worten "entspannt" und "schwer" kommt der Moment, wo sich der Bauch und das Zwerchfell wieder absenken. Dann geben Sie sich wiederum Befehle und sagen: **"Ich atme langsam und ruhig und bin angenehm schwer. Mein Herz schlägt angenehm ruhig, normal und kräftig, aber langsam, und ich fühle mich angenehm schwer. Jetzt fühle ich mich noch ein bisschen schwerer. Ich merke, dass diese Schwere so gut tut. Ich möchte gar nicht aufstehen. Ich fühle mich so wohl. Ich bin schwer, angenehm schwer."** Das sagen Sie sich immer wieder.

Diese ganzen Entspannungseinstimmungen können bis zu einer halben Stunde oder sogar eine Dreiviertel-Stunde dauern. Sie sollten sich also kein Zeitlimit setzen. Es gibt hier kein Ruckzuckverfahren. Die Zeit sollten Sie sich nehmen, denn allein für das Erreichen dieses absolut entspannten Zustandes wird Ihnen Ihr grobstofflicher Körper sehr dankbar sein. Er ist glücklich, glauben Sie mir. Diese Entspannung herbeizuführen bedeutet für Sie Kraft, Vitalität und Gesundheit zu tanken. Daher lohnt es sich schon allein aus diesem Grund, diese Übung sorgfältig, behutsam und sanft durchzuführen. Achten Sie darauf, dass Ihre Stimme, wenn Sie flüstern sollten, auch sanft ist. Es hat hier schließlich keinen Zweck, einen aggressiven Befehl zu erteilen, denn Sie lieben Ihr

Raumschiff. Sie mögen Ihr Raumschiff. Sie mögen die ganzen Abteilungen. Sie mögen Ihren Körper. Sie sind eins mit Ihrem grobstofflichen Bereich. Es ist Ihr Raumschiff, das Sie durch das jetzige Leben führt. Und deswegen sind Sie ganz sanft und behutsam, ganz ruhig in Ihrem Sprechen und geben liebevoll den jeweiligen Befehl. Sie werden sehen, je öfter Sie das machen, desto schneller kommen Sie in diesen tiefen Entspannungszustand.

b.) Die Versetzung in den Alphazustand

Nun kommen wir zum nächsten Schritt. Sie haben es jetzt geschafft – und dazu gratuliere ich Ihnen –, Ihren Körper total zu entspannen. Das ist ein großartiger Erfolg. Denn während Sie jetzt auf dem Bett liegen und spüren, dass Sie angenehm schwer sind, und merken, dass von den Haarspitzen bis zu den Zehen alles total entspannt ist, fühlen Sie sich auch vollkommen wohl. Jetzt geht es weiter. Denn nun, während Sie vollkommen entspannt daliegen und ganz ruhig atmen, sagen Sie: **"Mein Herz schlägt ganz langsam, normal, vital und ruhig. Und während ich meine Augen geschlossen habe, sind meine Augenlider auch angenehm schwer. Ich verspüre nun eine angenehme, wohltuende Müdigkeit. Eigentlich möchte ich mich jetzt in einer Art wohltuendem Schlaf erholen. Ich bin müde, doch höre ich immer meine geflüsterte oder innere Stimme. Ich bin müde und möchte eigentlich schlafen. Tief schlafen."** Jetzt ist als entscheidender Schritt wieder darauf zu achten, dass, wenn Sie das Wort "schlafen" sagen, wieder der Moment ist, wo Ihr Zwerchfell den Höhepunkt erreicht hat und wieder absinkt, wo Sie also ausatmen. Sagen Sie das Wort "schlafen" intensiv. Wichtig ist ebenfalls, dass es sich hierbei nicht um einen normalen Schlaf handelt, sodass Sie nicht wirklich einschlafen. Sagen Sie: **"Ich gerate nun in einen Schlaf, in dem ich meine Stimme höre oder innerlich vernehme"**, und fügen Sie auch hinzu: **"Meine Stimme tut mir gut."** Ihre eigene Stimme, geflüstert oder gedacht, tut Ihnen nämlich gut. Sie gibt ja wunderbare Aufforderungen, wunderbare Befehle an Ihren gesamten Organismus. Das sind wohltuende Befehle. Deswegen sagen Sie: **“Meine Stimme tut gut, und ich höre auf meine Stimme, während ich immer müder werde. Immer müder, und ich möchte schlafen. Tief schlafen. Aber ich werde immer meine Stimme hören.”** Es ist von entscheidender Bedeutung, dass Sie sich diesen Befehl geben, denn Ihre Stimme ist sozusagen die Begleitung im Schlaf, in einem tiefen Schlaf. Und daher sagen Sie immer wieder. **“Ich bin müde. Ich möchte eigentlich tief schlafen. Und ich werde auch ganz langsam einschlafen. Ein Schlaf, in dem ich meine Stimme höre. Und meine Stimme tut gut. Meine Stimme ist wohltuend. Sie begleitet mich in meinem wunderbaren, erholsamen, tiefen Schlaf.”** Das wiederholen Sie immer wieder. Und achten Sie darauf, dass das Wort “Schlaf” in Resonanz kommt mit Ihrer Atemfrequenz. Sagen Sie. **“Ich bin müde und werde jetzt tief, angenehm und wohltuend schlafen. Ich höre auf meine Stimme, und meine Stimme tut gut. Ich möchte tief schlafen. Ich atme tief und langsam. Mein Herz schlägt langsam, normal und vital.”** Das heißt, Sie versuchen durch diese Befehle den Herzschlag und die Atmung langsam in Resonanz zu bringen. Das ist ein entscheidender Schritt. Und das erreichen Sie dadurch, dass Sie immer wieder diese Aufforderung erteilen, eine positive Aufforderung. Glauben Sie mir, Ihr Herz hört diese Stimme, Ihre Lungen hören diese Stimme, Ihre Aufforderung, denn Sie richten Ihre Stimme ja nach innen, nicht nach außen. Ihr Mund bleibt, wenn Sie bisher noch geflüstert haben sollten, von nun an geschlossen. Sie brauchen nicht mehr zu flüstern. Sie sprechen direkt zu Ihrem Herzen und zu Ihrer Lunge. Und gleichzeitig sagen Sie: **“Ich bin müde und will tief schlafen. Ich atme ...”**, und dabei richten Sie Ihren Blick nach innen, **“... ganz langsam, wohltuend langsam und normal. Ich atme tief, langsam und wohltuend. Mein Herz schlägt langsam, normal und tief. Und während ich langsam atme, schlägt mein liebes Herz langsam, gleichmäßig, normal und vital, und ich werde immer tiefer schlafen.”** Diesen Befehl geben Sie sich immer wieder mit einer ruhigen, gelassenen und sanften, aber auch freundlichen inneren Stimme.

Also, lieber Out-of-Body-Aspirant, sollte es passieren, dass Sie jetzt schon so großartig suggestiv Ihre Aufforderungen erteilen und in der Tat einschlafen, aber eben in einen normalen Schlaf fallen, dann seien Sie bitte nicht beunruhigt, sondern genießen Sie diesen Schlaf. Irgendwann wachen Sie wieder auf. Aber beim nächsten Mal wird es Ihnen dann gelingen, dass Sie Ihre innere Stimme als Begleiter in Ihrem Schlaf vernehmen.

Während Sie jetzt müde und schläfrig oder vielleicht sogar eingeschlafen sind, aber trotzdem noch immer Ihre eigene innere wohltuende Stimme hören, stellen Sie sich unter Ihren geschlossenen Augen vor, Sie liegen am Strand, in einem weichen warmen Sand. Sie hören das Meer rauschen und spüren diese wunderbare Seeluft. Sie hören das rhythmische monotone Geräusch der Wellen, die an den Strand rollen und sich wieder zurückziehen – und zwar interessanterweise im gleichen Rhythmus, in dem Sie atmen. Das heißt, jedes Mal wenn Ihr Zwerchfell den Höhepunkt erreicht hat und wieder absinkt, sagen Sie: **"Schlaf, tief schlafen."** Dann zieht sich auch die Meereswelle wieder zurück, die auf Sie zukommt. Sie berührt Ihre Füße nicht. Sie hören dieses Geräusch, den rhythmischen Wellenschlag, der immer im gleichen Rhythmus kommt und sich dann wieder zurückzieht. Und Sie fühlen sich ausgesprochen wohl. Sie spüren eine angenehme Wärme, und Sie liegen im wunderbaren weichen, warmen Sand. Es ist kein Mensch da. Sie sind völlig ungestört, und Sie dürfen wirklich Ferien vom Ich machen. Sie werden nicht gestört durch Menschen, durch Geräusche, durch Verkehr, durch Umwelt, alles ist nicht vorhanden. Sie liegen an diesem herrlichen Strand und erholen sich so richtig und Sie sagen immer wieder: **"Mir geht es gut. Ich bin müde und schlafe ein. Ich werde jetzt tief schlafen, aber höre meine eigene innere Stimme. Ich werde immer meine eigene innere Stimme hören. Sie wird mich begleiten in diesem wunderbaren erholsamen Schlaf. Es ist kein normaler Schlaf, denn ich höre immer meine eigene Stimme. Ich atme ganz**

langsam, ganz ruhig, und mein Herz schlägt auch ganz langsam und ruhig. Ich atme noch ein bisschen langsamer, und ich brauche mich überhaupt nicht anzustrengen. Ich habe ja keinen Stress. Mir geht es einfach gut. Ich mache Ferien vom Ich. Ich mache Ferien von der ganzen Welt. Ich liege hier am Strand ganz für mich. Ich fühle mich angenehm schwer, ganz wohl, ganz ruhig und atme langsam. Ganz langsam und gleichmäßig. Und dieses langsame Atmen tut mir so gut, und mein Herz schlägt im gleichen Rhythmus, aber normal und vital, ganz langsam und im gleichen Rhythmus wie mein Atem. Wenn ich atme, kommt diese herrliche Welle. Ich höre sie, sie kommt und geht, sie kommt und geht, und ich schlafe immer tiefer ein, ganz tief und höre immer meine Stimme, und meine Stimme tut gut. Und ich schlafe noch tiefer ein. Mit jedem Atemzug werde ich jetzt noch tiefer und tiefer schlafen."

Während Sie am Strand liegen und in der Tat ganz ruhig und wunderbar einschlafen, hören Sie aber immer Ihre innere Stimme. Die Stimme ist die des Kommandanten. Denken Sie daran, der Raumschiffkommandant gibt die Befehle ganz sanft, ganz ruhig, ganz liebevoll. Sie können natürlich diese Aufforderung immer wiederholen, bis Sie spüren, dass Sie in der Tat tief eingeschlafen sind, aber weiterhin Ihre Stimme hören. Ihre eigene Stimme.

Es gibt auch noch andere unterschiedliche Techniken, um diesen Vertiefungszustand herzustellen, zum Beispiel jene Technik, die *Trutz Hardo* im zweiten Teil des Buches anführt. Sie könnten z. B. sagen: **"Ich zähle bis zehn, und mit jeder Zahl schlafe ich noch tiefer ein."** Dabei können Sie auch, wenn Sie wollen, vor den geschlossenen Augen diese Zahlen visualisieren. Das ist eine Möglichkeit. Sie können sich aber auch vorstellen, dass Sie am Strand ganz bequem und komfortabel auf einer Liege liegen und diese jetzt in einen Aufzug geschoben wird. Nun sinkt dieser Stockwerk für Stockwerk tiefer hinab.

Es liegt an Ihnen, was Sie sich aussuchen, was für Sie angenehm ist.

Erfahrungen zeigen, dass für Anfänger, um den wirklich tiefen Entspannungszustand zu erreichen, im Großen und Ganzen eine halben Stunde angesetzt werden muss. Wenn Sie dann den Schlafzustand erreichen wollen, der wirklich tief sein sollte, dann müssten Sie nochmals mindestens wieder eine gute halbe Stunde rechnen. Das ist sozusagen die Norm. Es kann selbstverständlich sein, dass Sie noch länger brauchen, was Sie nicht beunruhigen sollte. Entscheidend ist, dass Sie diesen tiefen Zustand erreichen. Und auf noch etwas will ich hinweisen: Wenn Sie diesen Alphazustand erreicht haben sollten, wird Ihnen später die Zeit der Versenkung kurz vorkommen, während in Wahrheit vielleicht schon eine längere Zeit verstrichen ist, als Sie es je für möglich gehalten hätten. Deshalb denken Sie während der Entspannungs- und Vertiefungsaktion nicht an die Zeit. Viel wichtiger ist, dass Sie alle hier beschriebenen Schritte gründlich durchgeführt haben.

Also zu diesem Zeitpunkt muss ich wieder gratulieren, denn ich gehe davon aus, dass Sie es geschafft haben, einen tiefen Schlafzustand zu erreichen. Sie haben dann auf einmal ein so genanntes paradoxes Schlafstadium erreicht. Das heißt, auf der einen Seite schlafen Sie sehr tief, aber auf der anderen Seite sind Sie hellwach. Das ist paradox. Obwohl Sie tief schlafen, hören Sie innerlich Ihre Stimme und können Aufforderungen Ihrer Stimme folgen. Aber es ist ein sehr angenehmer Zustand. Dadurch, dass der Körper eben total entspannt ist und Sie einen tiefen Schlafzustand erreicht haben, können wir jetzt erfolgreich den nächsten Schritt durchführen.

c.) Die Anwendung von Codewörtern

Während Sie sich immer wieder einmal sagen, dass Sie ganz ruhig und entspannt sind, suchen Sie sich jetzt ein nur für Sie bestimmtes Codewort oder ein Symbol aus. Das kann entweder optischer Art sein oder Sie benutzen ein sprachliches Symbol. Solch ein Codewort könnte lauten: "Eins, zwei, drei, jetzt bin ich drin", oder Sie sagen ein bestimmtes Wort Ihrer Wahl dreimal hintereinander, z. B. "Wolken, Wolken, Wolken", oder "Aida, Aida, Aida".

Sie programmieren sich dementsprechend und sagen im Stillen: **"Jedes Mal wenn ich ...** (das gewählte Wort oder den Begriff) **sage, dann falle ich sofort in diesen tiefen Schlaf."** Empfehlenswert ist es natürlich, einen Begriff zu benutzen, der nicht alltäglich ist. Aber es wäre wesentlich besser, wenn Sie so eine Art Geheimcode für sich aussuchen. Nehmen Sie sich einfach einen Begriff, der ungewöhnlich ist, den nur Sie kennen und der dann auch nur bei Ihnen funktioniert. Sie können sich aber auch ein Symbol aussuchen, das Sie vor Ihren geschlossenen Lidern sehen. Wenn Sie sich schon eines ausgesucht haben, dann können Sie auch sagen: **"Jedes Mal wenn ich das ...** (Ihr Symbol) **vor meinen geschlossenen Augen sehe, dann falle ich sofort in diesen tiefen erholsamen Schlafzustand. Aber nur wenn ich mir die Aufforderung dazu gebe."** Das ist ganz entscheidend. Sie können genauso sagen: **"Jedes Mal wenn ich ‚eins, zwei, drei' zu mir selber sage, falle ich sofort in den tiefen Schlafzustand. Das kann kein anderer bei mir bewirken. Das kann nur ich. Und nur wenn ich es will."** Das oder etwas Ähnliches sollten Sie sagen. So etwas nennt man ein posthypnotisches Signal. In anderen Worten handelt es sich hier um ein Signal, das, nachdem Sie aufgewacht sind, nach wie vor bei Ihnen im Unterbewusstsein und auch im Bewusstsein vorhanden bleibt. Denn Sie können sich dieses Signal geben. Das Entscheidende ist allerdings, dass dieser Begriff, diese Aufforderung, dieses Signal oder dieses Symbol bei wiederholten Vertiefungsvorhaben sozusagen sofort die Tür zu Ihrem Unterbewusstsein öffnet. Denn Sie müssen ja doch eine Reihe von Wiederholungen durchführen, damit Sie dann wirklich aus dem Körper heraustreten. Das wird beim ersten Mal nicht so ohne weiteres gelingen, denn es handelt sich um eine komplexe Angelegenheit, und deswegen brauchen Sie diesen Begriff, damit Sie morgen oder übermorgen oder wann immer Sie Zeit und Lust haben, diesen ganzen Entspannungsvorgang erfolgreicher wiederholen können. Ich möchte Ihnen garantieren, dass, je öfter Sie diese Übungen durchführen, Sie auch umso tiefer in den paradoxen Schlafzustand hineingeraten, womit Ihnen die Türe geöffnet ist für wundervolle weitere Erfahrungen.

Ich gehe einmal davon aus, dass Sie, so Sie bisher Schritt für Schritt alles befolgt haben, sich jetzt in diesem tiefen Schlafzustand befinden. Sie haben nun einen autosuggestiven selbsthypnotischen Zustand erreicht, und das ist auch die wichtigste Voraussetzung für alles Weitere.

Sie sollten jedoch anfangs immer wiederholen: **"Immer wenn ich diesen ...** (der Begriff, das Symbol, das Sie gewählt haben) **im Inneren spreche, falle ich sofort in einen tiefen erholsamen, wunderbaren Schlaf, im welchem ich jedoch meine Stimme stets höre."** Diese Aufforderung können Sie vielleicht dreimal wiederholen, doch wird es nicht notwendig sein, sie öfters aufzusagen. Sie müssen diesen Begriff, den Sie sich ausgesucht haben, allerdings intensiv sagen. Er ist Ihr Kommando, und daher müssen Sie ihn sehr eindringlich und intensiv sagen – und dann führt dieses posthypnotische Signal, wenn es erfolgreich implantiert ist, dazu, dass Sie sofort in diesen tiefen Zustand kommen, der sehr nützlich ist.

Übrigens möchte ich an dieser Stelle auch noch auf einen weiteren Vorteil dieses nun erreichten Zustandes hinweisen. Denn in diesem Zustand könnten Sie sich ebenso auf andere Dinge programmieren und sich beispielsweise, so Sie am nächsten Tag eine Prüfung abzulegen hätten, den Befehl geben: "Morgen werde ich in der Prüfung ganz ruhig sein. Mir werden die richtigen Antworten einfallen. Ja, ganz sicher werde ich morgen bestehen", usw. Sie werden feststellen, dass Sie durch solche Programmierungen in Selbsthypnose einen enormen Nutzen bei Prüfungen, Vorstellungsgesprächen, Examen oder anderen Situationen, bei denen die Nerven immer ein bisschen strapaziert sind, haben werden. Sie können z. B. auch sagen: "Ich werde morgen das und das Gespräch oder eine wichtige Verabredung, eine Vorstellung oder eine Prüfung erfolgreich hinter mich bringen. Ich werde bei der Finanzprüfung ganz gelassen, ganz ruhig und freundlich, aber selbstbewusst auftreten. Ich werde ganz hervorragend sein. Ich werde das erfolgreich bewältigen." Dann sitzt das bei Ihnen sozusagen im Unterbewusstsein und macht sich sehr positiv bemerkbar. Viele sehr erfolgreiche Sportler wenden diese Methode an, um sich auf ein Match oder auf eine sportliche Auseinandersetzung vorzubereiten. Das ist eine sehr nützliche Technik, aber dies nur nebenbei. Ich möchte Ihnen hiermit nur sagen, dass Ihnen die bisherigen Übungen auf jeden Fall gute Dienste leisten, selbst wenn Sie nicht in der Lage wären, aus dem Körper auszutreten.

d.) Die Identifizierung mit dem feinstofflichen Körper

Wir wenden uns jetzt dem nächsten Schritt zu. Sie sind nun ganz entspannt, Sie schlafen tief und fühlen sich angenehm schwer. Ihre Augenlider sind geschlossen. Sie fühlen sich wohl. Sie atmen ganz langsam, ruhig und Ihr Herz schlägt ganz langsam und ruhig, aber normal. Das ist der Zustand, den Sie nun erreicht haben, wenn bei Ihnen alles geklappt hat. Der nächste Schritt ist, dass Sie sich sagen: **"Ich benutze mein ganzes Empfindungsvermögen, meine ganze Sensibilität, die ich habe, und strecke meine Fühler nach innen aus, um ganz langsam Schritt für Schritt meinen feinstofflichen Bereich zu erspüren."** Das klingt vielleicht im ersten Moment sonderbar, aber glauben Sie mir, es ist möglich und funktioniert. Viele, die diese Technik erlernt haben, spüren eine ganz leise Vibration, leise Schwingungen. Das spüren Sie in den Händen, in den Beinen, im Körper und im Kopf. Sie konzentrieren sich, indem Sie ganz langsam und ruhig atmen, auf diese feine Schwingung, bis Sie diese wahrnehmen. Diese Schwingung ist von Mensch zu Mensch ganz unterschiedlich. Und das Besondere dabei ist, dass sie Ihre spezifisch eigene ist, genauso wie Ihr Fingerabdruck. Deswegen kann man jemandem auch kein Schwingungsmuster vorgeben, da jeder seine eigene individuelle Schwingung hat, mit der er fühlt und spürt.

Das dauert eine Zeit lang. Aber Sie liegen ja ganz ruhig auf dem Bett. Konzentrieren Sie sich ohne Anstrengung nach innen. Das

Entscheidende ist, dass Sie ein passives Fühlen entwickeln. Sie können dieses nicht herbeizwingen, sondern Sie müssen einen völlig passiven Zustand erreichen. Sie liegen einfach ganz gelassen da, und wenn Sie im ersten Moment nichts spüren, seien Sie nicht enttäuscht. Sie liegen ganz ruhig da und fühlen. Sie können sagen: **"Ich möchte meinen feinstofflichen Körper fühlen und erspüren."** Denn man kann ihn nicht gleich sehen, ihn jedoch fühlen und erspüren. Diese leisen Schwingungen zu erfühlen, dazu gehört Sensibilität, Ruhe, Gelassenheit und Sanftheit. Der feinstoffliche Bereich ist etwas sehr Sanftes. Sie müssen daher auch ganz sanft und passiv vorgehen, d.h. Sie erreichen das, indem Sie sozusagen das Gefühl entwickeln, dass Sie praktisch in sich hineinsinken. Ihr Körper ist ja schwer, angenehm schwer. Aber Sie wissen, dass Sie nicht der Körper sind. Sie sind nicht das Raumschiff. Sie sind der Kommandant. Sie sind das Ich. Und Sie haben die Möglichkeit, diesen feinstofflichen Bereich zu fühlen. In Wirklichkeit ist das Ich nämlich in Ihrem feinstofflichen Bereich beheimatet.

Alles was Sie nun tun, ist, sich mit dem Ich im feinstofflichen Bereich zu identifizieren. Wechseln Sie in diese Ich-Identität über, verschmelzen Sie mit dieser. Und dann geschieht es, dass Sie diese ganz leise Vibration oder Schwingungsfrequenz fühlen. Diese ist feiner als das Prickeln, das wir normalerweise spüren und das mit dem Blutkreislauf zusammenhängt. Diese leichte Schwingung hat etwas Rhythmisches an sich. Das werden Sie erfühlen.

Und sagen Sie immer zwischendurch: **"Ich bin ganz ruhig und entspannt. Ich schlafe tief. Ich atme ganz langsam und fühle mich ausgesprochen wohl."** Das ist so wichtig, denn Sie sollen sich ja gleichzeitig erholen. Es soll ein angenehmes Erlebnis sein. Sie stehen nicht unter Druck oder irgendeinem Zwang, auch nicht unter Erfolgsdruck. Indem Sie ganz gelassen, ganz entspannt, ganz ruhig sind und ganz sanft passiv anfangen, Ihren feinstofflichen Bereich zu fühlen, fühlen Sie sich selbst. Das ist das Faszinierende, denn was Sie fühlen, ist Ihr Ich. Zum ersten Mal haben Sie die Chance, Ihr wahres Ich sozusagen zu erfühlen. Und es ist ein großartiges Gefühl, wenn man zum ersten Mal das eigentliche Ich fühlt.

Der Kommandant fühlt sich selbst. Er fühlt sich in seinem Raumanzug. Er merkt, dass das Raumschiff eine Art Hülle ist, die ihn umgibt, und bewegt sich in seinem Raumschiff. Sie sind in Ihrem eigentlichen Körper, und Sie erfühlen schwingungsmäßig Ihr eigenes Ich. Sobald Sie das fühlen, können Sie diese Schwingung ohne Anstrengung, ohne wirklichen Druck dabei auszuüben, etwas verstärken, indem Sie sich einfach ein bisschen mehr ganz passiv darauf konzentrieren. Diese Passivität ist wichtig.

Vielleicht eine kleine Zwischenbemerkung: Nach meinen Erfahrungen basieren alle paranormalen Phänomene, alle paranormalen Möglichkeiten auf Passivität. Es hat überhaupt keinen Sinn, etwas zu erzwingen oder zu wollen; das funktioniert nicht. In der Psychokinese, bei der jemand möchte, dass sich das vor ihm stehende Glas bewegt, darf er das Glas nicht anstarren und sagen: "Beweg dich, beweg dich, ich will, dass du dich bewegst", sondern er wird passiv und tritt in Resonanz mit dem Glas. Es werden gleiche Schwingungen erzeugt. Und genauso ist es hier. Sie müssen mit Ihrem feinstofflichen Bereich sozusagen in Resonanz kommen.

Wenn ich demnach bisher und im Moment gesagt habe "Sie", meine ich Sie in Ihrem grobstofflichen Körper. Doch jetzt befindet sich Ihr Ich auf einmal im feinstofflichen Bereich. Deshalb können wir diese Dinge nun aus einer anderen Perspektive betrachten und sagen, Sie treten jetzt in Resonanz mit Ihrem grobstofflichen Körper, oder der Kommandant tritt jetzt in Resonanz mit seinem Raumschiff. Sie als Kommandant, Ihre Ich-Identität, tritt in Resonanz mit Ihrem grobstofflichen Körper. In dem Moment, wo Sie das erreichen, spüren Sie auch diesen feinstofflichen Bereich. Immer wieder sagen Sie dabei zu sich: **"Ich bin ganz entspannt, ich schlafe tief und ruhig, ich fühle mich ausgesprochen wohl, meine Atmung und mein Herzschlag laufen langsam, vital und ruhig ab. Ganz wunderbar. Das tut meinem Körper gut. Mein grobstofflicher Bereich tankt in diesem Zustand Energie."** Und jetzt sagen Sie auch hin und wieder: **"Immer wenn ich zukünftig das Wort ... dreimal sage** (oder mir das Symbol vorstelle), **schlafe ich augenblicklich ein, vernehme aber immer meine innere**

Stimme, denn ich will ganz tief in diesen wunderbaren Schlafzustand, in dem ich meine innere Sensibilität für diese leise Schwingung entwickle." Letztere fühlt sich wie ein sanfter, vibrierender Hauch an.

Ihr Energiefeld ist in diesem Zustand völlig ausgeglichen. Wir haben es vollkommen verteilt im ganzen Organismus, weswegen dieser total entspannt ist und tief schläft. Dabei handelt es sich nicht um einen normalen Schlaf, sondern – wenn Sie so wollen – um einen suggestiven Schlaf, in dem Sie Ihre eigene Stimme hören. Und das Besondere daran ist, dass Sie als Kommandant Aufforderungen erteilen können und diesen Folge geleistet wird.

Um dies alles einzuüben, müssen Sie sich Zeit nehmen. Nehmen Sie sich beim ersten Mal ruhig zwei Stunden Zeit. Das ist ganz, ganz wichtig. Es schadet nicht, es tut nur gut. Auch wenn Sie es jetzt nicht gleich erreichen, diesen feinstofflichen Bereich zu erfühlen, seien Sie nicht frustriert. Bei den nächsten Versuchen wird es Ihnen gelingen. Es kann sein, dass Sie bei den ersten Malen den Alphazustand noch nicht tief genug erreicht haben, und es ist möglich, dass der Entspannungszustand vertieft werden muss. Dann müssen Sie an sich arbeiten. Bitte denken Sie daran, wenn jemand eine Doktorarbeit schreibt, dann muss er drei oder vier Jahre an dieser arbeiten, bevor er promovieren kann. Sie dürfen sich jetzt nicht einbilden oder vorstellen, dass wir uns mal so nebenbei zwei Stunden entspannen und dann, hoppla hopp, aus dem Körper hinausgehen können. Es bedeutet vielmehr Arbeit an sich selbst. Und das bedeutet auch ein bisschen Geduld zu üben – und bitte keine Frustration aufkommen zu lassen, wenn es nicht gleich gelingt, sondern ruhig, sanft und passiv bleiben, um dann den Zustand des Tiefschlafs zu intensivieren. Vielleicht ist Ihre Atmung ja noch etwas zu schnell. Dann achten Sie bitte darauf – und es schadet Ihnen nicht –, dass Sie sagen: **"Ich atme noch ein bisschen langsamer und ruhiger, aber ganz normal."** Das ist immer wichtig. Wir wollen nichts erreichen, was anormal ist, nichts, was Ihrem Körper schadet, sondern alles soll Ihrem Körper gut tun. Das Raumschiff soll sozusagen Ferien machen können. Und deswegen ist es entscheidend

– und Sie sehen, wie wichtig mir diese Dinge sind, sodass ich mich oft bewusst wiederhole –, dass Sie immer wieder sagen: **“Mein Herz schlägt noch langsamer, noch ruhiger, aber ganz normal und vital. Alles funktioniert großartig. Mein Herz fühlt sich wohl. Es ist in guter Verfassung. Meine Lungen atmen langsam und ruhig.”** Das sollten Sie ab und zu sagen, wenn Sie diesen Zustand noch intensivieren müssen, wenn Sie nicht gleich diesen feinstofflichen Bereich spüren können. Viele Menschen brauchen oft zwei, drei, manche vier Vertiefungsversuche, bevor sie den feinstofflichen Bereich überhaupt fühlen. Deswegen sollten Sie nicht enttäuscht sein, wenn es Ihnen nicht gleich gelingt. Sollten Sie Probleme haben und an dieser Stelle nicht weitergekommen sein, das heißt, Ihren feistofflichen Körper noch nicht gespürt haben, dann sagen Sie zu sich: **“Das soll für heute genug sein. Ich mache morgen** (oder übermorgen) **weiter. Und dann wird es mir gelingen, meinen feinstofflichen Körper zu fühlen. Jawohl!”** Dann holen Sie sich wieder aus diesem Vertiefungszustand heraus und kehren in Ihr Hier und Jetzt zurück. Die Methode, wie Sie zurückkehren, werde ich weiter unten ausführlich beschreiben. Doch möchte ich Ihnen jetzt schon einmal beschreiben, wie Sie den bisherigen Vorgang, so Sie den Wunsch haben sollten, an dieser oder an einer anderen Stelle in Ihren Normalzustand zurückkehren zu wollen, sofort abbrechen können.

e.) Die Rückkehr in den grobstofflichen Körper bei vorzeitigem Abbruch

An dieser Stelle möchte ich gleich noch ein Signal geben, bevor wir nun wirklich zum Ausstieg gelangen. Ich bin jetzt einmal davon ausgegangen, dass ich Sie begleitet habe, ohne dass Sie das Ganze unterbrochen haben. Sie haben von Anfang an alles durchgeführt. Aber sollte es vorkommen, dass Sie sagen: “Ich möchte morgen oder übermorgen weitermachen”, dann müssen Sie sich wieder aufwecken, und vor allem müssen Sie wieder den Normalzustand der

Atemfrequenz, der Herzfrequenz und Ihrer Schwere erreichen. Das ist ganz, ganz wichtig. Denn Sie wollen ja nicht aufwachen und sich angenehm schwer fühlen, sondern Sie wollen wieder ganz normal fungieren. Und das ist ganz einfach. Sie machen Folgendes: Sie suchen sich jetzt einen zweiten Begriff aus. Es genügt wiederum ein dreimal gedachtes oder geflüstertes Wort, eine Zahl, ein Name – das überlasse ich Ihnen. Denn das wird nun zu Ihrem Ausstiegskommando. Sie sagen dann zu dem Zeitpunkt, an dem Sie wieder aussteigen wollen: **"Wenn ich mir folgenden ...** (Begriff) **gebe oder wenn ich mir folgendes ... sage, dann wache ich wieder in meinem Normalkörper auf. Dann bin ich wieder hellwach. Ich atme dann wieder mit der normalen Frequenz. Mein Herz schlägt wieder mit der normalen Frequenz. Ich bin wieder normal schwer und fühle mich sehr, sehr wohl und erholt."** Es ist wichtig, dass Sie diese Kommandos, die Sie sich selbst gegeben haben, wieder in den Normalzustand zurückbringen.

Wenn Sie – aus welchem Grund auch immer – zu schnell wieder aus dem Astralkörper herausgehen, ohne die betreffenden Codewörter und Sätze gedacht oder geflüstert zu haben, brauchen Sie sich nicht zu ängstigen, denn der Körper hat einen eigenen Schutzmechanismus. Es kann bei solchen Fällen allerdings vorkommen, dass bei einigen Menschen dann diese angenehme Schwere bleibt und dass Sie etwas langsamer atmen. Das wollen wir aber nicht. Wir wollen, dass Sie wieder über Ihren normalen Atem- und Herzschlagrhythmus verfügen, und wir wollen natürlich auch, dass Sie sich normal schwer beziehungsweise normal leicht fühlen. Und deswegen geben Sie sich diesen Begriff und sagen: **"Immer, wenn ich mir diesen ...** (Begriff) **gebe, wache ich wieder aus diesem herrlichen Zustand auf, fühle mich sehr, sehr wohl und entspannt. Ich atme dann wieder in dem normalen Rhythmus. Mein Herz schlägt kräftig und wieder mit dem normalen Rhythmus, und ich bin auch wieder normal schwer."** Das sollten Sie sich merken.

* * *

Der Vorgang des Herausgehens aus dem Körper

Wenn Sie es nun geschafft haben, Ihren feinstofflichen Bereich zu fühlen, zu spüren, dann gratuliere ich Ihnen. Ist das nicht ein großartiger Moment? Sie fühlen sich selbst, denn Ihr Ich spürt die eigene Schwingung. Es ist fantastisch, und ich freue mich für Sie, dass Sie das erreicht haben. Aber nun muss es weitergehen, denn Sie wollen ja den entscheidenden Schritt erreichen. Sie wollen ein Out-of-Body-Erlebnis, Sie wollen einen Ausflug, Sie wollen aus Ihrem Körper aussteigen. Konzentrieren Sie sich jetzt ganz auf diesen feinstofflichen Bereich, denn Sie fühlen sich ja selbst, und Sie können sich in Ihrem Raumschiff auch bewegen. Der Kommandant kann sich bewegen. Er kann sich drehen, er kann schaukeln – und das können Sie auch in Ihrem Körper. Das fängt ganz langsam an. Sie müssen nun ganz leicht Ihre Schwingung fühlen und sich bewegen, ohne Ihren Körper zu bewegen. Den brauchen Sie nicht zu bewegen, der liegt angenehm schwer auf dem Bett und schläft tief, denn das ist nur Ihr Raumschiff, das sozusagen im All steht. Sein Antrieb ist auf Leerlauf geschaltet. Alle Geräte und Instrumente arbeiten normal auf Stand-by.

Es gibt unterschiedliche Methoden, einen Ausstieg zu erreichen. Aber was ich hier ganz gern propagieren möchte, ist die Methode, mit der ich Erfolg habe. Denn ich habe zwar andere Methoden erprobt, aber ich habe für mich persönlich festgestellt, dass das, was ich nun hier vermittle, für mich persönlich das Beste ist. Auch meine Seminarteilnehmer, die dann mit meiner Technik den Ausstieg geschafft haben und späterhin noch andere Methoden ausprobierten, haben ebenfalls bestätigt, dass sie mit meiner Methode am leichtesten den Ausstieg schaffen, weshalb sie auch weiterhin immer diese Methode anwenden.

Sie bewegen jetzt in Ihrem liegenden, ruhenden grobstofflichen Körper Ihren feinstofflichen Bereich nach links und nach rechts. Am besten, Sie machen es rhythmisch mit der Atemfrequenz. Sie spüren sich selbst, und Sie bewegen sich ganz sanft erst einmal ganz wenig nach links und nach rechts – als ob Sie in einer Schaukel gewiegt werden. Aber eine sanfte Schaukel, die sich nicht schnell bewegt, sondern ganz leicht in der Frequenz Ihrer Atmung und Ihres Herzschlags. Und das machen Sie eine ganze Weile. Sie sagen zwischendurch immer wieder: **"Ich bin ganz ruhig und entspannt."** Oder Sie können sagen, was noch besser wäre: **"Mein grobstofflicher Körper ist ganz ruhig und entspannt."** Denn nun haben Sie ja den Schritt erreicht, dass Sie unterscheiden zwischen Ihrer feinstofflichen Ich-Identität und dem grobstofflichen Körper. Wenn Sie sich von nun an Aufforderungen geben, dann müssen Sie unterscheiden, wem Sie diese geben. In diesem Fall Ihrem grobstofflichen Körper. Dann sagen Sie einfach: **"Mein grobstofflicher Körper ist ganz entspannt, ganz ruhig. Er atmet langsam und intensiv."** Und dann konzentrieren Sie sich wieder auf Ihren feinstofflichen Körper. Vielleicht haben Sie sich auch, wenn Sie es das zweite Mal machen, wieder daran erinnert, dass Sie sagen: **"Immer, wenn ich mir folgenden ...** (Begriff) **gebe, werde ich sofort tief einschlafen."** Das intensiviert das Ganze und vertieft es.

Nun kommen wir zum nächsten Schritt. Sie befinden sich also jetzt wieder in Ihrem Schlafzustand. Und Sie spüren Ihren feinstofflichen Bereich und haben jetzt sogar gelernt, sich in Ihrem grobstofflichen Körper mit ihrem Astralkörper ganz leicht hin und her zu bewegen. Aber Sie spüren es auch interessanterweise in Ihren Armen. Sie spüren regelrecht Ihre Bewegung. Es ist eine ganz leise Schwingung, die Sie auch verstärken können. Das heißt, Sie können die Geschwindigkeit oder die Schaukel, wenn Sie so wollen, auch beschleunigen. Und das machen Sie eine ganze Weile, bis Sie sicher sind, dass Sie auch das spüren. Sie müssen darauf achten, dass Sie nicht automatisch Ihren Körper bewegen. Das kann am Anfang passieren, weil der Wunsch so stark ist, sich mit dem feinstofflichen Bereich zu bewegen, dass dann beinahe unbewusst der grobstoffliche Körper anfängt, sich ebenfalls zu bewegen. Sie sollten also darauf achten, dass er ruhig liegen bleibt. Denn sonst unterliegen Sie der Illusion, dass Sie Ihren feinstofflichen Bereich bewegen, während es nur der grobstoffliche Körper ist. Der muss ruhig, schwer und unbeweglich liegen bleiben, während sich nur der feinstoffliche Körper hin- und herbewegt. Wenn Sie ganz sicher sind, dass Sie das geschafft haben, dann kann ich nur gratulieren. Sie haben etwas Großartiges erreicht. Sie sind in der Lage, sich in Ihrem Körper, Ihrem grobstofflichen Körper, zu bewegen.

Und jetzt beschleunigen Sie das ein bisschen, bis Sie vor allem in Ihren Armen dieses Hin und Her spüren. Das ist so, als ob sozusagen etwas überschwappt, also als ob Sie ein bisschen aus den Armen herausrutschen. Das spüren Sie auch ganz deutlich. Und jetzt kommt das Entscheidende. Sie sagen: **"Mein grobstofflicher Körper ist ganz entspannt, ganz angenehm schwer. Aber ich, ich bin ganz leicht. Ich schwinge ganz leicht und sanft hin und her."** Sie müssen – um das nochmals zu betonen – unterscheiden, wir sind jetzt bei diesem Dualismus, der wirklich entscheidend ist. Sie sind nicht der grobstoffliche Körper. Sie sind dieser leichte, schwingende, der feinstoffliche Bereich. Das ist Ihre Identität. Damit können Sie denken. Damit können Sie sprechen. Damit können Sie hören. Damit können Sie sehen. – Und Sie können sich selber fühlen. Während nun Ihr Körper angenehm schwer sein mag und tief schläft, ist jedoch Ihr feinstofflicher Bereich, Ihr Ich hellwach. Deswegen können Sie ja auch Aufforderungen an Ihren grobstofflichen Bereich geben. Sie sind hellwach, voll da und Sie können sich sanft und leicht bewegen. Sie sagen: **"Ich bin ganz leicht. Ich schwinge hin und her."** Und Sie fühlen das. **"Mein grobstofflicher Körper schläft ganz tief und ist ganz entspannt, ganz angenehm schwer. Ich bewege mich ganz leicht hin und her."**

Nun verstärken Sie dieses Schwingen. Auf einmal werden Sie mit den Augen des feinstofflichen Körpers, während jene des grobstofflichen Körpers geschlossen bleiben, sehen, wie, während Sie schwingen, so etwas wie eine zweite Hand oder ein zweiter Arm herauskommt. Sie verstärken weiterhin dieses Hin- und Her-Schwingen. Wenn Sie das erreicht haben, gratuliere ich Ihnen wieder. Denn dann haben Sie einen ganz entscheidenden Schritt erreicht. Und während Sie dieses Schwingen verstärken, konzentrieren Sie sich auf einen Arm. Sind Sie Rechtshänder, konzentrieren Sie sich auf den rechten Arm. Sind Sie Linkshänder, konzentrieren Sie sich auf den linken Arm. Sie brauchen den Kopf nicht zu drehen. Sie lassen Ihren Kopf in der alten Position liegen. Er ist angenehm schwer. Sie brauchen Ihre Augen ebenfalls nicht zu drehen, sondern es ist jetzt Ihr feinstoffliches Auge, das vielleicht rechts oder links zum Arm hin blickt. Drehen Sie Ihren Kopf nicht. Ich verstehe Ihre Neugierde, aber das bringt Ihnen wirklich nichts. Denn in dem Moment, wo Sie Ihre Augen öffnen und mit dem grobstofflichen Bereich schauen, rutscht leider Ihr feinstofflicher Arm wieder in den grobstofflichen Körper zurück und kommt dann gar nicht mehr heraus. Also bleiben Sie so ruhig wie möglich und angenehm schwer liegen. Bewegen Sie Ihre Arme und auch Ihren Kopf nicht. Ihr Nacken ist ebenfalls ganz entspannt. Ihre Augenlider sind angenehm schwer und geschlossen. Dieses Schaukelgefühl ist unglaublich angenehm. Schauen Sie, ohne Ihren Kopf zu drehen, einfach rüber zu Ihrem rechten oder linken Arm.

Ich werde jetzt nicht erzählen, was Sie sehen, denn das wäre eine Suggestion. Das will ich nicht. Aber Sie werden mit Ihrem feinstofflichen Bereich sehen. Es ist ein Arm, eine Hand, die Sie als ganz normal empfinden werden. Vielleicht ein winziges bisschen diffuser, aber Sie sehen es. Und wenn Sie das schon einmal erreicht haben, dass sie entdecken, dass der Arm herauskommt, dann sagen Sie trotzdem wieder: **"Ich bin ganz leicht. Mir geht es ausgesprochen gut. Auch mein Arm, mein feinstofflicher Arm, der jetzt draußen ist, ist ganz leicht. Ich kann ihn bewegen."** Aber bewegen Sie auf keinen Fall Ihren grobstofflichen Arm. Lassen Sie ihn ruhig liegen. Den brauchen Sie nicht. Der ist angenehm schwer. Fahren Sie stattdessen fort, Ihren feinstofflichen Arm zu bewegen. Schauen Sie hin, ohne den Kopf zu drehen. Sie sehen, wie sich die Finger von Ihrer feinstofflichen Hand bewegen. Erschrecken Sie nicht. Es ist kein Problem, dass da zwei Arme liegen. Das ist völlig in Ordnung, das ist Ihr feinstofflicher Arm, der später wieder zurückkehrt. Nicht erschrecken, denn wenn Sie erschrecken, rutscht alles wieder zurück. Sie haben sich vorbereitet. Sie wissen, dass das ein wunderbarer Erfolg ist, den Sie jetzt erreicht haben und den wollen Sie nicht zunichte machen, indem Sie nun Angst haben, weil Sie einen zweiten Arm sehen. Das ist in Ordnung. Bewegen Sie ihn. Das ist ein tolles Gefühl. Er ist ganz leicht. Bewegen Sie die Finger. Und dann bewegen Sie den feinstofflichen Arm so ein bisschen weg von Ihrem rechten oder linken Arm, je nachdem, auf welchen Arm Sie sich konzentrieren.

Befühlen Sie mit Ihrem feinstofflichen Arm, während Sie den grobstofflichen liegen lassen und ihn nicht bewegen, ganz sanft die Bettdecke, das Laken oder was immer sich jetzt in Ihrer unmittelbaren Nähe befindet. Betasten Sie es. Und dann ziehen Sie den Arm einfach wieder zurück. Das ist schlicht ein inneres Gefühl. Wenn Sie wollen, geben Sie den Befehl: "Komm wieder rein in den grobstofflichen Arm", und er wird sich automatisch zurückziehen. Wenn Sie das geschafft haben, bedeutet das einen großartigen Erfolg.

Nun können Sie natürlich noch einmal mit dieser Schwingungsbewegung anfangen, nur ein bisschen stärker. Man könnte dieses Schaukelgefühl damit vergleichen, als ob Sie eine volle Kaffee- oder Teetasse haben, die Sie so bewegen, dass der Inhalt überschwappt. Das Gleiche machen Sie im Inneren Ihres grobstofflichen Körpers. Sie schwingen so hin und her, dass Sie etwas rausschwingen. Und nun lassen Sie ruhig den rechten Arm oder den linken Arm, je nach dem, auf welchen Arm Sie sich konzentrieren, wieder herauskommen. Lassen Sie den Arm bis zur Schulter herauskommen. Nicht erschrecken. Und wenn Sie das tun, werden Sie merken, dass auch das rechte Bein oder das linke Bein herauskommt, je nachdem, auf welche Körperhälfte Sie sich konzentrieren.

Vorhin haben Sie einen Moment inne gehalten, als Sie etwas auf oder am Bett abgetastet haben. Aber jetzt behalten Sie die schaukelnde Bewegung bei. Es ist wunderbar. Ein wunderbares Gefühl. Sie sagen wiederum: **"Mein grobstofflicher Körper ist angenehm**

schwer, ganz entspannt. Aber ich, ich bin ganz leicht. Ich bewege mich. Ich fühle meine Schwingung. Ich schaukele. Ich schaukele weiter raus. Es ist unglaublich angenehm. Ich bin ganz leicht. Es ist unglaublich schön." Und dann versuchen Sie das zu verstärken.

Jetzt konzentrieren Sie sich auf eine Körperhälfte und sehen, wie das Bein herauskommt, wie vielleicht etwas vom Oberkörper herauskommt. Ihren Kopf können Sie nicht sehen, aber Ihr feinstofflicher Kopf sieht ja nun Ihren feinstofflichen Arm und Ihr feinstoffliches Bein, aber er sieht auch gleichzeitig Ihren grobstofflichen Körper ganz ruhig daliegen. Nun können Sie auch schon – und das ein entscheidender Schritt – kontrollieren, dass Ihr grobstofflicher Körper ruhig daliegt. Das machen Sie mit Ihren feinstofflichen Augen. Sie beobachten Ihren grobstofflichen Körper. Ignorieren Sie im Moment Ihren feinstofflichen Körper, der Sie ja sind, sondern schauen Sie sich ruhig einmal Ihren Körper an, ob er ruhig liegt. Er soll sich ja nicht bewegen, sondern soll entspannt sein. Sie sehen, wie er ruhig daliegt, wie schön und ruhig er atmet. Und Sie fühlen sich unglaublich wohl, während Sie ganz liebevoll Ihr Raumschiff, Ihren grobstofflichen Körper, anschauen. Und während Sie das machen, werden Sie feststellen, dass Sie dadurch ein ganzes Stück aus Ihrem Körper herausgekommen sind.

Jetzt schauen Sie einmal, wie weit Sie herausgekommen sind. Wenn Sie merken, dass Sie noch nicht ganz draußen sind, dann überfällt Sie ein Drang herauszukommen. Sie können entweder noch ein bisschen nach rechts oder nach links schwingen. Fangen Sie nicht an, jetzt mehr oder heftiger zu schaukeln, sondern es ist wichtig, dass Sie sozusagen die Schaukelbewegung in eine Richtung verstärken. Denn wenn Sie jetzt anfangen, links und rechts gleich stark zu schaukeln, schwappen Sie wieder etwas zu weit hinein. Jetzt müssen Sie, nachdem ein Arm, ein Bein schon draußen ist, diese Bewegung, diese Schaukelbewegung, in eine Richtung durchführen. Das geht. Und wenn Sie das geschafft haben, dann sind Sie draußen.

Und nun, nachdem Sie das geschafft haben – und ich beglückwünsche Sie zu diesem besonderen Ereignis – drehen Sie sich in Ihrem feinstofflichen Körper um und betrachten jetzt ganz ruhig Ihren ganzen grobstofflichen Körper. Schauen Sie ihn ruhig an. Sie können ihn sogar mit Ihrer feinstofflichen Hand streicheln. Und dann legen Sie die Hand auf Ihren grobstofflichen Körper und sagen: **"Du bist ganz ruhig, ganz entspannt. Du schläfst ganz tief. Du bist angenehm schwer. Ich bin draußen, ich komme aber wieder zurück. Du kannst ganz entspannt sein, ganz ruhig. Alle Organe funktionieren normal und sind ganz entspannt."** Tun Sie das. Streicheln Sie mit Ihrer feinstofflichen Hand Ihren Körper.

Und dann können Sie sich auch einmal hinsetzen. Sie richten sich auf, setzen sich aufs Bett und betasten mit Ihren feinstofflichen Händen, was immer in der Nähe zu befühlen ist. Dann drehen Sie sich einmal um. Schauen Sie sich Ihren Körper wieder an. Und dann, wenn Sie wollen, schauen Sie sich im Raum um. Einfach umblicken. Beobachten Sie alle Gegenstände und Objekte. Wenn Sie das geschafft haben, dass Sie auf der Bettkante sitzen, sich dann umgedreht haben, um Ihren Körper anzuschauen, mit Ihren feinstofflichen Fingern Dinge gestreichelt haben, dann haben Sie Ihr erstes Out-of-Body-Erlebnis erfolgreich abgeschlossen. Ich kann nur gratulieren. Das ist ein großartiger Moment. Es ist wahrscheinlich ein Moment, der großartiger ist, als die erste Mondlandung, bei der Neal Armstrong den ersten Schritt getan hat. Sie können sagen: Es ist ein kleiner Schritt für die Menschheit, aber ein großer Schritt für mich.

Ich freue mich, dass Sie mit meiner Methode jetzt den Ausstieg erreicht haben. Es ist ganz offensichtlich, dass es auch andere Techniken, andere Methoden gibt. Und es kann sein, dass sich der ein oder andere Out-of-Body-Aspirant, der dieses Buch liest, fragt, ob es andere Methoden gibt, die ihm mehr liegen. Wie Sie aus dem hinten angeführten Literaturverzeichnis entnehmen können, existieren ja eine ganze Reihe von Out-of-Body-Büchern. Der Ausstieg, den ich hier propagiere, ist ein Herausrollen, wenn Sie so wollen.

Man rollt durch diese schwingende Bewegung aus dem Körper heraus. Das ist die Methode, die für mich am besten geeignet ist und die ich für die einfachste halte.

Aber es gibt Out-of-Body-Experten, die andere Methoden benutzen. Viele von ihnen sagen, dass sie aus ihrem Körper "aussteigen", d. h. das Zentrum liegt dann ungefähr dort, wo der Bauchnabel ist, denn dort findet die erste Bewegung statt. Sie beugen sich mit ihrem feinstofflichen Bereich nach vorne und steigen dann sozusagen aus. Manche sagen auch, dass sie herausfliegen, d. h. sie schweben raus, um es besser auszudrücken. Andere wiederum sagen, sie steigen aus dem Nacken aus. Es gibt wirklich die unterschiedlichsten Körperstellen, wo dieser Ausstieg erfolgen kann. Diese Methoden funktionieren sicherlich ebenfalls. Sie können ja später, wenn Sie den Ausstieg beherrschen, diese Methoden einmal selbst ausprobieren. Ich habe die meisten von ihnen auch erfolgreich ausprobiert, und trotzdem benutze ich weiterhin lieber meine *Rausroll-Methode*.

Vielleicht noch ein Hinweis. Es gibt, um eine tiefe Entspannung zu erreichen, auch Meditationsmusik, Alphamusik. Oder es gibt alphaphonetische Schwingungen. Man kann solche Musik oder Klänge zur Unterstützung der Entspannung benutzen, wenn man spürt, dass es angenehmer ist, eine sehr schöne monotone Melodie als Hintergrundgeräusch zu haben. (Man sollte aber dann darauf achten, dass nicht gerade mitten im schönsten Vertiefungszustand die Kassette mit einem Klickgeräusch aufhört.) Im *Monroe-Institut* zum Beispiel setzt man den Ausstiegsaspiranten Kopfhörer auf, um ihnen mittels der so genannten *Hemi-sinc-Methode* mit Musik, mit bestimmten Tönen und Schwingungen, begleitet von gesprochenen Worten, den Ausstieg zu ermöglichen.

Ich selbst benutze keine Musik oder zusätzliche Hilfsmittel, da ich diese nicht benötige. Wenn ich aus dem Körper aussteige, dann geht das bei mir sehr schnell. Dies wird Ihnen mit der Zeit ebenso möglich sein, ohne lange Vorbereitung. Man erreicht also mit der Zeit eine gewisse Routine und die Dauer bis zum Ausstieg verringert sich immer mehr, sodass Sie dafür nur noch wenige Minuten benötigen werden.

⁂

Die ersten Experimente und Erkundungen mit dem feinstofflichen Körper

Vielleicht haben Sie sich, nachdem Sie erfolgreich den ersten Ausstieg erreicht haben, noch auf der Bettkante sitzend umgeschaut, und sind dann vor lauter Staunen und vor Freude wieder zurückgerutscht in Ihren Körper. Denn sollten Sie aus Angst oder Freude erschrecken, rutschen Sie sofort wieder in Ihren grobstofflichen Körper, in Ihr Raumschiff. Aber sollten Sie alles Bisherige sehr gelassen und mit innerer Freude, im feinstofflichen Bereich wohlgemerkt, hingenommen haben, dann kann es sein, dass Sie mutig genug sind und sich sagen: "So und jetzt geht's aber los." Und Sie stehen dann auf und machen die ersten Schritte in Ihrem Raum. Ein tolles Gefühl. Sie schauen sich um, Sie laufen herum, Sie betrachten Gegenstände, schauen immer wieder zum Bett zurück, weil Sie oft gar nicht glauben können, dass ja da Ihr grobstofflicher Körper liegt. Sie werden bei den ersten Ausstiegen immer wieder zurückblicken, um sich zu vergewissern, ob alles in Ordnung ist. Sie werden vielleicht in etwa zu sich sagen: "Das kann doch gar nicht sein." Doch irgendwann wird Ihnen alles ganz selbstverständlich erscheinen, als ob Sie mit Ihrem normalen Körper herumlaufen. Und dann blicken Sie zurück und sehen auf dem Bett einen ganz entspannten tief schlafenden Körper, Ihre grobstoffliche Hülle, und Sie als Kommandant laufen herum. Sie sind aus Ihrem Raumschiff ausgestiegen und betrachten es jetzt von außen.

Wenn Sie sehr empfindlich sind, ganz sensibel, dann spüren Sie, dass irgendwo am Rücken etwas ist, als ob da so eine Art Verbindung zu Ihrem grobstofflichen Körper vorhanden ist. Aber Sie werden feststellen, dass diese Silberschnur sie nicht daran hindert, herumzugehen, denn diese kann sich unendlich ausdehnen. Man könnte sie mit einem Gummiband vergleichen, nur dass überhaupt keine Spannung vorhanden ist. Vielmehr ist es so, als ob Sie sagen: "Oh, ich kann überall hin, das hält mich nicht auf." Und Sie sind sich bewusst, dass Sie dieses Band wie eine Art Nabelschnur mit dem Raumschiff verbindet. Durch dieses bekommen Sie gleichzeitig Informationen Ihres grobstofflichen Körpers, denn wenn diesem etwas zustoßen sollte, dann wird Ihnen das sofort gemeldet. Aber das wesentlich Entscheidendere ist die Tatsache, dass der grobstoffliche Körper sozusagen die Lebensinformation von Ihrem Ich, von Ihrem feinstofflichen Bereich erhält.

Nun laufen Sie herum, schauen sich um, und es mag eine Weile dauern, bis Sie sagen: "Es stimmt, es ist wirklich so, dass ich aus dem Körper aussteigen kann und ich einen feinstofflichen Bereich habe. Ich habe das ja schon gemerkt, als ich die schwingende Bewegung machte. Aber jetzt, jetzt weiß ich, dass es tatsächlich so ist." Und ich bin sicher, dass das ein Moment ist, wo Sie eine unglaubliche Freude, eine innere Befriedigung, fühlen.

Dann kann es sein, dass Sie sagen: "So, ich gehe jetzt mal in den nächsten Raum." Und Sie werden dann die Tür aufmachen, und die Tür geht auch auf. Aber wenn Sie zurückblicken, dann sehen Sie auf einmal, dass die Tür geschlossen ist, d. h. Sie haben eigentlich eine feinstoffliche Tür aufgemacht. Die hätten Sie eigentlich gar nicht aufzumachen brauchen, denn Sie können sich wirklich – und davor sollten Sie keine Angst haben – einfach durch eine Tür oder Wand denken. Am Anfang wird Sie dieser Gedanke vielleicht beängstigen, denn Sie haben nun die Sorge, dass Sie sich, wenn Sie nun durch die Wand gehen, eine Beule holen könnten. Doch das passiert wirklich nicht. Denn wenn Sie die Wand genauer betrachten, erscheint sie Ihnen etwas anders als das normal Gewohnte. Sie sieht ein bisschen weniger massiv aus. Und das ist auch in der Tat so, denn wir sind hier im elementarphysikalischen Bereich. Jeder einigermaßen gebildete Quantenphysiker wird Ihnen bestätigen, dass man sozusagen durch eine solide Wand durchgehen kann. Das ist ein quantenphysikalischer Effekt, und Sie können mit Ihren sehr feinstofflichen Elementarteilchen, beziehungsweise

Schwingungsteilchen oder Schwingungswellen, mühelos durch die Wand gehen. Wenn Sie die Tür aus Gewohnheit lieber öffnen, dann machen Sie das. Aber Sie sind nicht daran gebunden.

Sie können nun Folgendes als kleines von mir empfohlenes Experiment durchführen. Sie beugen sich jetzt einmal zum Boden herunter, gehen auf Ihre feinstofflichen Knie, nehmen Ihre Hand und betasten den Boden. Und dann gehen Sie ganz leicht mit der Hand durch den Boden hindurch. Das geht ganz leicht ohne Probleme – und es ist toll. Sie werden also feststellen, wie die Zwischenschichten Ihres Bodens bzw. der Decke, wenn Sie mit der Hand schon darunter im 1. Stock sein sollten, beschaffen ist. Sie können es ganz genau betasten und fühlen und können Ihre Hand wieder zurückziehen. So lernen Sie langsam, dass hier Möglichkeiten vorhanden sind, die mit den alltäglichen Naturgesetzen nichts mehr zu tun haben. Nun machen Sie einmal Folgendes: Versuchen Sie einen kleinen schwebenden Sprung. Sie werden feststellen, dass Sie auch nicht mehr durch Gravitation gebunden sind. Sie können schweben. Sie sagen einfach: "Ich möchte mal zu der Decke nach oben." Und Sie werden automatisch an der Decke sein. Sie können sie betasten und mit der Hand durch die Decke gehen. Das ist etwas, was ich wirklich empfehlen würde, weil Sie dann sozusagen mit Ihrem Werkzeug, mit Ihrem feinstofflichen Bereich, der Sie sind, umzugehen lernen.

Und das ist großartig. Sie haben nicht mehr die Begrenzungen der Naturgesetze vor sich. Die sind in diesem Fall für Sie im Großen und Ganzen, nicht in allen Dingen, aber im Großen und Ganzen aufgehoben. Nun können Sie alle Räume Ihrer Wohnung aufsuchen. Laufen Sie herum, oder, wenn Sie wollen und was viel angenehmer ist, schweben Sie herum. Denken Sie sich ins Badezimmer, in die Küche. Haben Sie das Ziel vor Augen. Sie werden auf einmal dort sein und können sich alles anschauen. Wahrscheinlich, so schätze ich, werden Sie immer mal wieder zurückkehren und schauen, ob Ihr grobstofflicher Körper tatsächlich auf dem Bett liegt. Es besteht am Anfang oft noch eine Fassungslosigkeit, weil all das, was man vielleicht gehört und gelesen hatte, nicht so recht glaubhaft sein wollte. Nun mögen Sie am Anfang ebenfalls noch ein bisschen Zweifel haben, ob das denn wirklich so funktioniert. "Ist es tatsächlich so? Kann ich meinen grobstofflichen Körper sehen? Bin ich tatsächlich aus dem Körper draußen?" Das ist verständlich, normal und auch richtig so. Sie können jederzeit zurückgehen oder dorthin schweben, um sich der Gegenwart Ihres ruhenden Körpers zu vergewissern. Ich würde empfehlen, dass Sie beim ersten Mal nichts überstürzen sollten, obwohl Ihnen bewusst ist, dass mit diesen ersten Erkundungen noch lange nicht die Grenzen gesetzt sind, sondern nun geht es ja erst richtig los. Aber beim ersten Ausstieg ist es eigentlich ausreichend, dass Sie zuerst einmal Ihre nähere Umgebung ertasten und erkunden.

* * *

Die Rückkehr in den physischen Körper

Und dann, wie komme ich wieder zurück? Ganz einfach. Sie kehren einfach zu Ihrem Körper zurück. Sie denken sich, wenn man es einmal so ausdrücken darf, zurück und Sie rutschen dann auch, das werden Sie feststellen, sanft und augenblicklich in Ihren grobstofflichen Bereich zurück. Aber hier ist für mich noch einmal ganz entscheidend zu betonen, dass Sie, wenn Sie zurückgekehrt sind, auch in ein sanftes langsames Aufwachen übergehen. Sie haben einen Begriff, wie oben beschrieben, gewählt, mit dem Sie sich wieder aufwecken können. Das können aber nur Sie. Dieser Geheimcode ist allein für Sie bestimmt und darf keinem anderen weitergegeben werden. Sie wählen, wenn Sie sich nicht schon vorher für einen Begriff entschieden haben, einen solchen aus und sagen: **"Ich gebe mir diesen ...** (Begriff) **jetzt, und sage** (ihn) ... (eventuell dreimal), **und dann wache ich langsam wieder auf. Ich werde wieder hellwach sein und habe mich erholt. Ich fühle mich großartig, bin wieder normal schwer. Ich atme wieder mit der normalen Geschwindigkeit. Und mein Herz schlägt wieder mit dem normalen Rhythmus, aber ich bin entspannt und erholt und fühle mich großartig."** Das sollten Sie sich sagen, dann geben Sie sich den Befehl und Sie sind hellwach. Doch nicht zu plötzlich, denn der Körper hat während Ihres Ausstiegs eine langsamere Atemfrequenz, einen langsameren Herzschlag gehabt, weswegen es wichtig ist, dass man sanft und nicht zu ruckartig zurückkehrt. Vermeiden Sie es also zu sagen: "Ich gebe mir den Begriff und bin hellwach." Das wäre falsch. Sie müssen es langsam und sanft machen.

Und dann, wenn Sie das erreicht haben, bewegen Sie Ihren grobstofflichen Körper wieder ganz ruhig und langsam. Bewegen Sie Ihre Zehen. Bewegen Sie alles, damit die Durchblutung wieder normal ist. Dann stehen Sie langsam auf, trinken vielleicht ein Glas Wasser, bewegen sich im Zimmer.

Nun machen Sie Folgendes: Als Sie noch im feinstofflichen Körper waren, sollten Sie sich genau die Dinge angesehen haben, auch Kleinigkeiten, die Sie dann später überprüfen könnten, wenn Sie wieder in den normalen Körper zurückgekehrt sind. Vielleicht haben Sie gesehen, dass irgendwo ein Gegenstand liegt, an den Sie sich normalerweise gar nicht erinnern könnten. Schauen Sie sich genau um. Und wenn Sie auf Ihrer Reise im feinstofflichen Körper irgendwo eine tote Fliege sehen oder irgendeine andere unauffällige Besonderheit, was Ihnen vorher vielleicht gar nicht aufgefallen wäre, so merken Sie sich das. Wenn Sie zurückkehren und im grobstofflichen Bereich wach sind, gehen Sie genau zu dieser Stelle und schauen Sie sich das an, was Sie kurz vorher gesehen haben. Das wird Ihnen eine große Befriedigung geben, denn Sie sehen, dass der ganze Prozess nicht auf Halluzination, Projektion oder Einbildung beruhte, sondern dass Sie wirklich einen Ausstieg durchgeführt hatten.

Es gibt natürlich verschiedene Möglichkeiten, das zu tun. Ein guter Vorschlag für eine Überprüfung der Realität eines Out-of-Body ist, dass Sie vielleicht vor dem Beginn eines Out-of-Body eines Ihrer Bücher nehmen und mit geschlossenen Augen spontan irgendeine Seite aufschlagen. Sie wissen nicht, welche Seite es ist, Sie wissen nicht, was auf dieser geschrieben steht. Dann lassen Sie das Buch mit der geöffneten Seite nach oben ausgebreitet liegen. Wenn Sie dann wieder aus dem Körper aussteigen, dann gehen Sie feinstofflich zu dem Buch und lesen diese Seite. Schauen Sie sich auch die Seitenzahl an. Und wenn Sie in Ihren grobstofflichen Körper zurückgekehrt sind, rekapitulieren Sie noch einmal, was auf welcher Seite gerade von Ihnen gelesen worden ist – dann gehen Sie hin und haben die exakte Bestätigung.

Solche und viele ähnliche Experimente wurden und werden immer wieder durchgeführt, denn es gibt eine ganze Reihe hochinteressanter Versuchsreihen, die genau belegen, dass wir es hier nicht mit einem Prozess der Halluzination, der Einbildung, fantastischen

Projektionsvorstellungen o. Ä. zu tun haben, sondern dass es sich einfach um eine physikalische Realität handelt.

Menschen, die hypnotisiert werden, können später einer Amnesie ausgesetzt sein, d.h. sie wissen nicht mehr, was mit ihnen in der Zwischenzeit passiert ist. Auch die Astralreisenden haben sich zwar in eine Art Selbsthypnose durch Autosuggestion versetzt, doch diese hat nichts mit der Bühnenhypnose zu tun, wo der Hypnotiseur die Probanden dazu bringen kann, wie Hühner zu gackern oder wie Hunde zu bellen. Wir haben durch diese Selbsthypnose einen sehr seriösen und positiven Zustand erreicht, der nicht von Außenstehenden verursacht wurde oder an diese gebunden ist, weshalb wir uns nach unserer Rückkehr in unseren Erdenkörper an alles genauestens erinnern können. Es kommt ganz selten vor, dass ein völliges Vergessen oder eine Teilamnesie entstanden ist. Aber um sicherzugehen, kann man sich natürlich, bevor man vollkommen wach ist, sagen: **"Wenn ich wieder wach in meinen Erdenkörper zurückgekommen bin, werde ich mich an alles erinnern, an alle Vorgänge, an alle Einzelheiten, und ich bin mir voll bewusst, was alles während meines Ausstiegs passiert ist."** Es ist ganz wichtig, dass Sie sich dann erinnern und deswegen im ganzen Zusammenhang sagen: **"Ich wache jetzt wieder auf, ich gebe mir gleich ...** (den Begriff). **Ich werde wieder ganz normal reagieren, mein Herz und meine Atemfrequenz schlagen wieder in der normalen täglichen Geschwindigkeit. Herz und Lunge, alles ist gesund und vital, ist gestärkt und erholt. Ich werde mich an alles erinnern, was ich erlebt habe, jede Einzelheit. Und wenn ich jetzt ...** (den Begriff) **sage, bin ich wieder normal leicht** (oder normal schwer), **ich fühle mich großartig und ich bin hellwach."**

Sie können auch, bevor Sie ganz wach sind und bevor Sie sich den Befehl zum Aufwachen geben, noch hinzufügen: **"Aber jedes Mal, wenn ich mir den anderen ...** (Begriff) **gebe, falle ich sofort wieder in diesen wunderbaren tiefen Schlafzustand, damit ich aus dem Körper aussteigen kann. Aber nur wenn *ich* mir diesen Befehl gebe und kein anderer, dann falle ich umgehend**

sofort in diesen tiefen Zustand, sodass ich das großartige Out-of-Body-Erlebnis wiederholen kann."

Ich empfehle Ihnen – und das tun viele der Astralreisenden – ein Out-of-Body-Tagebuch zu führen, worin Sie Ihre außerkörperlichen Erfahrungen und Eindrücke, aber auch Ihre neu gewonnenen Ideen notieren. Sie führen mit anderen Worten ein Logbuch über Ihre Erfahrungen im feinstofflichen Bereich, so wie der Flugkapitän sein Fluglogbuch und der Schiffskapitän sein Schiffslogbuch führt, in welches er alle nennenswerten Vorkommnisse aufschreibt. Sie schreiben als erstes dort hinein, wann sie diese Reise unternommen haben, wie viel Uhr es war und von wo aus Sie begonnen haben, danach schließt sich der Bericht über den Reiseablauf samt den gewonnenen Eindrücken und neuen Erkenntnissen an, und am Schluss notiert man wiederum die Uhrzeit, wann man zurückgekehrt ist. Diese Aufzeichnungen werden am besten unmittelbar nach einer jeweiligen Rückkehr vorgenommen. Ich weiß von vielen, dass sie im Nachhinein ihre Reise nochmals minutiös durchgehen. Dadurch, dass man die Einzelheiten hinterher notiert, hat man eine sehr gute Übersicht und kann sagen: "Da will ich noch mal hin, das war so interessant, das möchte ich noch mehr erkunden oder erforschen." Andere wiederum machen sich überhaupt keine Notizen, sondern sind damit zufrieden, dass sie diese Reisen samt den gewonnenen Eindrücken durchführen. Nur – und ich erwähne es nochmals – sie kehren zwar bereichert zurück, sind aber vielleicht auch etwas einsamer. Eine derartige Dokumentation solcher Unternehmungen mit dem feinstofflichen Körper dient zugleich als Gedächtnisstütze, denn man kann immer wieder nachlesen, was man wann und wo und auch wie erlebt hat. Und man kann späterhin immer wieder darin nachlesen, um zum Beispiel die vormals gemachten Erfahrungen mit den jeweils neusten zu vergleichen. Ich weiß von vielen, dass sie dann auch wieder das Verlangen haben, nochmals an ehemalig aufgesuchte Orte zurückkehren, um eventuell vormals erlebte schöne Eindrücke zu wiederholen oder zu intensivieren oder einfach um nachzusehen, was sich in der Zwischenzeit dort verändert hat. Auch möchte man sicherlich das

Leben bestimmter Personen mitverfolgen, weshalb man diese gelegentlich immer wieder aufsucht.

* * *

Die Hilfe eines feinstofflichen Begleiters

Viele Astralreisende, wie sie mir berichtet hatten, haben einen Führer, einen feinstofflichen Führer, der ihnen beim Ausstieg behilflich ist. Trotzdem, bevor der Reisende dessen Hilfe in Anspruch nehmen kann, muss er – sozusagen als Vorleistung – die oben beschriebenen Vorkehrungen samt der Tiefenentspannung durchgeführt haben. Aber dann kann der geistige Führer dabei behilflich sein, einen an der feinstofflichen Hand anfassen und ihn herausziehen.

In vielen Fällen – ich habe das auch erlebt – wartet schon ein Feinstofflicher oder eine Feinstoffliche, und die Freude ist dann enorm groß. Denn oft freut sich dieser Reiseleiter über den Ausstieg seines von ihm Betreuten ebenfalls. Er mag ihn begrüßen und, so es sich bei jenem um einen Erstausstieg handeln sollte, zum Beispiel sagen: "Ich begrüße dich. Ich heiße ... Ich möchte dich bei deinen feinstofflichen Erkundungen gerne begleiten. Hab keine Angst." Falls man diesen feinstofflichen Begleiter jedoch schon von vorausgegangenen Treffen kennt, wird er vielleicht in etwa Folgendes sagen: "Schön, dass du wieder aus deinem Körper herausgekommen bist. Ich will dir heute etwas Neues und etwas ganz Besonderes zeigen."

Dies geschieht alles auf der feinstofflichen Realebene. Wir müssen nur sehr vorsichtig sein. Denn wenn wir uns nur in der Projektionsebene befinden sollten, könnten wiederum Gefahren lauern. Dort halten sich nicht nur positive, sondern auch negative Wesen auf, die einen negativen Einfluss ausüben können. Interessanterweise hat gerade *Robert Monroe* viele solcher Erfahrungen beängstigender und negativer Konfrontationen gemacht, ich hingegen nur selten.

Am besten schützt man sich davor, indem man sich gar nicht darauf einlässt. Indem man sozusagen eine geistige Abwehrhaltung einnimmt und keine Angst hat. Es passiert nämlich auch nichts, wenn man keine Angst hat. Ebenso wie man einem etwas gefährlich aussehenden Hund seine Angst nicht zeigt, in gleicher Weise verhält man sich gegenüber solchen Wesen auf der Projektionsebene. Das ist das gleiche Prinzip. Interessanterweise berichtet das Tibetische Totenbuch, das *Bardo Töl*, genau darüber, wie sich die soeben Verstorbenen, die solchen ihnen Angst bereitenden Wesen begegnen könnten, zu verhalten haben. Diese Wesen können einem wohl Angst einjagen, vor allem wenn man diese sieht, doch sie können einem nichts anhaben. Am besten sagt man dann: "Ich habe keine Angst vor euch. Verschwindet." Bei beabsichtigten Reisen in die Projektionsebenen ist es ratsam, einen geistig erfahrenen Begleiter mitzunehmen. Man muss um diese Begleitung jedoch vorher bitten. Dann steht sie immer gern zur Verfügung.

Die Freude ist auch bei mir groß, wenn ich mich außerhalb meines Körpers befinde und ich erlebe, wie einer von meinen Seminarteilnehmern zum ersten Mal aus seinem Körper heraustritt. Ich habe da öfters schon mitgeholfen und auch manchmal die Rolle eines geistigen Helfers übernommen. Das Erstaunen und die riesige Freude auf den Gesichtern der Herausgekommenen ist für mich immer eine ganz besondere Freude. Ich bin sozusagen der Fluglehrer, und mein Flugschüler besteht den ersten Alleinflug mit Bravour. Und nun will er ein bisschen weiterfliegen. Dann sage ich: "Pass mal auf, ich setze mich als Copilot neben dich, und du fliegst das Flugzeug. Aber ich passe auf, dass du alles richtig machst." Oder mit anderen Worten, ein Kommandant als Ausstiegsanfänger verlässt sein Raumschiff und dort empfängt ihn schon jemand, der ihm alle weiteren Handgriffe und Bewegungsmöglichkeiten zeigt.

Man kann, bevor man seine Roll- oder Rausschaukelbewegung macht, schon sagen: diese **Lieber feinstofflicher Begleiter** (wenn man den Namen eines solchen schon kennt, dann benutze man seinen Namen), **ich würde mich freuen, wenn jemand kommen würde** (du kommen würdest) **und mir beim Ausstieg oder sobald**

ich ausgestiegen bin, helfen würde (würdest)." Solch eine mental ausgesprochene Bitte zieht sehr oft einen erfahrenen Out-of-Body-Helfer herbei. Denn diese mentalen Bitten kommen augenblicklich in der feinstofflichen Welt an und werden von denen vernommen, die eine ähnliche Resonanz haben.

Solche Helfer haben viel Verständnis für die Neuankömmlinge im feinstofflichen Bereich und vor allem wenn diese noch ein bisschen Angst haben sollten, kann man ihnen diese als Begleiter nehmen. Das ist beim Fliegen genau das Gleiche. Wenn der Fluglehrer sagt: "Ganz ruhig, jetzt spürst du das Luftpolster. Keine Sorge, keine Angst, es passiert nichts ..." Beim Out-of-Body ist es sehr ähnlich. Dort kann man als erfahrener Begleiter auch immer wieder die Entspannung und die Ruhe herstellen, die notwendig ist, damit es dann auch gelingt. Und vielleicht noch eine Bemerkung: Seien Sie nicht enttäuscht, wenn es nicht gleich gelingt. Man muss ein bisschen Geduld aufbringen. Wenn es beim ersten Mal nicht klappt und auch beim zweiten Mal nicht, dann funktioniert es eben beim dritten oder vierten Mal. Wichtig ist, diese wirklich totale autosuggestive Entspannung mit dem Herzschlag und der Atemfrequenz herbeizuführen.

* * *

Warnung vor Missbrauch

Wenn man eine außerkörperliche Reise durchführt, dann sind natürlich vor allem auch bestimmte ethische Grundsätze zu beachten. So habe ich es mir zur Regel gemacht, niemals in die Intimsphäre anderer Menschen einzudringen. Die Möglichkeiten, die wir mit unserem feinstofflichen Körper haben, sind natürlich wesentlich größer als die mit dem grobstofflichen Körper. Und um dieses Ungleichgewicht nicht zu missbrauchen, sollte man ethische Grundsätze beachten. Das Interessante ist nämlich, dass sich Verstöße gegen diese nicht auszahlen, sondern es schlägt immer auf einen selbst zurück.

Die feinstoffliche Kommunikation mit Menschen in grobstofflichen Körpern kann manchmal telepathisch funktionieren. Das kann bei solchen passieren, die sehr sensibel sind und die Veranlagung haben, telepathische Signale aufzunehmen. Denn telepathische Kommunikation findet ständig statt, nur sind wir uns meist gar nicht bewusst, dass so etwas passiert. Das drückt sich dann in Emotionen aus, die wir meist überhaupt nicht definieren können, d.h. wir können manchmal bedrückt sein oder plötzlich ein Glücksgefühl haben, ohne dass wir sagen können, warum wir uns auf einmal in dieser Stimmung befinden. Das hat sehr oft mit dieser unbewussten telepathischen Kommunikation zu tun haben, dass tatsächlich feinstoffliche Wesen, besonders Verstorbene, in der Nähe sind und hier Einfluss ausüben.

Für den Astralreisenden kann es daher mit einer gewissen Übung ohne weiteres möglich sein, andere Menschen telepathisch zu beeinflussen. Und ich bin auch sicher, dass das immer wieder passiert und von einigen sensiblen Menschen in bestimmten Situationen auch empfunden oder sogar innerlich vernommen wird. Ich würde sogar so weit gehen zu sagen, dass mehr oder weniger fast alle Menschen irgendwie beeinflusst werden. Ein extremes Beispiel im positiven Sinne sind etwa die so genannten Channeling-Phänomene, bei denen Menschen sagen: "Ich habe Eingebungen", oder "Ich stehe in Kontakt mit einem Wesen und dieses gibt mir Eingebungen und Ideen." Das sind dann eben auch feinstoffliche Wesen, die in der Tat eine Art Resonanzchannel aufbauen, um Kommunikation entstehen zu lassen. Diese feinstofflichen Wesen sind jedoch oft nicht von edelster Art und können sich unehrlicherweise dem Channeling-Medium als *Jesus* oder als *Erzengel Michael* vorstellen, während sie alles andere als die Genannten sind.

Vor weiterem Missbrauch möchte ich ebenfalls warnen. Wenn man zum Beispiel eine starke Zuneigung oder Liebe zu einem anderen Menschen empfindet, aber man sich eigentlich gar nicht sicher ist, ob der andere Mensch einen liebt, dann muss man sehr darauf bedacht sein, nicht die Feinstofflichkeit derart zu missbrauchen, dass man der betreffenden Person telepathisch zuraunt: "Liebe mich. Ich bin der ... Ich liebe dich. Ich brauche dich. Liebe mich ..." Man sollte sich in einem solchen Fall von Liebeszweifel mit der betreffenden Person jeweils im grobstofflichen Körper auseinandersetzen und nicht den feinstofflichen Körper für derartige Manipulationen benutzen. Eine Art psychische Vergewaltigung verstößt gegen die ethischen Grundsätze, und irgendwann kommen solche Verstöße in einer ähnlichen Form auf einen zurück. Also, lassen Sie sich niemals verleiten, in die Intimsphären anderer einzudringen oder sogar Dinge zu tun, die Sie einmal bereuen werden.

Im feinstofflichen Bereich ist das Gefühl für Liebe gesteigert, da es viel subtiler ist als im Erdenkörper. Das Gleiche gilt für die Sexualität im feinstofflichen Bereich, denn Erotik ist ja eine Ausdrucksform der Liebe. Doch die Idee der Sexualität ist eine Art Verschmelzung, wenn man sich zu einem anderen Menschen stark hingezogen fühlt. Befindet man sich jedoch im feinstofflichen Körper, kann eine Verschmelzung nicht funktionieren, weil hier unterschiedliche Schwingungen vorliegen. Es kann nur in einem absolut begrenzten Bereich vonstatten gehen, sodass für eine gewisse Zeit eine Art Resonanz entsteht. Aber dieses Glücksgefühl, in der Nähe einer geliebten Person, wenn auch unsichtbar, zu sein und somit diese Nähe zu erfahren, kann durchaus empfunden werden.

Jedoch ist es möglich, mit einer anderen Person, die sich ebenfalls außerhalb des grobstofflichen Bereiches befindet, Sex zu haben. Aber es hat eine andere Qualität. Es ist nicht so sehr der physische, man könnte beinahe sagen, der animalische Akt, der hier stattfindet, sondern dieser Gefühls- und Liebesaustausch gehört einer höheren Schwingungsebene an und hat eine leichtere, feinere Qualität. Aber es ist unglaublich erfüllend und auch sehr genussvoll. Ich würde soweit gehen zu behaupten, dass es sich hierbei um eine Art "geistigen Orgasmus" handelt. Aber vielleicht werden Sie ja selbst einmal in solch einen Liebesaustausch mit einer Person gelangen, die sich dann ebenfalls wie Sie im Astralkörper befindet.

Es gibt Menschen, die behaupten, mit einem Unsichtbaren Sex gehabt zu haben und sie wollen sogar den Orgasmus erlebt haben. Doch dies kann nur passieren, wenn das emotionale Verlangen eines feinstofflichen Wesens, eines feinstofflichen Körpers unglaublich stark ist. Hier waltet wiederum das Prinzip, dass ein feinstoffliches Wesen Materie bewegen kann, wenn die Emotionalität stark genug ist. Immer wieder gibt es Fälle dieser Art, und es sind ja sogar Filme darüber gedreht worden. In Amerika wurde vor einigen Jahren der Fall einer Frau dokumentiert, die immer wieder von einem feinstofflichen Wesen vergewaltigt wurde. Sie hat eigentlich alles erlebt, was man normalerweise körperlich erlebt. Aber das Wesen, das sie vergewaltigt hat, konnte man nicht sehen oder fassen, man sah allein regelrecht Eindrücke an ihrem Körper, als ob tatsächlich eine Gewaltanwendung vorgenommen worden war. Und wenn so ein feinstoffliches Wesen mit einem unglaublich starken, emotionalen Verlangen, ja, ich möchte sagen, mit einer geradezu kriminellen Emotionalität, hier vorgeht, dann kann es unter Umständen für die derart angegriffene Person regelrecht psychische und auch physische Auswirkungen haben. Deshalb möchte ich auch jene, die über eine geballte Libido verfügen und sich mit dieser auf eine Astralreise begeben, warnen, solcherlei Experimente durchzuführen. Denn die betroffenen Personen in ihrem Erdenkörper empfinden solche intimen Annäherungen meistens nicht nur als lästig, sondern als beängstigend, was sich zu Panikattacken und Psychosen steigern kann.

Als eine Art Faustregel gilt, dass man niemals den freien Willen eines anderen Individuums beeinträchtigen darf, ganz egal auf welcher Daseinebene er sich gerade befindet. Aber im feinstofflichen Bereich ist es besonders wichtig, dass man die nun zusätzlichen "übermenschlichen" Fähigkeiten, die man jetzt erworben hat, samt den anderen großartigen Möglichkeiten, nicht missbraucht.

Deswegen weise ich auch in meinen Seminaren immer wieder auf diesen Grundsatz der Ethik hin. Interessanterweise beachtet man diese Grundsätze z. B. auch im Brahmanismus. Der Unterschied zwischen einem Fakir und einem Yogi besteht darin, dass ein guter Yogi niemals seine großartigen Fähigkeiten – die so genannten *Sidhis* – zur Schau stellt, um etwas zu beweisen, andere Leute zu beeindrucken oder seine Fähigkeiten sogar zu missbrauchen, denn er weiß, dass jeder Missbrauch für ihn in einem Folgeleben ein unangenehmes Karma nach sich ziehen würde. Der Fakir jedoch ist ein Schausteller. Er kann bestimmte erstaunliche Dinge tun, die anderen unmöglich erscheinen. Doch er vermarktet seine Fähigkeiten. Also bitte, seien Sie mit Ihren gewonnenen Fähigkeiten im feinstofflichen Bereich ein Yogi. Denn jeder Missbrauch mit den außerkörperlichen Erfahrungen wird Sie in Ihrer spirituellen Entwicklung zurückwerfen. Dafür sorgt das Gesetz der so genannten *Negentropie*. Denn eine der wichtigsten Voraussetzungen ist, wenn man diese Fähigkeiten erlernen will und dann auch erlernt hat, sie unter keinen Umständen für das Ego, zur Bereicherung oder zur negativen Informationssammlung zu missbrauchen. Man sollte diese Fähigkeit allein dazu benutzen, das eigene Potenzial im positiven Sinne zu erweitern.

Aber berichten Sie über Ihre Astralreisen nur jenen, die eventuell ebenfalls wie Sie solche außerkörperlichen Unternehmungen durchführen, oder jenen, die sehr aufgeschlossen dafür sind und sich wirklich dafür interessieren. Sie sollten sich also vorher überlegen, wem Sie was darüber berichten können. Doch die meisten Ihrer im feinstofflichen Körper gewonnenen Erfahrungen werden Sie sicherlich für sich behalten müssen, denn Sie sind zu einem Geheimnisträger geworden über Dinge, die man der Öffentlichkeit einfach nicht anvertrauen darf, da man sie damit überfordern würde. Zeigen sich dennoch einige Menschen interessiert an dem, was Sie ihnen berichten, dann sollten Sie sich nicht wundern, wenn diese Sie vielleicht – trotz ihres gezeigten Interesses – hinter Ihrem Rücken auslachen oder Sie als Fantasten abtun. Es hat auch wenig Sinn, so habe ich festgestellt, militante Skeptiker irgendwie davon überzeugen zu wollen, dass außerkörperliche Erfahrungen Realität sind. Also hüten Sie sich vor unangenehmen Erfahrungen mit solchen Skeptikern, denn deren Vorurteile sind von vornherein festgelegt. Diese boykottieren sich selbst und versagen sich die Möglichkeit, solche Erlebnisse zu erfahren, weil sie diese von vornherein nicht als real ansehen.

Ich weiß, dass einige, die außerkörperliche Erfahrungen erlebt haben, so froh, stolz und glücklich sind, dass sie nun die ganze Welt davon überzeugen wollen, wie herrlich und beglückend alles war und was man alles erleben kann. Doch dann kommt die große Enttäuschung, wenn man mit einer massiven Skepsis konfrontiert wird, selbst von denen, die man für aufgeschlossen genug hielt. Und diese mögen entgegenhalten: "Ich kann das nicht glauben. Ich finde es hochinteressant, was du mir erzählst, aber ich kann das nicht nachvollziehen. Für mich besteht der Körper aus Knochen, Blut, Fleisch und Organen. Das mit dem feinstofflichen Kram, das ist esoterischer Unsinn." So oder so ähnlich ist die Einstellung vieler, aber es sind fast immer genau diejenigen Menschen, die übergescheit sein wollen und Verfechter des bisher Altbekannten sind, jedoch am wenigsten über die neueste Physik und Naturwissenschaft Bescheid wissen.

⁂

Zusammenfassung:

Der Astralreisende als neuer Mensch in einem neuen Zeitalter

Vielleicht fasse ich an dieser Stelle nochmals zusammen, was sich für den Astralreisenden bei seinen Out-of-Body-Reisen verändert. Das Wertesystem, das Weltbild, ja sogar die ethischen und moralischen Grundsätze verändern sich automatisch, weil sich die Weltsicht verändert. Das, was wir als unsere alltägliche Welt wahrnehmen, ist fast immer auf einen Ort dieser Erdkugel beschränkt. Es sei denn, wir schauen einmal nachts hinauf in den Nachthimmel und beobachten Sterne oder manchmal auch Sternschnuppen oder Satelliten, die dort oben erkennbar sind. Doch auch dieser Kosmos ist begrenzt. Unsere Augen sehen bestimmte Farben, bestimmte Objekte und unsere Ohren hören bestimmte akustische Wellen. Dieser begrenzte Ausschnitt, den wir von unserem Kosmos haben, wird automatisch, wenn wir aus unserem Körper heraustreten, nicht schockartig, aber doch überraschend schnell erweitert. Das ist so, als ob wir bisher nur durch ein Fenster schauen konnten, und nun sind wir praktisch in der Lage zehn oder zwanzig Fenster nebeneinander aufzumachen. Wir erleben etwas ganz, ganz anderes.

Das Großartige ist, dass wir beispielsweise einen Baum ganz anders sehen und erleben, denn wir erfassen den feinstofflichen Bereich des Baumes. Wir haben auf einmal eine Hochachtung vor Objekten, die wir bisher eher als leblos und uninteressant empfunden haben – egal ob es ein Stein oder ein Baum ist. Wir sehen hier ein holistisches Farbwellenspektrum, das sich bewegt, das lebt. Das heißt, durch außerkörperliche Erfahrungen ändert sich schlagartig unser Eindruck und unsere Umwelt. Es ist ein Kosmos der wesentlich größer und interessanter ist als der bisher wahrgenommene. Es fängt schon damit an, wenn wir uns zum ersten Mal im Feinstofflichen von unserem Bett erheben und durch den Raum gehen. Wir sehen die Objekte ganz anders. Wir haben auf einmal eine andere Empfindung, einfach deswegen, weil wir in dem Feinstofflichen, in dieser ganz anderen Materie, eine Art Resonanzphänomen aufbauen. Wir müssen uns dieser neu gewonnenen Freiheit bewusst sein, die uns nun begreifen lässt, dass wir uns vorher praktisch in einem Gefängnis befunden hatten. Denn der grobstoffliche Bereich kommt uns nun wirklich wie ein Gefängnis vor. Wir waren je nach Alter zwanzig, dreißig, vierzig, fünfzig, sechzig oder gar siebzig Jahre lang in unserem Erdenkörper, in unserem Raumschiff gefangen gehalten. Und plötzlich machen wir eine Schleuse auf und nehmen auf einmal einen unglaublichen riesigen Kosmos wahr, was uns wie eine Konfrontation mit der Unendlichkeit vorkommt.

Die Fähigkeit zu schweben, zu fliegen, durch Wände zu laufen, Dinge zu betasten, in Kommunikation zu treten mit Objekten, mit anderen Wesen, all das ist eine unglaubliche Bereicherung samt dem Gefühl frei zu sein, jederzeit wieder aus seinem Raumschiff, aus seinem grobstofflichen Körper aussteigen zu können. Und Sie wissen jetzt, dass das Leben etwas ganz anderes ist, als man gemeinhin denkt. Es hört nicht mehr mit dem Sarg oder der Urne auf. Das Leben ist nicht nur Krankheit und Existenzkampf, es ist nicht nur die Familie, sondern hinter all diesem steckt eine größere profundere Realität. Und dieses Wissen, dass das Leben unglaublich viel größer ist, als wir es mit unserem eingeschränkten Erdenbewusstsein erfassen können, wird Ihnen ein unglaublich befriedigendes Gefühl vermitteln, ein Gefühl der Hochachtung vor der majestätischen, gigantischen Schöpfung.

Ja, Sie werden begreifen, dass das Leben unendlich ist und dass es keinen Tod gibt. Viele Menschen mögen zwar gerne an die Reinkarnation glauben, aber meist nagen immer noch Zweifel an ihnen: "Stimmt es denn wirklich oder kommt dann nicht doch das große

Nichts?" Und auf einmal, wenn Sie aus dem Körper aussteigen, werden Sie sich dieser Realität ganz bewusst und wissen: "Ich existiere weiter und werde wiedergeboren. Ich kann dann wieder Erfahrungen sammeln. Es ist einfach ein neues Raumschiff, das ich besteigen werde. Ich als Kommandant habe mit meinem jetzigen Raumschiff, mit meinem jetzigen Körper, bestimmte Erfahrungen gesammelt. Ich werde aber ein neues Raumschiff bekommen, mit dem ich neue Welten aufsuchen werde. Und ich weiß auch, dass ich in einem neuen Erdenleben wieder mit neuen Schicksalsschlägen konfrontiert sein werde. Aber all dem liegt ein höherer Sinn zugrunde."

Nun habe ich über die Möglichkeiten gesprochen, aus dem Körper auszusteigen. Im nächsten Teil des Buches wird *Trutz Hardo* nun darüber sprechen, wie man in der Zeit zurück- und vorwärtsgehen kann, also in frühere Leben oder auch in zukünftige und sogar in parallele Leben. Ich freue mich auf den zweiten Teil, der wunderbar an unseren Out-of-Body-Teil anschließt, denn beide ergänzen sich großartig, da der feinstoffliche Bereich mit dem Phänomen der Reinkarnation ja ebenfalls aufs Engste verbunden ist.

Und nun wünsche ich Ihnen viel Erfolg bei Ihren Versuchen aus dem grobstofflichen Bereich in den feinstofflichen überzuwechseln. Denn die Abenteuer, die man außerhalb des Erdenkörpers oder außerhalb der Jetztzeit, wie sie gleich *Trutz Hardo* beschreiben wird, erfahren kann, sind etwas Großartiges, und Sie sollten sie sich als Erfahrung und Bewusstseinserweiterung nicht entgehen lassen. Vielleicht sehen wir uns bei einem meiner Seminare wieder oder bei jenen, die ich mit *Trutz Hardo* zusammen durchführe. Ich wünsche Ihnen bis dahin viel Freude bei Ihren Entdeckungsreisen.

2. TEIL

OUT-OF-TIME

von

Trutz Hardo

Einleitung

Johannes von Buttlar war mir von mehreren Begegnungen auf Kongressen, seinen Fernsehauftritten und seinen Büchern her bekannt. Da ich wusste, dass er neben seinen vielen wissenschaftlichen Fachkenntnissen zudem ein Experte und Praktiker auf dem Gebiet der außerkörperlichen Erfahrungen ist und außerdem selbst Rückführungen in frühere Leben bei sich und anderen durchgeführt hatte, fragte ich ihn telefonisch, ob er so freundlich sei, mir ein Vorwort für mein Buch *Das grosse Handbuch der Reinkarnation - Heilung durch Rückführung* zu schreiben. Er sagte spontan zu. Und da er mich ebenfalls als Experten für Zeitreisen und als Rückführungstherapeuten durch meine Veröffentlichungen, Fernsehauftritte und Kongressbeteiligungen kannte, fragte er mich ebenso spontan, ob wir beide nicht zusammen Seminare durchführen wollten. Ich willigte erfreut ein. Aus diesem Vorhaben entstanden nun unsere gemeinsamen Seminare mit dem Titel: *AUFBRUCH INS HOLISTISCHE ZEITALTER - REISEN DURCH RAUM UND ZEIT.*[21]

Während eines dieser Seminare bat Johannes mich, einen Freund von ihm, der noch nie eine Einzelrückführung erlebt hatte und den ich Winfried nennen möchte, zurückzuführen, um festzustellen, ob sich beide schon aus früheren Leben kannten. Denn Johannes hatte schon aus eigenen Rückführungen einiges über seinen jungen Freund erfahren und wollte durch mich herausfinden lassen, ob das, was er über ihn und sich in früheren Leben durch Eigenrückschau erlebt hatte, auch stimme, ob also auch von Winfried die gleichen Tatsachen und Zusammenhänge bestätigt würden. Um zu einem unverfälschten Ergebnis zu kommen, hatte er ihm noch nichts Detailliertes von den gemeinsamen früheren Leben berichtet. Zudem wollte der junge Mann wissen, ob er schon eine mongolische Inkarnation gehabt und ob er zudem in früheren Leben politische Verantwortung getragen habe, wolle er sich doch in dem heutigen Leben wieder in die Politik begeben.

Ich begleitete Winfried in sein Schlafzimmer, wo er sich auf sein Bett legte. Er war sehr leicht in einen tiefen Alphazustand zu führen. Er berichtete ausführlich über drei seiner Leben, in welchen Johannes einmal in einem früheren Leben in Arabien die Funktion eines väterlichen Freundes übernommen hatte, in einem anderen Leben in der Mongolei jedoch sein Vater war. Er nannte die Namen von Personen und Orten, beschrieb die oft dramatischen Situationen und die Umstände seines eigenen Todes. Als wir gerade an das Ende des zweiten Lebens angelangt waren, öffnete sich die Zimmertür und Winfrieds Mutter trat herein. Ich stand von meinem Stuhl auf, ging auf sie zu und bedeutete ihr mit Gesten, dass sie uns doch bitte ungestört lasse, weshalb sie das Zimmer leise wieder verließ. Ich kehrte zu dem Bett zurück, vor dem zwei Stühle standen, und setzte mich diesmal auf den anderen Stuhl. Dann ließ ich mir das zweite frühere Leben zu Ende berichten, und wir kamen nun in ein drittes Leben hinein, in welchem Winfried ein orientalischer Herrscher war, der schließlich von Feinden umgebracht wurde. Er beschrieb wiederum im Detail die oft bewegenden Begebenheiten, nannte verschiedene Namen von Personen und Orten. Vor dem Wolkentor das Höhere Selbst befragend, stellte sich heraus, dass die Seele von Johannes in diesem Leben nicht inkarniert gewesen war.

Kurz nachdem ich Winfried wieder in die jetzige Gegenwart zurückgeführt hatte, öffnete sich die Tür und Johannes trat ein. Er behauptete, die ganze Zeit über mit seinem Astralkörper bei uns anwesend gewesen zu sein, denn er saß zuerst uns unsichtbar auf dem zweiten Stuhl, den er jedoch schnell wechseln musste, als ich mich, für ihn unerwartet, auf diesen setzte, nachdem ich Winfrieds Mutter wieder hinauszugehen gebeten hatte. Auch von diesem Umstand wusste er zu berichten. Was für ihn selbst jedoch bedeutend war, war die Tatsache, dass sein Freund genau die Begebenheiten und Namen ihrer gemeinsamen zwei Leben so wiederzugeben in der Lage gewesen war, wie er diese aus seinen eigenen Rückführungen und spontanen Rückerinnerungen bereits wusste. Für ihn war das eine Bestätigung für die Richtigkeit dessen, was er bereits von diesen gemeinsamen früheren Leben erfahren hatte. Doch Johannes konnte auch die Einzelheiten und Namen aus jenem dritten, ihm bis dahin unbekannt gewesenen Leben nennen, in welchem seine Seele nicht inkarniert war. Dies war für mich wiederum der zusätzliche Beweis, dass er wirklich mit seinem Astralkörper anwesend gewesen sein musste.

Ich hatte bis zu jenem Zeitpunkt selbst noch kein außerkörperliches Erlebnis gehabt, obwohl ich schon mehrere Bücher über dieses Phänomen gelesen hatte. Jetzt aber war ich mit einem Mann befreundet, der mit Leichtigkeit nach Belieben aus seinem Körper gehen konnte, um sich spontan mit seinem Astralkörper – wo immer er hin wollte – zu bewegen, und seien die aufzusuchenden Orte noch so fern. Er war nun für mich der überragende Experte für Reisen außerhalb des Erdenkörpers. Ich hingegen war der Experte für Reisen in die Vergangenheit und Zukunft. Als er mir anbot, gemeinsam ein Buch über Raum- und Zeitreisen zu schreiben, willigte ich sofort ein. Dieses Buch sollte aber in erster Linie ein Anleitungsbuch für den Leser/die Leserin sein, eigene Erfahrungen mit Raum- und Zeitreisen durchführen zu können.

A.

Zur Theorie der Zeitreisen

Wer ausführlich über die Theorie der Zeitreisen lesen möchte, dem empfehle ich die Bücher von *Johannes von Buttlar: Zeitriss, Einstein hoch zwei* und vor allem *Zeitreisen,* als auch von *Stephen Hawking: Eine kurze Geschichte der Zeit*. Ich möchte in diesem Kapitel einige Aspekte für das Allgemeinverständnis der praktischen Durchführung von Zeitreisen darlegen, die sicherlich von Interesse sein dürften.

* * *

Die subjektive Zeit

Wenn wir von Zeit sprechen, dann müssen wir sie unterscheiden in subjektive und objektive Zeit. Letztere kann man messen, erstere ist dem persönlichen Empfinden unterstellt. *Albert Einstein* gibt ein treffendes Beispiel über das relative subjektive Zeitempfinden: Steht man eine Minute mit nackten Füssen auf einer heißen Herdplatte, dann kommt einem diese Zeit wie eine Stunde vor. Befinden sich jedoch zwei in Liebe Versunkene auf einer Parkbank, so verstreicht ihnen eine Stunde wie eine Minute. Kinder haben ein anderes Zeitempfinden als Erwachsene. Ebenso erleben Tiere die Zeit anders als Menschen. So wird einer Eintagsfliege die Zeit eines erlebten Tages wie ein langes Leben vorkommen. Über die subjektive Zeit können wir demnach summarisch auf den Menschen bezogen sagen: Je intensiver der Tag erlebt wird, desto schneller vergeht die Zeit, und je mehr wir uns langweilen, desto langsamer erscheint sie uns.

Dieses subjektive Zeitempfinden können wir bei Zeitversetzungen im Alphazustand selbst erleben. Denn in ihre früheren Leben Zurückgeführte erleben oft eine – sagen wir – dreistündige Rückführungsdauer wie eine einzige Stunde, obwohl sie während der Rückführung so viel erlebt haben, dass sie darüber ein ganzes Buch schreiben könnten. Auch in Hypnose kann man einer Versuchsperson, der man eine Stoppuhr mit nur einem Sekundenzeiger vor die Augen hält, suggerieren: "Gleich, wenn du die Augen aufmachst, siehst du eine Uhr mit einem Minutenzeiger vor dir. Dieser benötigt eine Stunde, um eine Umdrehung zu vollenden." Ihm kommt dann auf Befragen hin die Umdrehungszeit tatsächlich wie eine Stunde vor. Das Zeitempfinden ist also auch suggerierbar. Am erstaunlichsten dürfte das subjektive Zeitempfinden bei solchen sein, die klinisch tot waren und danach wieder die Augen aufschlugen.

Denn nach objektiver Zeitmessung waren sie höchstens drei bis fünf Minuten klinisch tot, sodass während dieser Zeit kein Herzschlag und keine Gehirnströme gemessen werden konnten. Doch während dieser kurzen Zeitspanne hatte der Betreffende oft sein ganzes heutiges Leben entweder von klein auf bis zum momentanen Alter oder umgekehrt in allen wichtigen Situationen wiedererlebt. *Stefan von Jankovich* hatte, wie er in seinem Buch *Ich war klinisch tot* beschreibt, in solch einem Zustand nicht nur sein heutiges, sondern auch Auszüge aus seinen früheren Leben wiedererlebt. Er fertigte im Nachhinein Zeichnungen von den wahrgenommenen Orten seiner früheren Leben an und konnte sogar einen Ort anhand der angefertigten Erinnerungsskizzen auffinden. Und da er auch seinen Namen aus jenem früheren Leben im klinisch toten Zustand erfahren hatte, fand er auch sein Grab.[22]

Die subjektive Zeit spielt oft "ver-rückt", denn sie lässt in der Vorstellung der Individuen die Zeiger einer Uhr langsamer oder schneller laufen. Doch wie verhält es sich mit der objektiven Zeit? Kann diese denn auch "ver-rückt" spielen?

* * *

Die objektive Zeit

Die objektive Zeit ist diejenige, die wir messen können, sei es durch Sonnenuhren oder seit einigen Jahrhunderten auch durch mechanische Uhren. Die Präzision der heutigen Digitaluhren ist so genau, dass die besten unter ihnen in tausend Jahren weniger als eine Sekunde von der objektiven Zeit abweichen würden.

Die Entfernungen zu anderen Sonnen oder Fixsternen messen wir in Lichtjahren. Ein Lichtjahr beträgt genau 299 792,458 Kilometer pro Sekunde. Das uns am nächsten beheimatete Sonnensystem innerhalb der Milchstraße ist der *Alpha Centauri*. Dieser hat eine Entfernung von 4,3 Lichtjahren. Das heißt, um diesen zu erreichen, müssten wir mit annähernder Lichtgeschwindigkeit - also mit fast 300 000 Kilometern pro Sekunde - nahezu viereinhalb Jahre reisen. Aber es gibt Galaxien, die Tausende, ja Millionen von Lichtjahren entfernt sind. Und wie *Johannes von Buttlar* in diesem Buch schreibt, gehen die Astronomen zum jetzigen Wissensstandpunkt von einer Universumsbreite von zirka 40 Milliarden Lichtjahren aus. Wie sollte es je möglich sein, solche Entfernungen mit den in der Zukunft zu entwickelnden Raumfahrzeugen zurückzulegen?

Theoretiker der Physik überlegen sich Modelle, wie wir solche Entfernungen einmal überbrücken könnten. So entdeckten Astrophysiker in der Milchstraße ein schwarzes Loch. Würden wir durch dieses hindurchgleiten und am anderen Ende in einem weißen Loch wieder ausgespuckt werden, könnten wir auch die größten Entfernungen in Nullzeit zurücklegen. *Stephen Hawking* wartet dagegen mit einer Wurmloch-Theorie auf. Gleitet man durch solch eine im Kosmos befindliche Röhre hindurch, verkürzt man damit die Zeit, um zu einem weit entfernten Gestirn zu gelangen. Doch es wird noch lange dauern, bis wir Menschen die technischen Möglichkeiten zur Hand haben werden, solche "kosmischen Schnellstraßen" für den Verkehr mit anderen Galaxien zu nutzen.

Nicht nur Fantasten, sondern auch berühmte Physiker haben sich Gedanken darüber gemacht, wie man mit einem Gefährt beziehungsweise mit einer "Zeitreisemaschine" in andere Zeiten eintauchen könnte. *Albert Einstein* war es, der die Theorie aufstellte, dass die Zeit relativ ist. Denn mit der Schnelligkeit der Bewegung verkürze sich die Zeit. Um seine Theorie zu veranschaulichen, gibt er ein Beispiel, das unter dem Namen das *Einstein'sche Zwillingsparadox* berühmt geworden ist. Von zwei nahezu identischen 30jährigen Zwillingsbrüdern bleibt der eine zu Hause und füttert die Katze, während sich der andere als Astronaut in einer Rakete mit einer Geschwindigkeit von 99% der Lichtgeschwindigkeit durch den Weltraum bewegt. Nach fünf Jahren, die er nach seiner Bordzeit gemessen in seinem Raumgefährt verweilte, kehrt er zur Erde zurück. Er ist nun fünfunddreißig Jahre alt und sieht auch so aus. Er trifft seinen Bruder, der jetzt aber 65 Jahre alt ist. Die Jahre in der Rakete waren siebenmal langsamer verstrichen als die auf der Erde. Natürlich war das Stoff für viele Science-Fiction-Autoren.

Einsteins Relativitätstheorie wurde 1972 durch Flugzeug- und dann in späteren Jahren durch Raketen- und Satellitenversuche bewiesen. Man hatte in vier Düsenjägern Präzisionsuhren angebracht, und vier Uhren auf dem Boden aufgestellt, die genau mit jenen Uhren im jeweiligen Flugzeug übereinstimmten. Diese Düsenjäger wurden, um die genaue Geschwindigkeit beizubehalten, jeweils in der Luft neu aufgetankt. Nachdem die mit Höchstgeschwindigkeit angetriebenen Flugzeuge sich nach der Erdumrundung wieder genau über dem Ausgangspunkt eingefunden hatten, verglich man die Uhren mit den am Boden befindlichen und stellte tatsächlich fest, dass diejenigen Uhren an Bord etwas langsamer fortgeschritten waren. Und der Physiker *Hendrik Lorentz* fasst dieses Phänomen in der für die heutige Wissenschaft gültigen Behauptung zusammen, dass Uhren langsamer gehen, wenn sie sich durch den Äther bewegen.

Obwohl die Relativitätstheorie, wie *Hawking* meint[23], der Vorstellung den Garaus mache, dass es eine absolute Zeit gebe, ist doch *Einsteins* relative Zeit nun ebenfalls messbar geworden und muss in einem erweiterten Sinn gleichfalls als objektive Zeit angesehen werden.

* * *

Schneller als das Licht

Einstein war bis zu seinem Tod davon überzeugt, dass sich nichts schneller als das Licht bewegen könne. Er bezog sich bei dieser Behauptung auf die – um mit *Johannes von Buttlars* Worten zu sprechen – grobstoffliche Materie. Doch schon in den 60iger Jahren des zwanzigsten Jahrhunderts hatten die Physiker *Gerald Feinberg* und *George Sudarshan* unabhängig voneinander durch ihr jeweiliges *Tachyonenmodell* nachgewiesen, dass es theoretisch möglich wäre, schneller als das Licht zu reisen. Und der Physiker *Richard Morris* bestätigt diese Theorie, indem er sagt: "Wenn man diese Tachyonen dazu benutzen könnte, Signale auszusenden, dann würde es möglich sein, in die Vergangenheit Botschaften zu senden." Also, wenn es möglich wäre, mit Hilfe der Tachyonen schneller zu sein als das Licht, dann könnten wir unsere eigene Zeit einholen. Denn alles, was sich auf Erden im Licht ereignet, strahlt aus. Wenn diese Ausstrahlungen sich nun mit Lichtgeschwindigkeit bewegen, könnten wir dann schneller als das ausgestrahlte Licht sein. Wir könnten uns in jede dieser Zeitausstrahlungen hineinbegeben und jegliche Erdenzeit wiedererleben und sei sie noch so lange verflossen. Wir könnten die Siegeszüge und Schlachten Alexanders des Großen beobachten, könnten diesen Helden persönlich als unsichtbare Zuschauer erleben, könnten uns ein eigenes Bild von seinem Charakter machen – und jetzt vielleicht mit Entsetzen feststellen, was für ein machtbesessener Egoist dieser hochgelobte Welteroberer wirklich war. Unser Geschichtsbild würde sich in manchem ändern, im Positiven wie im Negativen.

Um zu einer gewünschten Zeit oder zu einer gewünschten Person zu gelangen, müsste man sich auf eine bestimmte Zeit einstellen, beziehungsweise die richtige Eingabe in eine Search-Maschine (Suchmaschine) vornehmen. Eventuell sitzen wir in einigen hundert Jahren am Computer und surfen mittels der Tachyonen in der Geschichte der Menschheit herum. Somit werden einmal alle bisherigen Geschichtsbücher nur noch bedingt Gültigkeit haben, denn wir könnten dann quasi die Geschichte aus erster Hand miterleben und müssten demzufolge erkennen, wo die Geschichtsschreibung Lücken aufweist oder wo sie entgegen den eigentlichen Tatsachen die Begebenheiten und Zusammenhänge falsch dargestellt hat. Gäben wir dann unter "Search" z. B. das Stichwort "Julius Cäsar" ein, wären wir schon auf seiner Tachyonen-Website. Dann könnten wir präzisieren, in welchem Alter, an welchem Ort wir uns sein Leben ansehen wollen. Wir könnten in diese Searchmaschine auch "Cäsar + Cleopatra" eingeben und uns deren Liebesleben ansehen oder gar herunterladen. Vielleicht würde das interessanter sein als alle Liebesfilme. Wir mögen jetzt über solche Visionen lachen. Aber wer hätte nicht vor nur hundert Jahren darüber gelacht, wenn man gesagt hätte, dass wir einmal auf dem Mond landen und sogar andere Planeten aufzusuchen im Stande sein würden, oder dass wir mittels eines Apparates zur gleichen Zeit zu Hause in Europa oder Amerika die Übertragung eines Tennismatches in Australien miterleben könnten. Oder dass wir einmal über Bomben verfügen würden, die in der Lage sind, ein ganzes Land dem Erdboden gleichzumachen. Und an die Supertechnik, die uns heute die Computer bescheren samt der Internetkommunikation, hätte man selbst in den Jahren nach dem Zweiten Weltkrieg noch nicht zu denken gewagt.

Da jede Seele eine spezifische Schwingung hat, könnten wir in der Zukunft auf der Tachyonen-Website nach unserer eigenen Schwingung forschen, die wir in eine Searchmaschine eingeben und dann mittels der Tachyonen unsere Vergangenheiten aus früheren Leben ansehen und auf den Computer herunterladen. Und sofort würden wir unsere früheren Leben aufgelistet sehen, wo wir nur auszuwählen hätten, in welches bestimmte Leben unter den vielen angezeigten wir uns nun hineinbegeben wollten, um alles im Detail wiederzuerleben. Wir benötigten keinerlei Rückführungen mehr und brauchten auch keine Rückführungsseminare mehr aufzusuchen oder CDs für solcherlei Reisen in die Vergangenheit zu benutzen. All das klingt wie "abgefahrene" Zukunftsmusik. Doch vielleicht entdecken wir, wenn wir in die zukünftigen Leben einsteigen, ob diese Utopien bereits Wirklichkeit geworden sind. Bleiben wir jedoch vorerst bei den theoretischen Möglichkeiten, die uns unsere Gegenwart bietet, frühere oder spätere Leben zu sehen oder zu erleben.

Bewegen wir uns also schneller als das Licht, können wir jede ausgestrahlte Zeit einholen und uns in diese hineinbegeben als unsichtbare oder vielleicht sogar als sichtbare Beobachter. Und vielleicht sind einige der Außerirdischen in Wirklichkeit Zukünftige, die in ihre Vergangenheiten zurückgekommen sind, um sich diese anzusehen. Somit könnte ein Außerirdischer mein zukünftiges Ich sein, das irgendwo lebt und sich einmal umsieht, als was es in dieser jetzigen Zeit auf Erden inkarniert war. Oder es betätigt sich gar als ein *Walk-In*, das in mich als sein früheres Ich hineingeht, um einmal zu fühlen, wie ich mich empfinde.

Billy Meyer, der wohl die beweiskräftigsten Filmdokumente für das Vorhandensein von UFOs vorgelegt hat, war, wie er behauptete, selbst in den UFOs. Diese Besucher aus den entfernten Plejaden reisten mit ihm zurück ins irdische Mittelalter und stellten sich dort einem Einsiedler sichtbar vor und unterhielten sich mit ihm.[24] Sicherlich werden wir alle einmal in späteren Jahrhunderten oder Jahrtausenden über die gleichen Möglichkeiten verfügen, wie sie einigen fortschrittlichen Zivilisationen auf anderen Gestirnen, wie zum Beispiel auf *Acheles* heute schon möglich sind.

Ich möchte Ihnen an dieser Stelle meine Theorie von möglichen Zeitreisen vorstellen. Doch will ich mich auf keinen Fall mit den großen Theoretikern der Physik, der Astronomie und der Kosmologie messen wollen. Ich verlasse mich außer auf meinen gesunden Menschenverstand mehr auf die Intuition, auf Durchgaben des Höheren Selbst und auf Ergebnisse, die durch Zeitreisen vermittelt werden können. Wie man festgestellt hat, besteht alles aus

Schwingungen – obwohl sich Physiker noch darüber streiten, ob das Licht nun aus Schwingungen oder aus Teilchen besteht. Alles, was wir durch die fünf Sinne wahrnehmen, besteht aus Schwingungen, die wir messen können. Schon in den zwanziger Jahren des zwanzigsten Jahrhunderts hat man ermitteln können, dass alles, was wir mit unseren fünf Sinnen wahrnehmen können, zwischen 450 und 700 Milliarden Einheiten pro Sekunde schwingt.[25] Auf diesem Schwingungsband befindet sich, da wir es mit dem Sehsinn wahrnehmen, das ganze Milchstraßensystem mit seinen über 100 Milliarden Sonnen, aber auch der ganze sichtbare Kosmos, soweit wir ihn mit Teleskopen wahrzunehmen im Stande sind. Man schätzt die Anzahl der Fixsterne, die ihre eigenen Milchstraßen haben, auf über 200 Milliarden. Doch ein Ende ist nicht abzusehen, da immer wieder neue Sterngebilde "erblickt" werden, sobald neue und verstärkende Teleskope entwickelt worden sind. Doch wenn das Universum rund sein sollte, werden wir wohl nie ein Ende entdecken können, es sei denn, wir kommen wieder an einen Anfang.

Alles, was wir mit unseren fünf Sinnen wahrnehmen können samt dem ganzen erspähbaren Kosmos, befindet sich auf jenem engen Schwingungsband. Warum sollte es aber nicht noch andere Schwingungsbänder von unterschiedlichen Schwingungsfrequenzen geben, die entweder eine geringere oder eine höhere Schwingung als 450 bis 700 Milliarden Hertz pro Sekunde haben. Vielleicht gibt es noch Millionen oder Milliarden andere Schwingungsbänder, die wir allein deswegen nicht wahrnehmen können, weil wir nur auf unser Schwingungsband eingestellt worden sind. Eventuell gibt es auf jedem Schwingungsband oder doch auf den meisten von ihnen ebenfalls ein jeweiliges Universum samt Gestirnen, Planeten und deren Bewohnern. Und vielleicht ist der leere Weltraum voller Gestirne, die wir jedoch nicht entdecken können, weil sie für uns unsichtbar sind. Möglicherweise werden wir Menschen nicht nur von den uns sichtbaren Planeten beeinflusst, sondern auch von den unsichtbaren. Wer weiß. Und eventuell sind Außerirdische nicht notwendigerweise Besucher aus unserem Universum, sondern

Besucher aus Paralleluniversen oder sogar aus ganz anderen Dimensionen. Diese haben, um in unser Schwingungsband einzutreten, entweder ihre Schwingung zu erhöhen oder zu erniedrigen. Sie müssen das Geheimnis herausgefunden haben, wie man sich in der eigenen Welt unsichtbar machen kann, um in einer anderen Daseinsebene sichtbar zu werden, damit man sich dort den Bewohnern auch sichtbar vorstellen kann. Und wir haben soeben bei *Johannes von Buttlar* gelesen, dass es sich umgekehrt genauso verhält. Denn wenn wir in unserem feinstofflichen Körper den grobstofflichen verlassen, können wir Wesen in feinstofflichen Welten – also in Parallelwelten – aufsuchen.

Möglicherweise liegt das Geheimnis der Zeitreisen in der Schwingungsveränderung unserer Physis. Denn dann, auf einem anderen Schwingungsband beziehungsweise in einer anderen Dimension befindlich, werden wir eventuell Möglichkeiten entdecken, mittels Eintauchen in Paralleluniversen in kürzester Zeit zu den entferntesten Gestirnen unseres Universums zu gelangen. Und ebenfalls wird es uns möglich sein, die sich in unserer Dimension der Dualität mit Lichtgeschwindigkeit fortbewegenden Ausstrahlungen wieder einzuholen, um uns dann in die jeweilige Emission einzupendeln, um vergangene Zeiten einzuholen oder, wie wir gleich noch darstellen wollen, durch Reduzierung der Lichtgeschwindigkeit auch zukünftige Zeiten schon in der Gegenwart miterleben zu können. Vielleicht sind die von *Sir John Archibald Wheeler* 1969 theoretisch vermuteten und später astronomisch nachgewiesenen schwarzen Löcher in Wirklichkeit Sichtungen von Universen, die sich auf dicht benachbarten parallelen Schwingungsbändern befinden. Ich glaube, dass die ganz Astrophysik – und nicht nur diese – im Vergleich zu dem, was man noch alles an astronomischen und überastronomischen Naturgeheimnissen entdecken wird, noch in den Kinderschuhen steckt trotz all der gewagten Hypothesen und Theorien, die für uns Heutige schon an das Fantastische grenzen.

* * *

Reisen in die Zukunft

Das Phänomen in die Zukunft zu sehen, hat die Menschheit schon seit jeher beschäftigt. Wahrsager, Seher, Sybillen, Auguren, Sterndeuter, Orakelkundige, Kartenleger, Medien, Traumdeuter, Propheten, Schamanen oder Sensitive wurden aufgesucht, um zukünftige Ereignisse vorherzusagen. Unter den vielen Zukunftsdeutern ragt ein Mann hervor, dessen Vorhersagen mit oft genauesten Angaben eingetroffen sind. Ich spreche von *Michel de Nostradamus*. Er lebte als Arzt im 16. Jahrhundert in Frankreich und war wegen seiner präzisen Vorhersagen schon in seiner Zeit hochgeschätzt, sodass sogar die *Königin Katharina de Medici* ihn aufsuchte, um sich private und politische Ereignisse vorhersagen zu lassen. Hatte er ihr doch auch gesagt, dass alle ihre drei Söhne nacheinander einmal Könige von Frankreich werden würden, was dann auch zutraf. Und ihrem Mann, *König Henry II*, sagte er voraus, dass im Jahre 1792 die Kirche eine große Verfolgung durchzustehen habe und dass eine neue Zeit festgelegt würde. Beides traf für jenes dritte Revolutionsjahr ganz genau zu. Die Kirche wurde verfolgt, man inthronisierte sogar eine Göttin der Vernunft, und mit dem Revolutionskalender wurde eine neue Zeitrechnung eingeführt.

Außerdem sah er die Flucht des *Königs Louis XVI* mit seiner Frau *Marie Antoinette* voraus, ohne deren Namen zu nennen. In einem seiner so genannten *Quatrains* (9,20) heißt es: "In der Nacht wird ein verheiratetes Ehepaar auf verborgenen Wegen durch den Wald von Reins fahren. Sie befinden sich in *Varennes*. Sie ist die Königin, ganz in Weiß gekleidet, und er ist der erwählte König, der in einer Mönchskutte steckt." Tatsächlich ist *Louis der XVI* der erste, wie *Nostradamus* voraussagte, vom Volk erwählte König, obwohl er vorher schon König durch Thronfolge gewesen war. In *Varennes* mussten sie nachts die Pferde wechseln. *Drouet*, ein Abgesandter Offizier aus Paris, hatte sie verfolgt und in ihren Verkleidungen erkannt. Er unterrichtete den dortigen Ortsvorsteher namens *Saulce*, der ein Wein- und Ölhändler war. Auch deren beider Namen hatte der "Prophet" richtig genannt. Die beiden Flüchtigen würden in Verkleidung in dem Ort *Varennes* – hier nannte er also auch den Ort – gefangen genommen werden. Alles sollte sich zweihundertdreißig Jahre später genau so ereignen, als der in cognito reisende König und seine Frau in *Varennes* erkannt und schließlich nach Paris zurückgebracht und dort enthauptet wurden.

In einem nächsten *Quatrain* (9,34) heißt es: "Der Ehemann (also der König) musste nach seiner Rückkehr die Mitra tragen. 500 Mann werden in die *Tuilerien* eindringen, und der Verräter *Narbonne* wird gewählt werden. Während man von *Saulce* Öl bekommt." Tatsächlich zwang man den König vor seiner Hinrichtung auf der Guillotine, eine rote Mütze der Freiheit aufzusetzen, die einer Mitra ähnlich sah. Der *Graf von Narbonne*, der frühere Kriegsminister des Königs, stellte sich gegen den König und wurde deswegen mit einem Amt ausgezeichnet. Und schließlich war auch noch einmal der Name *Saulce* erwähnt, jener Ölhändler aus *Varennes*.

Nostradamus hatte seine Voraussagen für die nächsten Jahrhunderte, ja bis zum Untergang der Welt im Jahre 3797 in Versen wiedergegeben. Das, was er als Visionen in der Zukunft sah, musste er mit seinen zeitverhafteten Vorstellungen beschreiben. Auch musste er – wie Nostradamusforscher meinen – vieles verschlüsselt abfassen, um vor allem nicht mit der Kirche Schwierigkeiten zu bekommen. *Nostradamus* hat also in die Zukunft gesehen und sie so dargestellt, wie er diese mit seinen damaligen Begriffen wiedergeben konnte. Ja, er bekam genaue Jahreszahlen und auch – wie man ersehen kann – präzise Namen.

An dieser Stelle möchte ich eine Vermutung für die Nostradamus-Forschung hinzufügen. Hat vielleicht dieser Prophet jene jeweilige Zukunft besonders genau geschildert, in deren Zeiten er ein zukünftiges Leben hatte? Besonders genau schildert er die

Französische Revolution, sagte auch voraus, dass man 1791 sein Grab öffnen und seine Gebeine finden würde. Aber er schildert auch die Ereignisse der Napoleonischen Kriege samt dem Schicksal seines Verursachers, den er als den ersten von drei "Antichristen" bezeichnet. Und war er eventuell auch in der Mitte des zwanzigsten Jahrhunderts wiedergeboren? Denn er beschreibt auch die Hauptereignisse unter dem zweiten Antichristen, den er *Hisler* statt *Hitler* nennt, in vielen Einzelheiten. Überdies kommt er auch auf den Tod von *Präsident John F. Kennedy* zu sprechen. Vielleicht lebte die Seele von *Nostradamus* im zwanzigsten Jahrhundert ein langes Leben und hat diese ganzen Informationen schon in der Mitte des sechzehnten Jahrhunderts als Vorausschau seiner zukünftigen Leben erkennen können, während er sich Erinnerungen an zukünftige Zeiten, in denen er nicht inkarniert war, durch zukünftiges Schul- und Bildungswissen angeeignet haben könnte? Er spricht zudem auch von dem Kommen eines dritten Antichristen, der noch viel Unheil über die Welt bringen wird. Vielleicht ist *Nostradamus* im Augenblick wiedergeboren und hat in jener Inkarnation in Südfrankreich schon damals diese Ereignisse erkannt, die uns mitzuerleben noch bevorstehen.

Aber *Nostradamus* war nicht der Einzige aus lang zurückliegender Zeit, der die Zukunft präzise vorausgesehen hatte. 1625 beschrieb der deutsche *Johann Engelbrecht* den Sturm auf die Bastille, und die beiden Franzosen *Pierre d'Ailly* und *Pierre Turrel* gaben sogar genaue Daten über die Französische Revolution an, und zwar schon im vierzehnten Jahrhundert.[26] Viele weitere Hellseher und Propheten haben die zukünftigen Ereignisse richtig vorausgesehen. Dieses Phänomen wird Präkognition genannt. Und eventuell werden Sie, verehrte Leser und Leserinnen, bei Ihren Zeitreisen in zukünftige Leben ebenfalls wichtige Informationen über die Zeitereignisse späterer Jahrhunderte erkennen und niederschreiben, die dann in einigen Jahrhunderten zufällig entdeckt und entziffert würden, wobei man Sie als den Propheten des einundzwanzigsten Jahrhunderts entdecken und bewundern dürfte. Und vielleicht steckt in jedem von uns ein *Nostradamus*, wenn wir es nur verstünden, mittels unseres Überbewusstseins in die Zukunft unserer späteren Leben einzutauchen.

Gemäß den theoretischen Modellen müssen wir bei unseren eigenen Besuchen in die Vergangenheit (beziehungsweise die ausgesandten Tachyonen) schneller sein als das Licht. Hier ist also eine Vorwärtsbewegung erforderlich, um die ausgestrahlte Zeit einzuholen. Wenn wir aber schneller reisen können als das Licht und dann allmählich langsamer als die Lichtgeschwindigkeit werden, könnten wir schließlich sogar die Zeit gefrieren und die Zukunft auf uns zukommen lassen. Uns könnte dann die Zukunft so vorkommen, wie jemandem, der sich jetzt als Sterbenskranker tiefgefrieren ließe, um erst dann wieder aufgetaut zu werden, wenn es für seine heute noch unheilbare Krankheit ein rettendes Heilmittel gibt. Wird dieser in hundert, tausend oder zehntausend Jahren wieder aufgeweckt, erlebt er die Zukunft der Menschheit. Doch befindet er sich in seiner Vorstellung gemäß seiner körperlichen Gestalt im heutigen Leben, wenn ihm auch die Umwelt vollkommen anders erscheinen dürfte. Doch wie ist es möglich, die Zukunft schon vorauszuwissen, da die Möglichkeiten, Zukünftiges durch die Tachyonentechnik zu erfahren, noch für Jahrzehnte oder Jahrhunderte ausgeschlossen ist?

Der Philosoph *Plotin* (gestorben 270 n. Chr.) hat ein Modell entwickelt, nachdem auch Zukünftiges im Voraus erkannt werden kann. Wir alle befinden uns in der All-Einheit (das von ihm so genannte "Eine"), in der wir mit Gott wohnen. Dort haben wir keinen Körper, wir sind reiner Geist, haben auch keine Individualität, weil wir mit allem eins sind. Wir befinden uns in zeitloser Glückseligkeit. Wenn wir wollen, spielen wir mit unseren Gedanken und kreieren uns eine Gedankenwelt. Der Zustand, in welchem wir diese kreieren, nennt er das "Nous". Wir Menschen sind sozusagen die beseelten Schöpfungen dieser Gedanken, die schon vor uns waren. Alles, was wir erleben, ist schon vorher im Nous konzipiert und erschaffen worden. Wir sind – um mit Platon zu sprechen – nur die Schatten von höheren Wahrheiten. Doch da wir uns immer in der Einheit aufhalten und im Nous diese Welt und uns selbst erschaffen haben, sind wir auch zugleich jene Selbstschöpfer oder doch zumindest ein Teil von ihnen. Jedoch nehmen wir uns jetzt als dieser geschaffene Teil wahr. Man könnte sich das Nous als einen konzentrierten Punkt in einem großen Kreis vorstellen. In diesem Punkt gibt es keine Zeit. Doch alles, was in dem Nous kreiert wird, wird auf den Kreis nach außen hin in eine Zeitillusion projiziert.

In diesem Nous befindlich erschaffen wir uns aus unserer Vorstellung heraus Welten, die wir mit beseelten Wesen ausstatten. Alles, was sich in der Zeit dort abspielt, ist also schon im Voraus erdacht worden, sodass alles irdische Geschehen im Einzelnen oder im Gesamten ein Nachvollziehen dessen ist, was vorher schon im Geiste vorhanden war. Unser höherer göttlicher Teil, der uns im Nous (selbst-)geschaffen hat, hat auch unsere früheren Leben, die Gegenwart und auch die zukünftigen Leben vorausgeplant. Wenn wir nun unsere Vergangenheiten und unsere Zukunft erleben wollen, dann brauchen wir nur in den Zustand des Nous, in die Gedankenwerkstatt sozusagen, einzukehren und uns von dort aus unsere verschiedenen Erdenleben in Vergangenheit, Gegenwart und Zukunft anzusehen, indem wir auf die Projektionswelten schauen, die sich auf jenem Radius des Kreises befinden. Hier kommt *Plotin* schon den Erkenntnissen sehr nahe, die sich aus Rückführungen in den Urzustand unseres Seins ergeben, welchen der Leser dieses Buches mittels einer später zu beschreibenden Übung selbst aufzusuchen in der Lage sein könnte.

Fassen wir das nochmals zusammen, was aus theoretischer Sicht über Zeitreisen gesagt worden ist. Wenn wir uns schneller als das Licht bewegen könnten, dann können wir die Lichtstrahlen einholen, die wir selbst zum Beispiel vor zehn Jahren ausgesendet haben oder auch diejenigen, die von anderen vor hundert oder tausend oder gar zehntausend Jahren ausgestrahlt worden sind, und könnten uns die Vergangenheit als Gegenwart ansehen. Wenn wir sie eingeholt haben, schwingen wir uns auf jene Geschwindigkeit ein und können alles "in der Zeit" nochmals erleben. Geologen würden Freude daran haben, die ganze Entstehung der Erde bis zur Jetztzeit hin in Auszügen sprungweise mitzuverfolgen. Ebenso können wir auch der Vergangenheit wieder begegnen, wenn der Raum gekrümmt sein sollte, wie in der theoretischen Physik angenommen wird, und Wellen sich bis ins Unendliche innerhalb des gekrümmten Raumes fortsetzen, so sie auf keinen Widerstand stoßen. Wir brauchten uns nur in jenen Krümmungsradius zu begeben, wo die Vergangenheit gerade wieder vorbeikommt. Somit könnten wir uns auch selbst in früheren Leben begegnen. Allerdings werden wir es schwer haben, uns Heutige denjenigen, die wir damals waren, sichtbar vorzustellen, weil wir nicht in deren Vorstellung weilen. Wir könnten uns jedoch in deren Gedanken und Gefühlen einnisten und alles aus ihrer Perspektive nochmals erleben. Und ebenso wäre es möglich, Zukünftiges ebenfalls schon jetzt zu erleben. Denn in gleicher Weise, wie wir unsere über die Lichtgeschwindigkeit hinausgehende Geschwindigkeit erhöhen, um jede ehemalige Gegenwart einzuholen, so könnten wir im umgekehrten Verfahren unsere Geschwindigkeit vorübergehend "gefrieren", um sie erst dann wieder zu aktivieren, wenn die Zukunft auf der Erde lebendig geworden ist. Und wo immer wir uns in die Zukunft hineingeschwungen haben mögen, können wir, indem wir uns wieder auf die Lichtgeschwindigkeit einstellen, diese begleiten, um so lange, wie wir wollen, in dieser zukünftigen Zeit zu verweilen.

* * *

Die Zeit als Illusion

Wie wir erwähnt haben, gibt es für *Plotin* in dem Einen keine Zeit. Raum und Zeit sind aufgelöst. Beide existieren nur in den im Nous geschaffenen Vorstellungen. Auch der Physiker und *Einstein*-Schüler *David Bohm* vertritt die Ansicht, dass das ganze Universum von einem unteilbaren Ganzen eingefasst ist, in welchem es keine Zeit, also Gegenwart, Zukunft oder Vergangenheit, gibt. Und der Kosmologe *Sir John Archibald Wheeler* spricht von einem das ganze Universum begleitenden Hyperraum, in dem es weder Raum noch Zeit gibt, in welchem sich also alle Geschehnisse zeitlos abspielen. Dies alles sind Modelle, die für den heutigen Menschen noch schwer vorstellbar zu sein scheinen. Man scheint immer mehr von der Meinung durchdrungen zu werden, dass das Universum in ein großes rätselhaftes Ganzes eingefügt ist, das zu ergründen noch reine Spekulation ist, ja, dass Raum und Zeit immer mehr als Illusionen aufgefasst werden müssen, da beide uns nur in unseren relativen Wirklichkeiten als real erscheinen, in Realität aber einer höheren Ordnung zuzurechnen sind, in der sich unser Dasein als Zeit- und Raumstruktur auflöst.

Was wäre aber, wenn die Zeit wirklich nur eine Illusion ist, wir aber durch unser Hineingestelltsein in Raum und Zeit Letztere nur als ein Kontinuum erleben, während die Zeit an sich nicht vorhanden ist? Dann wäre die ganze sichtbare Schöpfung in Wirklichkeit nur Vorstellung, in welcher die Zeit nicht existiert. Zukunft und Vergangenheit wären dann wie die Gegenwart im ewigen Hier und Jetzt. Wenn die Zeit ein Aspekt der Vorstellungskraft und als solche Illusion ist, dann muss es auch möglich sein, mit der Vorstellungskraft in jegliche Zeit hineinzureisen, und zwar schneller als das Licht. Wir könnten uns im Nu in andere Länder und selbst auf andere Planeten begeben. Denn wenn es keine Zeit und auch keinen Raum gibt, ist alles gegenwärtig. Doch wenn wir sagen, die Vorstellungskraft ist schneller als das Licht, dann unterliegen wir immer noch dem Zeitgefüge, denn die Vorstellungskraft ist allein der Zeit unterworfen, die wir als Einstellungsdauer auf sie selbst benötigen. Mit anderen Worten: Mittels der Vorstellungskraft können wir uns in No-Time überall hinbegeben. In einem holistischen Konzept müssen wir uns daran gewöhnen, nicht mehr von den bisherigen Vorstellungen von Zeit und Raum als einzig gültige Axiome zu denken, sondern das neue Axiom ist die Raum- und Zeitlosigkeit. Man könnte es auch als Überaxiom bezeichnen, denn die bisherigen an Zeit und Raum gebundenen Axiome sind nur noch relativ zu verstehen.

Nehmen wir also einmal an, wir seien als Geist, der keinerlei Gestalt hat, mit allem eins in der All-Einheit, in welche *Plotin* in vier Erleuchtungserlebnissen Einblicke nehmen durfte. Wir können uns dort mittels der Vorstellungskraft als Wesen individualisieren. Da man mittels der Vorstellungskraft alles kreieren kann, können wir, wie es im Nous geschieht, als Schöpfer beliebig tätig sein, denn alles, was wir kreieren, ist sowieso nur Illusion. Doch können wir uns vorstellen, in diesen Illusionen eine beseelte Gestalt anzunehmen und dabei vergessen zu wollen, dass wir uns in Illusionen befinden. Diese Kreationen der reinen Vorstellungskraft benötigen illusionären Raum und illusionäre Zeit, denn das Vorgestellte soll sich bewegen, braucht also Ausdehnung. Um diese Gedanken anschaulicher darzustellen, möchte ich ein neues Modell vorstellen.

Wenn wir uns nun in dieser All-Einheit aufhalten und unsere Vorstellungskraft aktivieren, könnten wir zu unserem Vergnügen viele Spiele spielen. Und eventuell gibt es dort Computer, vor die man sich setzt, um sich ebenfalls spielerisch zu unterhalten. Diese Computerspiele könnten in dem schon erwähnten Nous durchgeführt werden. Die in der Software befindlichen Programme sind von anderen unseresgleichen schon vorgegeben worden. Mit diesen eingegebenen Programmen könnte man Millionen verschiedener Spiele spielen. Man könnte damit in die verschiedensten Universen eintauchen und sich dort als Lebewesen erleben. Man könnte sich auch dazu entscheiden, in die Dualität, ja vielleicht sogar auf den Planeten Erde zu gehen und sich zuerst dort einmal in verschiedenen Pflanzen und Tierkörpern erleben, um schließlich, so man das Spiel weiterführen möchte, weiterhin als Mensch in mehreren Inkarnationen wiedergeboren zu werden. Doch das Spiel bedingt auch, dass man seine Heimat, also die All-Einheit, völlig vergisst und sich in den vorgestellten Wesen ganz als Seele mit einem Körper fühlt. Man glaubt dann abgeschnitten, getrennt zu sein von dem Einssein, von der Geborgenheit im All-Einen. Denn solche Spiele lassen den Computerspieler in seinen vorgestellten Seelen alle Leiden durchgehen, die sich in den vorprogrammierten Softwareleben befinden. In diese sich völlig vergessend hineinversetzt, erlebt er alle Geschehnisse als absolute Realität. Doch in Wirklichkeit hat er diese Einheit, dieses All-Eins-Sein nie verlassen. Er weilt nur mit seiner Vorstellungskraft in geschaffenen Illusionen, in denen Zeit und Raum regieren. In Wahrheit wohnt er jedoch in der Raum- und Zeitlosigkeit, die weder Anfang noch Ende kennt. Somit sind auch alle früheren, gegenwärtigen und zukünftigen Leben Illusionen. Allerdings bewegen wir uns als Menschen in ihnen, da wir uns im Nous für ein Spiel entschieden haben. Wir werden uns erst wieder dieses Spiels als Spiel bewusst, wenn wir es beendet haben und uns mit dem All-Eins-Bewusstsein wieder vor dem Computer befinden. Und wenn wir wollten, könnten wir uns immer wieder vor solch einen Computer setzen und nochmals in den von uns wahrgenommenen Leben surfen. Wir könnten beliebig von einem Leben vorwärts oder rückwärts in ein anderes springen, wir könnten ein von uns erlebtes Tierleben ansehen und dann herausfinden wollen, in welchen Menschenleben dieses Tierleben noch Spuren hinterlassen hat. Das kosmische Spiel mit den Illusionen ist, wenn man so will, der schönste Zeitvertreib im ewigen Hier und Jetzt.

Wenn sich aber alles im Hier und Jetzt befindet, dann kann es auch keine früheren oder späteren Leben geben. Denn alles ist zur gleichen Zeit in einer Nichtzeit vorhanden. Kann man denn dann überhaupt noch von vergangenen oder zukünftigen Leben sprechen, so es doch gar keine Zeit gibt?

Stellen wir uns als Vergleich einmal vor, dass auf einer Schallplatte alle unsere vergangenen und zukünftigen Leben aufgezeichnet seien, wobei jede Rille ein einziges Erdenleben erklingen beziehungsweise in Erscheinung treten lässt. Wir durchlaufen mit dem heutigen Leben diese eine Rille und können uns an das meiste, das wir schon auf dieser Vertiefung durchlaufen haben, erinnern, vor allem an das, was noch vor kurzem auf dieser Rille zu hören beziehungsweise zu erleben war. Jedoch alles, was auf der vorhergehenden Furche erklang, darüber haben wir keine Erinnerung mehr, denn unser Gedächtnis ist allein auf das Geschehen der gegenwärtigen Rille eingestellt worden. Sagen wir, diese Schallplatte hat eintausend Vertiefungen. Die gegenwärtige ist die achthundertfünfzigste. Mit Sicherheit sind alle vorhergehenden ebenfalls abgespielt worden, obwohl wir keinerlei Erinnerung daran haben. Und mit Sicherheit werden auch die noch nicht abgespielten einhundertfünfzig Rillen auch noch abgespielt werden und von uns in der jeweils vor uns liegenden Rille, das heißt in einem zukünftigen Leben, ebenfalls gehört beziehungsweise erlebt werden. Doch die ganze Schallplatte ist schon fertiggestellt, bevor die individuelle Seele als Saphir in die erste Rille gelegt wird.

Oder wir könnten all unsere früheren und späteren Leben samt dem jetzigen mit dem Inhalt eines dicken Buches vergleichen. Jede Seite in diesem Buch ist ein Erdenleben. Viele, die behaupten: "Ich habe mit dieser einen Seite genug zu tun, was kümmern mich frühere Leben", können sich nicht vorstellen – sagen wir, die jetzt aufgeschlagene Seite ist wiederum die achthundertfünfzigste in dem tausendseitigen Buch –, dass die Zusammenhänge der jetzt gelesenen Seite in ihrem Inhalt viel verständlicher werden würden, wenn man sich an die Begebenheiten und Zusammenhänge der vorherigen

Seiten noch erinnern könnte. Denn dann wüsste man auch, in welchem Bezug die einzelnen Personen zu einem stehen, warum sie also wieder im heutigen Leben aufgetaucht sind, und man ersieht dann auch, warum einem das eine und das andere passieren musste, da diese sich eventuell als Konsequenzen früherer verfehlter Lernschritte – zum Beispiel als karmisch auszugleichendes und darum notwendiges Geschehen – darstellen. Doch wenn der Leser auch noch die letzten Seiten seines Lebensbuches gelesen haben wird und somit auch all seine zukünftigen Leben kennen gelernt hat, dann wird er erst den ganzen Umfang dieses Werkes überblicken können, wird die höheren Bezüge erkennen, den Sinn des Ganzen erfassen und auch sicherlich über die vielen verwinkelten Wege staunen müssen, bis seine Schritte ihn zurück ins Licht geführt haben. Der Zeitreisende im holistischen Zeitalter wird allmählich zu einem Kenner seines ganzen Lebensbuches und wird den Sinn seines Daseins durch das Erkunden all der mit seinem Leben zusammenhängenden Bezüge erkennen. Das Leben wird somit zu einem zusätzlichen Abenteuer. Er ist, wie wir schon sagten, nicht mehr nur der Gespielte auf der Bühne, sondern er sieht sich das Bühnenstück zugleich aus dem Parkett mit an. Sein Bewusstsein erhält dadurch eine zusätzliche Dimension. Holistisch zu denken bedeutet demnach Dimensionserweiterung.

Alle Leben, welche die Seele durchleben wird, sind schon vorhanden, und zwar im Hier und Jetzt, in der Raum- und Zeitlosigkeit, wo das betreffende Buch verfasst worden ist. Und wir wiederholen nochmals die oben gestellte Frage: Kann man denn dann überhaupt noch von vergangenen oder zukünftigen Leben sprechen, so es doch gar keine Zeit gibt?

* * *

Das Unterbewusstsein als Speicher unserer früheren Leben

Ja, natürlich gibt es frühere und zukünftige Leben, wie es auch das gegenwärtige gibt. Aber es sind Leben in der Illusion. Und als solche sind sie tatsächlich vorhanden, genauso wie unsere Träume Illusionen sind und trotzdem für uns im Traumgeschehen als Realität erlebt werden. Doch innerhalb dieser Illusionen ist uns Seelen ein Unterbewusstsein beigefügt, in welchem alles aufgezeichnet ist, was auf den Rillen der Schallplatte vor jener gegenwärtigen Rille schon erfahren beziehungsweise von der Seele bei ihrem Spaziergang durch die vielen Erdenleben schon durchlebt worden ist. Dieses Unterbewusstsein ist wie bei einem Computer die Festplatte beziehungsweise der Speicher, auf welchem alles aufgezeichnet ist, was immer die Seele in den verschiedensten früheren Leben mit all ihren Gefühlen, Gedanken, Worten und Taten durchlebt hat. Und es ist für uns relativ einfach, an diese Speicherungen in unserem Unterbewusstsein heranzukommen.

Die Techniken werden im praktischen Teil dieses Buches aufgezeigt, sodass bei den meisten Lesern, die diese Reisen in frühere Zeiten durchführen wollen, kaum Probleme bestehen werden, sich frühere Leben anzusehen beziehungsweise diese wiederzuerleben. Dazu benötigen wir also keine Zukunftstechnik, wie sie das *Tachyonenmodell* vorweist. Jedoch sind in unserem Unterbewusstsein nur jene Leben aufgezeigt, die wir als Seele selbst erlebt haben. Wir können also aus unserem Unterbewusstsein nicht die Leben von anderen Personen oder anderen Zeiten hervorholen, in denen wir nicht selbst anwesend waren, da diese dort nicht gespeichert sind. Im Unterschied zu dem von *Johannes von Buttlar* dargestellten Techniken gehen wir nicht aus dem grobstofflichen Körper heraus, sondern wir sehen uns mit unserem Bewusstsein im Trancezustand die feinstofflichen Speicherungen an, die in unserem Unterbewusstsein vorhanden sind.

In diesem Unterbewusstsein sind also alle Erlebnisse aufgezeigt, welche die Seele seit ihrer Erstgeburt als Seele erlebt hat. Wir sind in unserer Essenz reiner Geist, der in der ewigen All-Einheit beheimatet ist. Auch jetzt, während Sie diese Zeilen lesen, befinden Sie sich in der All-Einheit. Wir sind in Wahrheit immer Zuhause. Doch in dieser befindlich haben wir uns eine Seele geboren, die alles erlebt und das Erlebte speichert, was immer sie in den Vorstellungen an Gefühlen und Erlebnissen erfährt. Die Geburt der Seele ist ein von uns mittels unserer Göttlichkeit geschaffener Akt. Und das Unterbewusstsein ist das Seelengedächtnis, das der Seele durch alle zu erlebenden Vorstellungswelten, seien diese im Diesseits oder im Jenseits, beigefügt ist, und zwar in gleicher Weise, wie das Gedächtnis der sich im heutigen Leben befindlichen Seele als Erinnerungsspeicher beigegeben ist. Wir unterliegen als Menschenseelen einem programmierten Mechanismus, der bewirkt, dass unser Gedächtnis sich nur auf das gerade zu durchlebende Leben bezieht und abgetrennt worden ist von dem Seelengedächtnis. Denn würden wir uns in dem jetzigen Leben an alle Begebenheiten unserer früheren Leben erinnern, könnten wir uns gar nicht intensiv genug auf das jetzige Leben konzentrieren. Denn für denjenigen, der in der All-Einheit vor seinem Computer sitzt, besteht der Reiz des Spiels ja gerade darin, jedes Leben mit seiner vorgestellten Seele in einem jeweils anderen Körper so intensiv wie möglich zu durchleben, ohne sich dabei von anderen Erdenleben vorerst ablenken zu lassen.

Wir, verehrte Leser und Leserinnen, sind jedoch als Computerspieler an einem Punkt dieses Spielens angelangt, wo wir im jetzigen Leben auch die Zusammenhänge zu vergangenen und zukünftigen Leben aufdecken dürfen, um zu einem höheren Bewusstsein zu gelangen. Denn der Mensch im holistischen Zeitalter beziehungsweise der Mensch mit einem holistischen Bewusstsein wird jener sein, der sich der Illusionen des Daseins bewusst ist, der sich beliebig seine früheren oder späteren Leben ansehen kann, und der auch - so er will - seinen Erdenkörper zu verlassen in der Lage ist, um wo auch immer hin reisen zu können, sei es in die Räumlichkeiten dieses Lebens hinein oder sogar auf andere Gestirne.

Solche von uns ausgewählten Computerspiele könnten heißen: *Finde den Weg von der Unwissenheit zum Wissen* oder ... *vom Ego zum Wir* oder ... *von der Lieblosigkeit zur Liebe.* Die Anzahl der Erdenleben würde dann von der Schnelligkeit abhängen, die die betreffende Seele erreicht, um an das jeweilige Ziel zu gelangen. Die eine Seele mag dafür hundert Erdenleben benötigen, eine andere fünfhundert oder fünftausend. Denn Zeit spielt bei diesem Spiel absolut keine Rolle.

Das Unterbewusstsein hat also seit seiner Entstehung mit der Geburt der Seele alles gespeichert, was diese bisher erlebt hat. Sie mag sich zuerst auf anderen Planten aufgehalten haben oder sogar in anderen Dimensionen, sie mag sich auch auf diesem Erdplaneten zuerst in einem Stein, in einer Pflanze oder in einem Tier einmal oder viele Male manifestiert haben, bevor sie sich als Seele in einem menschlichen Körper niederließ. Und in diesem Seelengedächtnis sind auch die jenseitigen Erlebnisse verzeichnet, welche die Seele in ihren Zwischenleben auf einer höher schwingenden Daseinsstufe erlebt hatte. Alles dies kann durch die noch zu beschreibenden Techniken abgerufen beziehungsweise wiedererlebt werden. Doch wie steht es mit dem Erleben von zukünftigen Leben, die also noch nicht im Seelengedächtnis verzeichnet sind?

* * *

Das Überbewusstsein als Zugang zu unseren zukünftigen Leben

Im Computerzeitalter lassen sich viele Dinge besser verstehen, als es noch vor Jahrzehnten der Fall war. Das Gehirn besteht aus zwei unterschiedlichen Teilen, aus der linken und der rechten Gehirnhälfte. Die linke Hälfte ist die männliche, auch die *Yang-Seite* genannt. Diese nimmt alles, was die fünf Sinne dem Menschen zutragen, auf, um das, was wichtig erscheint, im Gedächtnis festzuhalten, während das Unwichtige meistens abgewiesen wird. Doch alles, was die linke Gehirnhälfte, die alles analysieren und kontrollieren möchte, aufnimmt oder auch abweist, wird trotzdem automatisch in der rechten Gehirnhälfte, der weiblichen, der *Yin-Seite*, in einem Zentralspeicher aufgezeichnet, wie auf einer gigantischen Festplatte. Alles, was die Gefühle, die Intuition und die Träume beinhaltet, geht direkt in die rechte Gehirnhälfte hinein und wird ebenfalls in der Zentralspeicherung verzeichnet. Hier ist nun alles an Informationen und Gefühlen gespeichert, was die Seele nicht nur in diesem Leben, sondern in allen vorausgegangenen Leben als Mensch, Tier, Pflanze, Stein und auf anderen Gestirnen oder in anderen Dimensionen erlebt hat.

In diesem Unterbewusstsein ist eine Einrichtung angebracht, die uns befähigt, über unsere eigenen Seelenspeicherungen hinaus wie ein Internetanschluss Informationen von anderen gespeicherten Quellen zu erhalten. Dadurch erlangen wir ein Überbewusstsein, das über unsere selbst erlebten Erfahrungen hinausgeht. Wir können hierdurch an die Aufzeichnungen gelangen, die im Nous, in der Planungsebene des Hier und Jetzt, ausgedacht worden sind. Denn wie wir schon erwähnten, sind hier in der Zeitlosigkeit alle Ereignisse in der Zeit vorhanden, handele es sich dabei um vergangene Zeiten oder um noch zukünftige. Nicht allen Lesern wird es möglich sein, ohne längeres Einüben schnell in dieses Überbewusstsein einzusteigen, um sich in die überdimensionale Speicherung des Nous einzuklinken und somit über ihre zukünftigen Leben Auskunft zu erhalten.

Über dieses Überbewusstsein können wir auch von den so genannten "Links" Gebrauch machen, die es uns ermöglichen, parallele Leben aufzusuchen, Leben also, die von anderen Menschenseelen gelebt werden, die jedoch zur selben Seeleneinheit gehören. Denn derjenige, wie wir oben beschrieben haben, der in der All-Einheit am Computer sitzt, kann sich zu einem Spiel entschieden haben, in welchem er sich eine Doppelseele oder eine dreigeteilte, vier- oder fünfgeteilte Seele (selten mehr) aneignet, die er durch die verschiedenen Erdenleben wandern lässt, wobei er diese eventuell auch in einigen Leben zusammenführt, um sie sich als Seelenpartner erleben zu lassen – oder was immer er sich dabei ausdenken mag.

Denn mittels des Überbewusstseins können wir auch schließlich zu diesem Spieler gelangen. Wenn wir so wollen, ist er der Gott, der uns spielt. Und wenn wir uns länger in diesem Überbewusstsein aufhalten, vereinigen wir uns wieder ganz mit dem Superbewusstsein, über das dieser Spieler verfügt. Mit diesem können wir auch das Einsseinsgefühl in der All-Einheit erleben, das mit Worten gar nicht zu beschreiben ist. Es ist einfach göttlich, höchste Seligkeit und Liebe.

Wir selbst sind dieser sich am Computer befindende Spieler, und wir wohnen in dieser göttlichen All-Einheit. Wer dieses einmal durch eine Rück- oder Vorausführung erfahren hat, wird nie wieder niedergeschlagen sein können, denn wir sind immer zu Hause, auch wenn wir uns augenblicklich in ein angespanntes und nervenaufreibendes Spiel begeben haben. Und wenn wir die irdischen Zusammenhänge aus dem richtigen höheren Blickwinkel heraus verstanden haben, sollte es uns eigentlich gelingen, trotz allen Widerwärtigkeiten des Lebens immer glücklich zu sein. Denn in diesem Spiel der Illusionen haben wir die Möglichkeit, das Spiel mit Freude zu beenden, um dann unsere volle Göttlichkeit im All-Einen weiterhin zu genießen, bis wir wieder Lust und Laune haben, ein neues Spiel zu beginnen.

* * *

Der freie Wille im kosmischen Spiel

Wir, die wir auf Erden leben, befinden uns in einer linear ausgerichteten Vorstellung von Zeit wie auch in der dreidimensionalen Raumvorstellung. Jeder Augenblick, so er gerade vorbei ist, gehört schon der Vergangenheit an. Und der nächste Augenblick kommt aus der Zukunft auf uns zu. Oft hängen wir dabei mehr dem Vergangenen oder dem Zukünftigen an und lassen die Gegenwart nahezu teilnahmslos an uns vorbeiziehen. Aus unserem Denken heraus scheint es unmöglich zu sein, dass die Zukunft schon festgesetzt sein soll, so sich schon bald Ereignendes nicht aus Anzeichen heraus abzeichnet. Wenn also im Nous schon alles vorher ausgedacht worden ist, dann ist also auch alles vorherbestimmt, und unsere Entscheidungen sind schon getroffen, bevor wir überhaupt daran gedacht haben, wie wir uns entscheiden wollen. Die Willensfreiheit ist also illusorisch, wie alle Zeit illusorisch ist.

Jedoch ist Folgendes zu bedenken: Gibt es keine Zeit, dann kann nicht etwas vorher sein, was sich erst nachher darstellt. Denn alles befindet sich in der Gleichzeitigkeit jenseits von Zeit. Ob ich mich als Mensch für die eine Sache entscheide oder nicht, ist meinem freien Willen unterworfen. Es kann also nicht vorentschieden worden sein, da ein Vorgegebenes zeitlich bedingt sein müsste. Es gibt in der Zeitlosigkeit kein Vorher und kein Nachher. Deshalb kann man weiterhin in der Illusion verharren, dass wir einen absoluten freien Willen haben.

Da wir also immer in der All-Einheit zu Hause sind, in welcher es keine Zeit und keinen Raum gibt, und uns in dieser befindend Vorstellungen schaffen, kann auch dieser Vorstellungsakt keiner Zeit unterliegen, obwohl die kreierten Vorstellungen als Illusionen Zeit und Raum beinhalten. Der überkosmische Spieler in der Zeitlosigkeit, der wir selber sind, spielt sich selbst in den verschiedenen

Zeit- und Raumebenen der Illusionswelten. Alles, was sich nun abspielt, ist von ihm so gewollt. Es ist sein freier Wille. Auch wenn die von ihm gespielte Seele denkt, dass sie freie Entscheidungen trifft, dann sind das diejenigen seiner Selbst im ewigen Hier und Jetzt. Aber da es keine Zeit gibt, sind die gefällten irdischen Entscheidungen eben auch diejenigen, welche die Seele in dem betreffenden Leben fällt. Ebenso wie sich die Frage erübrigt: Wer war zuerst da, die Henne oder das Ei – denn beide waren zugleich vorhanden – , so erübrigt sich auch die Frage, ob mein irdisches Ich eine Entscheidung getroffen hat, oder ob diese von meinem göttlichen Selbst, eben jenem Spieler, getroffen worden ist.

Ich wiederhole mich noch einmal mit anderen Worten, um den Sachverhalt ganz klar zu verdeutlichen. Da alles eins ist und es keine Zeit gibt, gibt es auch an sich keine Vorkonzeption, keine Prädestination. Denn dann wäre ja Zeit als solche involviert. Somit ist jeder Ausdruck unseres freien Willens auf Erden auch an sich frei. Die so genannte Vorauskonzeption in der Zeitlosigkeit beinhaltet schon unseren freien Willen. Wir sind also in unseren Entscheidungen nicht festgelegt. Wir können in der jetzigen Zeitillusion aus freiem Willen alles bewirken, was immer wir tun wollen. Denn für was auch immer wir uns entschieden haben, es ist gleichzeitig im Nous als Tat so vorgesehen. Es gibt kein Vorher und kein Nachher. Und somit können wir sagen: Was immer wir tun ist unserem freien Willen unterstellt.

* * *

Das Höhere Selbst

Das Höhere Selbst ist praktisch unsere Brücke zur All-Einheit. Es ist höchstes Bewusstsein und verbindet uns mit unserer wahren Zugehörigkeit. Es weiß alles über uns, kennt alle unsere früheren und späteren Leben. Es ist Teil der Göttlichkeit, und diese freut sich, wenn wir bemüht sind, zu höherem Bewusstsein zu erwachen. Ja, es ist uns sogar darin behilflich, den Grund unseres Hierseins auf Erden wie auch den Grund des Seins finden zu wollen.

Das Höhere Selbst ist die innere Instanz, die, so wir darum bitten, in den meisten Fällen die Verbindung herstellt, damit wir zu unserem Unterbewusstsein gelangen oder uns mit dem Überbewusstsein verbinden können. Das Höhere Selbst sind wir selbst, sobald wir aus den Illusionen wieder erwacht sind im göttlichen Bewusstsein, über das wir in der All-Einheit verfügen. Denken wir an den Spieler vor dem Computer in der göttlichen All-Einheit. Dieser hat ein doppeltes Bewusstsein. Er weiß, dass er in der All-Einheit zu Hause ist. Doch während er sich in dieses Computerspiel mit seinem überkosmischen Bewusstsein hineinbegibt, konzentriert sich ein Teil von diesem ganz auf das darin Vorgestellte, wird total darin absorbiert. Dieser Teil vergisst, wo und wer er eigentlich ist, da er sich ganz in den Welten und Leben befindet, die sich ihm als Illusionen von Zeit und Raum vorstellen und die er mit seinen Gedanken, Gefühlen und Sinnen durchlebt.

Werden wir uns als jene sich in den Illusionen befindliche Seele bewusst, dass wir uns in einem Spiel befinden, dass wir in Wahrheit mit unserem göttlichen Bewusstsein spielen, dann fällt es uns immer leichter, dieses jetzige Leben mit Freude zu leben. Es gibt keinerlei Depressionen oder Ängste mehr, denn wir wissen: alles ist nur Spiel. Wir sind ewig zu Hause in der Geborgenheit der göttlichen All-Einheit. Es gibt nichts, wovor wir uns zu fürchten hätten. Wir sind nicht nur diejenigen, die auf der irdischen Bühne als Schauspieler gemäß einer Vorlage ein Stück aufführen, nein, wir sind auch zugleich die Autoren dieses Stückes. Wir wissen, warum das Stück so und nicht anders gespielt werden muss. Und wenn wir vergessen haben, warum wir eine bestimmte Szene so zu spielen haben, wie sie der Text vorschreibt, dann können wir uns in der Meditation mit dem Höheren Selbst verbinden und nach dem Grund dafür fragen – und wir erhalten Antwort. Das heißt, wir können uns, so wir uns im holistischen Bewusstsein befinden – und dieses Buch möchte uns zu diesem führen –, jederzeit mit dem Höheren Selbst verbinden und alles hinterfragen. Denn das Höhere Selbst erlebt alle unsere Leben simultan, da es für dieses keine Zeit gibt. Alles ist für das Höhere Selbst gegenwärtig.

Um mit dem Höheren Selbst in Kontakt zu kommen, brauchen wir nur in die Stille zu gehen. Wir schalten alles Denken aus und bitten unser Höheres Selbst, uns Antwort auf unsere Fragen zu erteilen. Auf einmal hören wir eine unausgesprochene innere Stimme, mit der wir uns unterhalten können. Sie kann uns alles beantworten. Sie mag auch sagen, dass sie mit der Beantwortung einer Frage noch warten will, damit wir eine bestimmte Begebenheit noch ganz intensiv durchleben. Das Höhere Selbst ist das Superbewusstsein des göttlichen Spielers, dass dem Gespielten mitteilen kann, warum das auf der irdischen Bühne Durchlebte erlebt sein will. Es gibt aus der Zeitlosigkeit heraus die Gründe an, warum die augenblicklichen oder vergangenen in der Zeit erlebten Geschehnisse erfahren werden wollen oder wollten. Es wird aber kaum Hinweise geben auf die Begebenheiten, die noch in dem heutigen Leben vor einem liegen, denn das würde uns, den Gespielten, die Lust am Spiel verderben. Bekanntermaßen liegt der Reiz dieses Gespieltwerdens darin, dass wir als Akteure auf der Erde von allem, was vor uns liegt, überrascht werden wollen. Wüssten wir schon alles, was sich demnächst, bald oder in der weiteren Zukunft abspielt, wäre dieses Leben reizlos, langweilig und uninteressant. Deshalb wird das Höhere Selbst uns auch erklären, warum wir verschiedene Dinge noch nicht wissen sollten.

Man kann das Höhere Selbst demnach alles fragen, was immer man wissen möchte, denn es weiß alles, wird aber nicht auf alles eine Antwort geben wollen, da es uns vielleicht noch vorenthalten ist, die Antwort selbst zu finden. Man kann diesen Kontakt auch ausnützen, um sich zu allgemeinen oder ganz speziell auf einen selbst bezogenen Fragen Antwort geben zu lassen. Wer einmal diesen Kontakt zu seinem Höheren Selbst hergestellt hat, wird sich auch nie wieder allein fühlen, denn er weiß, dass er einen inneren Begleiter hat, der immer bei einem ist und einem jederzeit mit Rat zur Seite steht.

Besonders nach dem Erleben eines anderen Lebens ergibt sich die Möglichkeit, mit dem Höheren Selbst alles zu besprechen, was man gerade erlebt hat. Denn bei diesen Besuchen in den verschiedenen Leben mag das ein oder andere unklar geblieben sein. Man hat vielleicht einen Namen nicht richtig gehört oder die Jahreszahl ist ungenau vermittelt worden. Man kann sich also nochmals vergewissern, ob man die Zusammenhänge richtig verstanden hat. Und man kann natürlich fragen, ob die Seelen der in jenen Leben erlebten Personen im heutigen Leben wiederum inkarniert sind.

Das Höhere Selbst weist uns auch gerne auf die höheren Zusammenhänge hin, erklärt uns, warum die Dinge so und nicht anders sein sollen, erklärt uns ebenso die Regeln des Spiels, das wir spielen – zum Beispiel die karmischen Zusammenhänge –, deckt uns auch auf, warum wir mit den betreffenden Personen zusammenkommen sollen, welche Bedeutung sie in unserem Leben haben und welche Verbindungen zu ihnen aus früheren Leben bestehen. Es wird uns gerne – wie wir es dann im praktischen Teil erleben – mit unseren früheren Leben verbinden, uns den Zugang zu unserem Unterbewusstsein öffnen, und wird uns auch, wenn wir dazu bereit sind, an das Überbewusstsein anschließen. Wir können uns nach einiger Übung mit dem Höheren Selbst direkt verbinden. Am leichtesten gelingt es uns, diese Verbindung herzustellen, wenn wir uns in den Alphazustand begeben.

* * *

Der Alphazustand

Der Alphazustand ist derjenige, der sich zwischen dem Wach- und dem Schlafzustand befindet.[27] Wenn wir uns müde in das Bett legen, dann gleiten wir aus dem Wachzustand (Betawellenbereich) durch den Alphazustand sehr schnell hindurch, um in den Schlafzustand (Thetawellenbereich) zu gelangen. Umgekehrt verhält es sich am Morgen, wenn wir aufwachen und, aus dem Thetazustand kommend, den Alphazustand durcheilen, um uns dann wieder im Betazustand zu befinden. Es gibt aber Techniken, sich länger in dem Alphazustand aufhalten zu können, ohne in den Thetazustand hineinzugleiten oder sofort zurück in den Betazustand zu gelangen. Diese Induktionen in den Alphazustand werden im praktischen Teil dieses Buches beschrieben.

Der Alphazustand wird in sechs Tiefenstufen eingeteilt, und zwar von 13 bis 8 Hertz. Je tiefer wir in diesen eintauchen können, desto realer und plastischer wird das darin Erlebte. So man nur in den beiden oberen Bereichen verweilt, sind die plötzlich auf dem inneren Monitor erscheinenden Bilder ungenau oder werden gar als Unsinn vom Verstand, der immer noch intervenieren kann, abgewiesen. Je mehr wir jedoch die linke Gehirnhälfte, das heißt, das verstandesorientierte und analysierende Denken, ausschalten, desto tiefer dringen wir in die mittleren Bereiche des Alphazustandes ein. Hier erhalten wir nicht nur Bilder, sondern auch zusammenhängende Szenen aus den aufzusuchenden Leben. Doch es ist wichtig, sich in die beiden untersten Stufen des Alphazustandes einzufinden, was etwa einem Viertel der Leser und Leserinnen sofort gelingen sollte, während die übrigen die Einstiegsmethoden öfter einzuüben haben, um ebenfalls die für echte Zeitreisen erforderliche Tiefe einnehmen zu können.

Befindet man sich in der fünften oder sogar in der sechsten Tiefenstufe, dann erlebt man die inneren Bilder und Szenen, als ob alles reale Gegenwart wäre. Man erhält die Namen aus den aufgesuchten Leben, die Jahreszahlen, man erlebt alle Gefühle.

Ich halte in Einzelrückführungen manchmal dem sich in einem früheren Leben Befindlichen einen Block und einen Stift hin und lasse ihn seinen vollen Namen, sein Geburtsdatum samt dem Geburtsort in seiner damaligen Handschrift aufschreiben. Somit hat er, wenn er sich späterhin nicht mehr an diesen Namen erinnern kann, ein Dokument zur Hand und kann, so er möchte, nachforschen, ob diese Person wirklich in einem früheren Leben gelebt hat. So ist es einer von mir Zurückgeführten gelungen, tatsächlich eines ihrer früheren Leben zu verifizieren.[28]

In jenen beiden tiefsten Stufen des Alphazustandes wird zumeist auch der innere Dialog mit dem Höheren Selbst hergestellt. Hat man die tonlose Stimme des Höheren Selbst einmal in solch einem Tiefenzustand vernommen, dann ist – um es mit einem Vergleich zu verdeutlichen – zu diesem die Telefonverbindung installiert worden, und man könnte jederzeit mit ihm telefonieren, was in Meditationen bestens gelingt. Wer im holistischen Bewusstsein weilt, wird nach Belieben von dieser großartigen Telefonverbindung Gebrauch machen wollen.

Das Höhere Selbst wird auf Nachfrage nach Beendigung eines aufgesuchten Lebens genau sagen, welche der in jenem anderen Leben vorgefundenen Personen im heutigen Leben lebt. Es wird weiterhin erklären, warum man in jenen Leben mit diesen Seelen zusammengekommen war und warum man ihnen im heutigen Leben wieder begegnet. Auch wird es die Zusammenhänge des Geschehenen darlegen, auf karmische Aspekte hindeuten und eventuell auch Hinweise geben, was man im heutigen Leben noch verbessern könnte, um ein harmonischeres Leben zu führen.

Im tiefen Alphazustand nimmt man das Geschehen aus sich heraus wahr. Man ist mit seiner Seele und seinem Geist in einem irdischen Körper. Man sieht sich also nicht selbst, es sei denn, man ist gestorben und entdeckt seinen Leichnam unter oder vor sich, oder man unternimmt in einem anderen Leben gerade eine Astralreise und kann seinen Erdenkörper aus einer anderen Perspektive wahrnehmen.

Aus dem Alphazustand wieder in das Tagesbewusstsein, also in den Betazustand, zurückgekehrt, wird der Zeitreisende alles, was er erlebt, erfahren und gefühlt hat, in seinem Gedächtnis behalten, da am Schluss einer Rück- oder Vorausführung immer programmiert wird, sich an das Erlebte weiterhin erinnern zu können. Trotzdem ist es ratsam, das Erlebte gleich nach einem Besuch in ein anderes Leben aufzuschreiben, da sich das ins Gedächtnis Eingeprägte mit der Zeit wieder auflösen könnte.

Der sich im Alphazustand Befindliche hat genau wie jener überkosmische Spieler ein doppeltes Bewusstsein. Wie dieser weiß er, dass er sich sowohl in dem ewigen Hier und Jetzt, in jener All-Einheit, befindet und zugleich als selbst erschaffene Seele in die verschiedenen Illusionswelten eingetaucht ist. Genauso wird auch der/die LeserIn dieses Buches, so er/sie die verschiedenen Zeitreisen unternimmt, sich sowohl in den einzelnen Leben aufhalten, als auch mit Bewusstsein in seinem heutigen Hier und Jetzt verbleiben. Dieses irdische doppelte Bewusstsein nennt man das elliptische Bewusstsein, da eine Ellipse über zwei Brennpunkte verfügt. Das heißt auch, dass der Zeitreisende in der Lage ist, seine Reisen selbst zu steuern, sich bei seinen Reisezielen mit voller Wahrnehmung an den betreffenden Orten aufhält und trotzdem weiß, dass er zugleich auch im heutigen Leben zu Hause ist.

B.

Die Praxis der Zeitreisen

* * *

Allgemeine Hinweise

Der große Unterschied zwischen Astralwanderungen und den im Alphazustand durchgeführten Zeitreisen besteht darin, dass ich bei ersteren meinen physischen Körper verlasse und mich meist in der Jetztzeit an einen anderen Ort begebe und sei er noch so weit entfernt. Bei den praktisch durchführbaren Zeitreisen jedoch begebe ich mich mit meinem Bewusstsein – mag es sich dabei um mein Unter- oder Überbewusstsein handeln – in andere Zeiten hinein, mögen diese in der Vergangenheit oder aber in der Zukunft liegen. Diese Leben sind von dem Zeitreisenden selbst erlebt worden beziehungsweise werden von seiner Seele in zukünftiger Zeit noch selbst erlebt werden. Bei den Theoretikern der Raum- und Zeitphysik geht es – wie wir sahen – bei dem Auskundschaften früherer oder späterer Zeiten um allgemeines Geschehen, das nicht spezifisch individuelles früheres oder zukünftiges Erleben beinhalten muss.

Der im Alphazustand befindliche Zeitreisende braucht keine Angst zu haben, von einer Reise, sei es in die Vergangenheit oder in die Zukunft, nicht zurückzukehren. Er kommt mit Sicherheit in das heutige Hier und Jetzt zurück und wird sich an alles vorerst gut erinnern können, zumal die Erinnerung an alles Erlebte immer vor Beendigung einer Zeitreise eingegeben wird. Diese Erinnerungseingebung fehlt bei den Träumenden, sodass man die Träume nach dem Aufwachen meist schnell vergessen hat.

Zu Beginn empfehle ich dem Zeitreisenden, dass er sich die unten aufgeführten Texte auf Tonmaterial aufspricht oder aufsprechen lässt und sich dann in ungestörter Atmosphäre entspannt hinsetzt oder hinlegt und mit geschlossenen Augen dem gesprochenen Text lauscht. Für Reisen in frühere Leben habe ich selbst einige CDs besprochen, die unter den Literaturangaben verzeichnet sind.[29] Noch besser wäre es, wenn er sich selbst von einem Rückführungsleiter zuerst einmal oder einige Male zurückführen lässt. Denn mit jeder Rückführung wächst sein Vertrauen, sich selbst in den Alphazustand zu begeben und eine Zeitreise in Eigenregie durchzuführen. Am allerbesten wäre es sogar, er würde sich zum Rückführungsleiter ausbilden lassen, um dann andere in frühere oder zukünftige Leben zu begleiten. Denn wenn man andere zurückzuführen in der Lage ist, kann man sich auch selbst sicher durch die verschiedenen Leben begleiten, befindet sich dann in dem elliptischen Bewusstsein und wird somit zugleich sein eigener Rückführungsleiter, der sich als Besucher seiner verschiedenen Leben selbst begleitet und anleitet.

Bei seinen ersten Reisen in die verschiedenen Leben sollte der Zeitreisende darauf achten, sich nicht in dramatische Erlebnisse hineinzubegeben. Er kann dieses Vorgehen leicht steuern, indem er diese überspringt. Denn dramatische Ereignisse in einem früheren Leben, besonders wenn sie mit dem Tod geendet haben, können im heutigen Leben körperliche Symptome und Ängste entstehen gelassen haben, die man mit einem Rückführungstherapeuten auflösen sollte, so man die Technik der Rückführungstherapie noch nicht selbst beherrscht. Ich empfehle, diese in einem Ausbildungskurs zu erlernen.[30]

Mit einiger Übung kann sich der Zeitreisende, nachdem er sich die jeweiligen unten beschriebenen Texte gut eingeprägt hat, auch ohne Tonmaterial auf Zeitreisen begeben. Er benötigt neben dem Know-how vor allem Selbstvertrauen und eine gesunde psychische Struktur. Warnen möchte ich all jene, die psychisch labil sind oder noch zu viele Ängste haben. Bitte unterlassen Sie solche selbst unternommenen Zeitreisen. Vertrauen Sie sich zuerst einem Rückführungstherapeuten an und lösen Sie zunächst Ihre Ängste und Ihre psychische Instabilität auf.

Der Zeitreisende kann selbst bestimmen, wie lange er sich in den verschiedenen Leben aufhalten möchte. Ein bis zwei Stunden sollten am Anfang ausreichend sein. Der erfahrene Zeitreisende kann diese Zeit beliebig ausdehnen. Doch sollte man daran denken, dass die Dauer solcher Reisen im Alphazustand, wie oben erwähnt, unterschiedlich erlebt wird. So man glaubt, zwei Stunden unterwegs gewesen zu sein, wird man nach dem Öffnen der Augen und einem Blick auf die Uhr bemerken müssen, dass eventuell die objektive Zeit der Reise sechs Stunden in Anspruch genommen hat.

Nach jeder Reise fühlt man sich erfrischt und gestärkt. Danach sollte man sich die Zeit nehmen und alles wenigstens in Stichworten notieren, vor allem die Namen, Daten und Hauptereignisse. Denn liest man diese später durch, werden einem die übrigen Einzelheiten wieder in Erinnerung gerufen. Allerdings sind Daten oft schwer zu ermitteln. Denn Zahlen gehören zumeist zum Bestandteil der linken Gehirnhälfte, die wir ja durch das Hineingehen in den Alphazustand weitesgehend zurückgedämmt haben, die aber trotzdem noch einwirken könnte. Es ist auch wichtig, dass man während einer Zeitreise die gesammelten Erfahrungen nicht analysiert und bewertet. Denn so man dies während des Alphazustandes dennoch tut, könnte man aus diesem Tiefenzustand in nicht so tiefe Schwingungsfrequenzen gelangen oder aus dem Alphazustand ganz und gar herauskatapultiert werden.

Jeder Zeitreisende kann sich zu beliebiger Zeit in der unten beschriebenen Weise zurückholen oder aber eine Reise spontan beenden. Doch sollte man vor einem Beenden die Erinnerungsaffirmation, dass man sich also an alles Erlebte weiterhin erinnern möge, und auch die Wohlbefindensaffirmation eingeben, damit man sich nach dem Aufwachen im Wachzustand wieder sehr wohl fühlt, obwohl sich das Gefühl des Wohlbefindens meist von allein einstellt. Der Zeitreisende kann sich auch jederzeit im Schnellverfahren zurückholen, so er seine Reisen unterbrechen oder beenden will. Er braucht dann nur zu sich zu sagen: **"Ich zähle jetzt bis drei, dann bin ich zurück im Hier und Jetzt** (in meiner Wohnung). **Ich fühle mich dann sehr, sehr wohl und kann mich an alles genauestens erinnern. Eins, zwei, drei. Ich öffne meine Augen."** Dieses schnelle Zurückkommen sollte aber nicht bei der Eigentherapie angewandt werden, da die unten angegebenen einzelnen Auflösungsschritte für das Gelingen der Therapie notwendig sind.

Manchmal verweilt man nach einer Rückkehr noch in dem soeben Erlebten. Es können auch in den darauf folgenden Stunden oder Tagen sowie in Träumen noch andere Ergänzungen oder erkannte Verbindungen zwischen dem auf der Reise schon Erlebten und dem heutigen Leben hinzukommen.

* * *

Die Versetzung in den Alphazustand

Es gibt viele Methoden der Induktion, um den Alphazustand herzustellen. Drei von diesen habe ich in meinem Buch *Das große Handbuch der Reinkarnation* ausführlich beschrieben. Dieses ist ein Anleitungsbuch für die Rückführungstherapie, sodass der Therapeut bei seinem Klienten eine Therapie Schritt für Schritt erfolgreich durchführen kann. Ich gebe an dieser Stelle für den Zeitreisenden abgestimmt die hypnotische Induktionsmethode wieder, da sie sich bestens dazu eignet, möglichst schnell in einen tieferen Bereich des Alphazustandes zu gelangen. Sollte es ihm gelingen, sehr leicht in diesen Tiefenzustand zu kommen, kann er diese Induktion beim nächsten Mal verkürzen. Er kann zum Beispiel den Besuch im Kaufhaus überspringen, oder es mag ihm vielleicht schon der Countdown von 99 bis 90 genügen, um dann sogleich mit dem Spaziergang über die Wiese zu beginnen oder um sich schon, wenn er in die Vergangenheit reisen möchte, im Wolkenbett einzufinden oder sogar schon vor dem Wolkentor zu stehen. Alle Texte, die sich unmittelbar auf den Rückführungsverlauf beziehungsweise auf zukünftige oder außerirdische Leben beziehen, werden in fetter Schrift wiedergegeben.

Nachdem Sie sich vergewissert haben, dass Sie für die folgende Stunde oder die nächsten Stunden nicht gestört werden können, legen oder setzen Sie sich entspannt hin, wobei die Füße nicht über Kreuz liegen sollten. Eventuell decken Sie sich zu. Dann suchen Sie sich einen Fokussierungspunkt, der mindestens einen halben Meter vor Ihnen entfernt angebracht ist. Sollten Sie liegen, dann wählen Sie sich an der Decke einen Fleck, eine Unebenheit oder eine Stelle des Leuchters aus, sodass Sie bei dieser Fokussierung den Kopf oder die Augen nicht verdrehen müssen.

Sollten Sie sich lieber bequem hinsetzen wollen, dann fixieren Sie einen nicht zu großen Fokussierungspunkt in Augenhöhe geradeaus vor Ihnen. Es könnte ein bestimmtes Tapetenmuster, eine bestimmte Stelle auf einem Bild oder Gemälde sein oder gar der Lichtschalter. Ganz egal, was Sie als Punkt fokussieren wollen, wichtig ist, dass das Objekt nicht zu großflächig ist, um eine Konzentration auf ein kleines Objekt oder auf eine kleine Stelle zu bewirken. Und nun starren Sie unentwegt auf diesen einen Punkt und schalten Sie dabei alle Gedanken aus. Sprechen Sie sich, so Sie keinen vorgesprochenen Tonträger benutzen, alles in Gedanken vor. Der Sprecher, das sind nun Sie als Reiseleiter, und derjenige, den Sie ansprechen, sind Sie als der Zeitreisende. Und der Reiseleiter spricht nun den Reisenden mit "Du" an. Sollte aber vorher der Text auf einen Tonträger gesprochen worden sein, den sich nun der Reisende anhört, dann ist in der nun folgenden Induktion das Wort "innerlich" wegzulassen. Später, wenn der Zeitreisende mehr Übung mit den Methoden gewonnen hat, kann er sich als Reiseleiter mit dem Reisenden verschmelzen und dann den Vorgang in der ersten Person, also mit "Ich" sprechen.

Ich zähle jetzt von 99 bis 90. Mit jeder Zahl wirst du nun müder und müder. Doch starre vorerst auf dieses ... (Nennung des Objektes bzw. der Stelle) **vor dir** (bzw. über dir).

Neunundneunzig.

Schaue unentwegt auf X (Benennung des anvisierten Objekts). **Dein ganzer Körper entspannt sich nun mehr und mehr. Mit jedem weiteren Atemzug entspannst du dich mehr und mehr.**

Achtundneunzig.

Du wirst nun immer müder und müder, immer müder und müder, immer müder und müder. Doch starre unentwegt weiterhin auf X.

Siebenundneunzig.

Du wirst immer müder und müder. Du möchtest schlafen, schlafen, schlafen. Doch du hörst immer innerlich meine Stimme. Lasse alle Gedanken los, und starre weiterhin auf X. Du fühlst dich immer wohler und wohler.

Sechsundneunzig.

Deine Augenlider werden jetzt schwerer und schwerer. Du willst schlafen, schlafen. Aber du schaust unentwegt auf X.

Fünfundneunzig.

Du wirst immer müder und müder, möchtest schlafen, schlafen. Deine Augenlider werden immer schwerer, schwerer, schwerer. Doch starre weiterhin auf X. Auch vernimmst du innerlich immer meine Stimme und kannst alles nachvollziehen, was ich sage.

Vierundneunzig.

Du wirst immer müder. Möchtest schlafen, schlafen. Die Augenlider werden immer schwerer. Doch du starrst noch immer auf X.

Dreiundneunzig.

Du bist ganz, ganz müde. Möchtest jetzt schlafen. Es gelingt dir kaum noch, die Augenlider aufzuhalten. Doch du starrst noch auf X. Und nun fallen die Augenlider endlich zu. Und du schläfst tief, tief ein. Du fühlst dich sehr, sehr wohl. Doch du hörst innerlich immer meine Stimme und kannst alles nachvollziehen, was ich sage. Und du könntest zu jeder Zeit auf meine Fragen in Gedanken eine Antwort geben.

Zweiundneunzig.

Du schläfst immer, immer tiefer, immer tiefer. Doch du hörst **immer** meine Stimme, die weiterhin innerlich von dir vernommen wird.

Einundneunzig.

Du gehst immer tiefer in den Schlaf. Und du fühlst dich immer wohler.

Neunzig, neunzig, neunzig.

Du schläfst ganz, ganz tief. Du hörst **immer** meine Stimme und könntest zu jeder Zeit auf meine Fragen in Gedanken eine Antwort geben.

Du befindest dich mit einem Male in der obersten Etage eines großen KAUFHAUSES. Es ist die MULTI-MEDIA-ABTEILUNG. Du siehst die Fernsehapparate, die Videorecorder, die Radios. Aber du siehst auch die Leute, die sich dort diese Waren ansehen. Doch dich interessiert das alles im Augenblick nicht. Du gehst zur Rolltreppe, stellst dich auf eine Stufe, hältst dich mit einer Hand am Gleitband fest und lässt dich mit nach unten nehmen.

Und je tiefer du kommst, desto tiefer gehst du in den Schlaf. Immer tiefer, tiefer. Du hörst aber innerlich jedes Wort, das ich sage.

Jetzt siehst du von oben unter dir die BÜCHERABTEILUNG. Du siehst die Bücherregale voller Bücher, und du erblickst die aufgestellten Tische, auf denen Bücher ausgelegt sind. Einige Leute schauen sich diese Bücher an.

Und du kommst auf der Rolltreppe immer näher und näher. Und je näher du kommst, desto tiefer gehst du in den Schlaf, Schlaf, Schlaf.

Nun kommst du unten an. Aber du verweilst nicht in dieser Etage. Du gehst zur nächsten Rolltreppe, die nach unten führt. Stellst dich auf eine Stufe und lässt dich wieder mit nach unten nehmen.

Und je tiefer du kommst, desto tiefer gehst du in den Schlaf, immer tiefer, tiefer gehst du in den Schlaf.

Jetzt siehst du von oben unter dir die DAMENBEKLEIDUNGS-ABTEILUNG (bei rückzuführenden Männern die HERRENBEKLEIDUNGSABTEILUNG). Du erkennst dort die Mäntel, Röcke, Jacken, Kleider (bei Männern: Mäntel, Jacken, Anzüge, Hemden) und beobachtest die Menschen, die dort herumgehen.

Und du kommst näher und näher. Und je näher du kommst, desto tiefer gehst du in den Schlaf. Immer tiefer gehst du in den Schlaf. Hörst aber immer innerlich jedes Wort, das ich sage.

Jetzt kommst du unten an. Aber du bleibst nicht auf dieser Etage. Denn du gehst zur nächsten Rolltreppe, die nach unten führt, stellst dich auf eine Stufe und lässt dich wiederum mit nach unten nehmen.

Und je tiefer du kommst, desto tiefer gehst du in den Schlaf. Jetzt erblickst du aus halber Höhe unter dir die MÖBELABTEILUNG. Du erblickst die Schränke, Kommoden, Tische, Stühle, Betten. Du siehst die Leute, die dort herumgehen. Und du kommst näher und näher. Und je näher du kommst, desto tiefer gehst du in den Schlaf, immer tiefer, tiefer, tiefer.

Jetzt kommst du unten an. Du hast nur einen Wunsch, dich jetzt irgendwo hinzulegen. Und du siehst in einer Ecke, wo ein Vorhang zur Seite geschoben ist, ein BETT, auf dem sich ein Kissen und eine Decke befinden. Du gehst jetzt zu diesem Bett. Niemand beobachtet dich. Dort angekommen, ziehst du den Vorhang hinter dir zu. Keiner könnte dich jetzt sehen. Du ziehst deine Schuhe aus, legst dich aufs Bett, ... (etwas Zeit lassen) deckst dich zu und schläfst tief ein. Ganz, ganz tief schläfst du ein. Alles andere ist dir nun egal. Du genießt jetzt diesen tiefen Schlaf. Doch du hörst immer innerlich meine Stimme und könntest mir jeder Zeit auf eine Frage in Gedanken eine Antwort geben.

Und mit einem Mal befindest du dich in einem HAUS. Dort entdeckst du eine hölzerne, nach unten führende WENDELTREPPE. Du gehst zu ihr hin, und während du langsam die

Treppen hinuntergehst, hältst du dich mit einer Hand am Geländer fest. Und mit jeder Stufe, mit jedem Tapp gehst du tiefer und tiefer in den Schlaf.

Tapp, tapp, tapp. Immer tiefer schläfst du ein.
Tapp, tapp, tapp, tapp, tapp, tapp.
(Die Tapp-Geräusche werden immer langsamer und schwerfälliger.)

Tapp, tapp, ... tapp, tapp, ... tapp, ... tapp.

Jetzt kommst du unten an. Du siehst dort eine MATRATZE. Du gehst zu ihr und legst dich darauf. Du schließt deine Augen und schläfst nun tief, tief ein. Du hörst aber immer innerlich meine Stimme und könntest auf alle Fragen in Gedanken antworten.

Hier endet die Induktion der Vertiefung in den Alphazustand. Diese Induktion kann man für alle der im Folgenden beschriebenen Zeitreisen verwenden. Sie ist sehr effektiv. Wichtig ist es, einen nach Möglichkeit sehr tiefen Zustand zu erreichen, ohne dass man einschläft, was natürlich leicht passiert, wenn man übermüdet ist. Doch mit einiger Übung wird der für Zeitreisen benötigte Tiefenzustand schnell erreicht. Man hält also die Balance zwischen Wachen und Schlafen.

Die hier beschriebene Induktionsmethode beschreibt den Vorgang, bei welchem der Zeitreisende entweder die ihn begleitende Stimme von einem Tonträger vernimmt oder, wie beschrieben, zweigeteilt als Begleiter zu dem Teil von ihm, der die Zeitreisen unternimmt, innerlich spricht und dessen Antworten ebenfalls innerlich erhält, ohne dass verbal Worte geäußert werden. Falls jedoch jemand eine durchgeführte Zeitreise auf einen Tonträger aufnehmen möchte, müsste der diese Reise durchführende Teil alles Erlebte deutlich artikulierend sprechen, wobei vorher ein Mikrofon möglichst nahe am Mund oder Hals angebracht sein müsste. Dann dürfte derjenige nicht mehr "in Gedanken" antworten, sondern es müsste heißen: **Und du kannst auf meine inneren** (oder auch verbal ausgesprochenen) **Fragen hin deutlich Antwort geben.** Ideal wäre es, wenn der Zeitreisende die hier aufgeschriebenen Texte gut beherrscht oder sogar annähernd auswendig gelernt hat. Somit weiß er die richtigen Fragen zu stellen und kommt nie in Bedrängnis, wie es nun weitergehen sollte.

* * *

Auf dem Weg zum Wolkenbett

Auf dem Weg zum Wolkentor gibt es zwei Phasen: einmal den Weg über die Wiese und zum anderen das Liegen im Wolkenbett. Bei dem vorgestellten Spaziergang über die Wiese soll der Teil einer Person, der auf der Zeitreise alle Dinge wahrnimmt – und wir nennen ihn hinfort den "Zeitreisenden", während wir den anderen Teil, der zu ihm spricht und die Reise leitet, weiterhin als den "Begleiter" bezeichnen – , alle seine fünf Sinne stimulieren, um diese als Vorbereitung für seinen späteren Einstieg in die Zeitreise aktiviert zu haben. Die Heilquelle dient bei diesem Spaziergang nicht nur dazu, um den Geschmackssinn wahrnehmen zu können, sondern zugleich dem Wohlfühlen als vorbereitendes Heilungsritual, das besonders bei der Rückkehr als besonders angenehm empfunden wird.

Ebenso werden die göttlichen Strahlen im Wolkenbett als sehr angenehm aufgenommen. Denn dem Zeitreisenden soll bis zum Einstieg in die eigentlichen Zeitreisen das optimale Wohlgefühl vermittelt werden. Ebenso wird man einen Astronauten, bevor er in die Rakete einsteigt, physisch und psychisch optimal eingestellt haben wollen, damit er angstfrei seine Reise durchführen kann. Doch im Wolkenbett begegnet der Zeitreisende seinem Höheren Selbst, jenem Superbewusstsein, das – wie wir ausführten – alles über ihn weiß und allzu bereit ist, ihn zu einem höheren Erkennen seiner selbst zu führen. Diesem Höheren Selbst wird nun genau gesagt, was der Zeitreisende erleben möchte beziehungsweise wohin die Reise gehen soll. Dieser präzise vorgetragene Wunsch nach dem Ziel der Reise wird vor dem Wolkentor noch zweimal geäußert, um Abweichungen vom Kurs zu vermeiden.

Und auf einmal erstreckt sich vor dir eine WIESE. Du schaust auf deine Füße und gehst jetzt Schritt für Schritt in sie hinein.

Die Sonne scheint. Die Vögel zwitschern. Und in dir ist eine große Freude.

Um dich herum flattern Schmetterlinge. Und du streckst deine rechte Handfläche nach oben gerichtet vor dir aus und tatsächlich, ein SCHMETTERLING setzt sich auf diese nieder. Du fühlst seine Füßchen. Und du ziehst deine Hand näher an deine Augen heran und betrachtest dir diesen Schmetterling nun ganz genau. Du besiehst dir die Flügel, den Rumpf, den Kopf, die Beine ... Und jetzt fliegt er wieder davon. Du schaust ihm noch nach, wie er sich den anderen zugesellt. Und du gehst weiter über die Wiese. Du fühlst dich sehr wohl.

Vor dir in der Wiese erblickst du eine BLUME. Du gehst auf sie zu. Bei ihr angekommen, kniest du nieder und streichst mit deinen Händen über den Stiel, mit deinen Fingern berührst du die grünen Blätter. Und mit einer Fingerspitze betupfst du sanft die Blütenblätter.

Jetzt beugst du dich über diese Blüte und riechst an ihr ... Und wenn sie riecht, dann nimmst du ihren Duft ganz deutlich wahr ...

Und du erhebst dich wieder und gehst weiter über die Wiese ... Doch mit einem Male verspürst du großen DURST. Du möchtest trinken, trinken, trinken. Deine Kehle wird immer trockener.

Und du vernimmst plötzlich das leise Plätschern von Wasser. Du blickst zur Seite und entdeckst, wie aus der Wiese eine QUELLE hervorsprudelt. Du gehst auf sie zu. Dort angekommen bückst du dich zu ihr nieder. Und du trinkst von diesem erfrischenden Quellwasser, löschst zuerst einmal deinen ganzen Durst.

... Und du nimmst wahr, wie sich in deinem Magen ein angenehmes Gefühl ausbreitet. Und mit einem Male weißt du: Das ist Heilenergie. Diese Quelle ist eine HEILQUELLE. Und du trinkst noch mehr von diesem Heilwasser ...

Jetzt erhebst du dich und gehst weiter über diese Wiese.

Du fühlst dich doppelt gestärkt. Auch deine Freude hat sich verdoppelt.

Und du bemerkst, wie sich von allen Seiten WOLKEN einstellen, große und kleine rosa Wolken. Ein wunderschönes Gefühl von Leichtigkeit erfasst dich. Und mit einem Male schwebst du in diesen Wolken ... Es ist herrlich, in diesen Wolken zu schweben.

Und du bemerkst, wie sich zu deiner Linken ein GOLDENER STRAHL seinen Weg durch die Wolken bahnt und mit seinem Gold die rosa Wolken übergießt, sodass ein Farbenspiel aus Gold und Rosa entsteht. Und dieser goldene Strahl berührt nun auch in angenehmster Weise deinen Körper ...

Und du fühlst, wie dieser Strahl in deinen Körper hineingeht. Denn dort breitet sich eine angenehme Wärme aus, die dir ein Gefühl von Liebe, Freude, Selbstvertrauen, Gesundsein und Harmonie vermittelt. Und du weißt auf einmal: das ist GÖTTLICHE ENERGIE. Diese goldenen Strahlen kommen aus einer göttlichen Quelle. Und dein ganzes Inneres wird ausgefüllt mit dieser göttlichen Energie ...

Und du entdeckst zu deiner Rechten, wie die Wolken ein richtiges WOLKENBETT – genau passend für deine Größe – geformt haben. Du zögerst nicht. Du legst dich auf das Wolkenbett, ... schließt deine Augen. Die goldenen Strahlen hüllen dich ein und beschützen dich. Und du genießt es, in diesem Wolkenbett zu liegen ...

Das HÖHERE SELBST, das alles über dich weiß, ist jetzt bei dir. Und du bittest dein Höheres Selbst, dir die Reise zu erlauben und zu ermöglichen.

Hier wird nun genau das Ziel der Reise genannt. Die genaue Formulierung wird jeweils vor der anzutretenden Zeitreise präzisiert. Sollte es sich bei einem Therapievorgang um eine Reise zu den Ursachen eines Symptoms handeln, dann wird dieses genau bezeichnet.

* * *

Zeitreisen in frühere Leben

Die Auswahl der aufzusuchenden früheren Leben ist, was für die meisten Zeitreisenden zutreffen dürfte, sehr, sehr groß. Vielleicht haben sie tausend oder – wie *Goethe* von sich behauptete – schon viele tausend frühere Leben auf Erden verbracht. Oft hat man das Geschlecht gewechselt, sodass die Anzahl der männlichen und weiblichen früheren Leben in den meisten Fällen in etwa ausgeglichen verteilt ist. Nur in sehr, sehr seltenen Fällen habe ich es erlebt, dass jemand sich nur für weibliche oder nur für männliche Erdenleben entschieden hat – über allem waltet der freie Wille. Unter diesen vielen Erdenleben in weiblicher oder männlicher Gestalt gab es sicherlich viele schöne und interessante Leben wie auch solche, die voller Leiden und harter Schicksalsschläge gewesen waren, oder auch solche, in welchen sowohl das Schöne und Angenehme als auch das Schwere und Leidvolle zum Tragen kamen. Am besten wäre es, wenn der Zeitreisende sich vorerst diejenigen früheren Erdenleben ansieht, welche im Großen und Ganzen sehr angenehm waren. Somit könnte er schon im Wolkenbett das Höhere Selbst bitten: **Bitte führe mich in ein Leben, in welchem ich viel Freude erleben durfte.** Oder: **Bitte führe mich in ein Leben, in welchem ich sehr alt geworden bin.** Oder: **Bitte führe mich in ein Leben, in welchem ich zum anderen Geschlecht gehört habe.** Oder: **... wo ich sehr wohlhabend, ... in welchem ich sehr arm gewesen war, ... in welchem ich die meisten Kinder hatte, ... wo ich sehr einflussreich oder gar mächtig war, ... wo ich sehr religiös war, ... in welchem ich viel gereist bin, ... wo ich sehr gebildet war, ... in welchem es sehr abenteuerlich und interessant war, ...** usw. Hat man selbst schon eine Vorliebe für ein bestimmtes Land, Volk, eine Kultur oder eine Religion, so kann man darum bitten, dorthin geführt zu werden: **Bitte führe mich in ein Leben, in welchem ich in Indien gelebt habe.** Oder man könnte die Bitte auch anders formulieren: **Bitte führe mich zu der Ursache, warum mich alles Indische so sehr interessiert.** Verfügt man in diesem Leben über ein bestimmtes Talent, eine Fähigkeit, dann könnte man formulieren: **Bitte führe mich in ein früheres Leben, in welchem ich meine Fähigkeit zu reiten entwickelt habe, ... aus welchem ich mein großes Interesse an Musik mitgebracht habe, ... aus welchem als Kind meine Vorliebe für Indianerspiele stammt, ... das ich in einem englischsprachigen Land verbracht habe, weshalb es mir heute so leicht gefallen ist, die englische Sprache zu erlernen.** Sollte man bei der Besichtigung und dem Wiedererleben eines früheren Erlebnisses zu einer angstbereitenden oder schmerzlichen Begebenheit kommen, dann kann der Begleiter, so er es für angebracht hält, immer den Befehl geben: **Es wird jetzt bis drei gezählt, und dann befindest du dich bei deinem nächsten erfreulichen Erlebnis. Eins, zwei, drei. Jetzt bist du da.** Sollte jedoch solch ein traumatisches Erlebnis zum Tode führen, dann kann man sagen: **Es wird jetzt bis drei gezählt, dann befindest du dich wieder vor dem Wolkentor bei deinem Höheren Selbst und kannst dich an alles erinnern. Eins, zwei, drei. Jetzt bist du da.**

Für unser gleich durchzuführendes Beispiel einer Zeitreise in ein früheres Leben wählen wir das Thema: **Ein früheres Leben in einem anderen Geschlecht.**[31]

Was für Zeitreisende immer sehr interessant ist, ist die Suche nach heutigen Personen sowie die Frage, ob man diesen schon in früheren Leben begegnet war. So kann man im Wolkenbett folgendermaßen formulieren: **Bitte dein Höheres Selbst, dich in ein früheres Leben zu führen, in welchem du der Seele von** (hier wird der betreffende Name der Person oder nur Vater, Mutter, Partner usw. genannt) **begegnet bist.**

Oft wird es dem Zeitreisenden so ergehen, dass er die Antwort beziehungsweise die Bilder eines Erlebnisses schon erhält, bevor der Begleiter die betreffende Frage gestellt hat.

a.) Zeitreise in ein früheres Leben im anderen Geschlecht

Das Höhere Selbst nimmt dich an die Hand. Ihr schwebt durch eine Wolkenwand hindurch und überquert jetzt ein langes breites Wolkental, ganz in Gold und Rosa ... Und vor dir erblickst du eine lange, breite Wolkenwand mit vielen Toren darin. Und du weißt mit einem Male: Hinter jedem dieser Tore befindet sich eines deiner früheren Leben.

Und auf einmal stehst du vor einem dieser WOLKENTORE. Du kannst es berühren. Du weißt nun, ob es sich hart oder weich anfühlt und wie das Tor beschaffen ist ...

Und das Höhere Selbst spricht zu dir mittels der Telepathie, sodass du all seine Worte intuitiv vernimmst:

** "Es wird gleich bis drei gezählt. Dann ist dieses Wolkentor geöffnet. Und du befindest dich in einem deiner früheren Leben, wo du dich im anderen Geschlecht befandest. Du bist zuerst fünf Jahre alt und erlebt dein schönstes Erlebnis mit fünf Jahren. Doch bevor bis drei gezählt wird, nimm hier dieses FLÄSCHCHEN. Darin befindet sich eine Flüssigkeit, die es vermag, dass du gleich nicht nur alles wahrnehmen und erleben, sondern auch alles fühlen kannst."

Und du nimmst dieses Fläschchen, trinkst den angenehm schmeckenden Inhalt und reichst dann das leere Fläschchen zurück. Du merkst, wie sich in deinem Magen eine angenehme Wärme ausbreitet. Und du weißt: Die Flüssigkeit beginnt schon zu wirken. Wenn jetzt bis drei gezählt worden ist, dann befindest du dich in jenem Leben, wo deine Seele in einem Körper vom anderen Geschlecht war. Du bist zuerst fünf Jahre alt und erlebst dich bei deinem schönsten Erlebnis. Eins, zwei, drei! Jetzt bist du da.

Im Unterschied zu den anderen aufzusuchenden Leben, bei welchen man in einem frühen Lebensalter mit dem Durchforschen (Scannen) eines Lebens beginnen kann, lässt man beim Aufdecken von Leben, in welchen man mit einer heutigen Person gelebt hatte, diese nach dem Durchschreiten des Wolkentores unmittelbar in ihrer damaligen Gestalt vor sich stehen, damit man in jenem Leben nicht erst nach dieser Person zu suchen hat.

Findet man möglichst schnell heraus, wie alt man selbst kurz vor dem Tode ist, dann weiß man, wie lange diese Seele in dem betreffenden Körper verweilen wird und kann dementsprechend zwischen verschiedenen Altersstufen oder wichtigen Begebenheiten hin- und herreisen.

Eins, zwei, drei, jetzt bist du da. Du bist fünf Jahre alt. Schau auf deine Füße. Was hast du an, oder bist du barfuß? Welche Kleidungsstücke trägst du? Du kannst sie auch berühren ... Schau dich um. Wo bist du? ... Ist jemand bei dir? ... Was erlebst du jetzt? ... Worin besteht deine große Freude? ... Und nun stehe vor deinem Zuhause. Wie sieht es von außen aus? ... Und nun gehe hinein. Wie sieht es dort aus? ... Geh einmal dorthin, wo du nachts zu schlafen pflegst ... Wie sieht es dort aus? Und wenn bis drei gezählt worden ist, dann nimmst du gerade deine Lieblingsspeise ein. Eins, zwei, drei. Was isst du? Wie schmeckt das? Wer nimmt noch mit dir dieses Essen ein? ... Welche Person hast du mit deinen fünf Jahren am liebsten? ... Und nun erlebe ein schönes Erlebnis mit dieser Person ...

Und wenn bis drei gezählt worden ist, dann befindest du dich einen Monat vor deinem Tod. Eins, zwei, drei. Du befindest dich einen Monat vor deinem Tod. Wie alt bist du? Wie fühlst du dich? ...

Und wenn bis drei gezählt worden ist, dann bist du fünfzehn Jahre alt und erlebst das Ereignis, was dir mit fünfzehn Jahren die größte Freude bereitet hat. Eins, zwei, drei. Jetzt bist du da ... Wo befindest du dich gerade? Ist jemand zugegen? ... Worin besteht die größte Freude? ... Wo wohnst du? ... Was machst du am allerliebsten? Welche Person steht dir am nächsten? Wie heißt diese Person? In welchem Verhältnis steht ihr zueinander? – Und auf einmal erlebst du ein schönes Erlebnis mit dieser Person ... Wo seid ihr? ... Was erlebst du alles mit dieser Person – jetzt?

Wie lautet dein voller Name? Wenn du schreiben kannst, dann schreibe ihn irgendwo auf ... Und lies ihn mir vor ... In welchem Land lebst du? In welchem Jahr befindest du dich jetzt (nach christlicher Zeitrechnung)? Was ist deine Hauptbeschäftigung mit fünfzehn Jahren?

Und wenn bis drei gezählt worden ist, dann befindest du dich in jenem Alter, wo du deinen ersten wirklichen Kuss erhältst oder gibst. Eins, zwei, drei. Wo befindest du dich? ... Wie alt bist du? ... Wer ist bei dir? ... Was fühlst du jetzt bei diesem ersten Kuss? ... Bist du aufgeregt? Was weißt du über diese Person? Wie heißt sie? Wo habt ihr euch zuerst kennen gelernt? ... Wie seid ihr euch allmählich näher gekommen? ... Wie ging es mit euch beiden nach dem ersten Kuss weiter? ... Kamt ihr noch oft zusammen? ... Ist euer Verhältnis noch intimer geworden? Wenn ja, dann erlebe jetzt diese Intimität. ... Hast du vor deinem Erwachsensein noch weitere Erfahrungen mit Personen vom anderen Geschlecht gemacht? Wenn ja, dann weißt du auf einmal, welche innigen oder intensiven Begegnungen du noch hattest, du weißt wo und mit wem ...

(Da der "Begleiter" alles miterlebt, weiß er auch, wie lange er sich eine Begebenheit ansehen beziehungsweise miterleben möchte. Er kann also an interessanten Stellen den Zeitreisenden länger verweilen lassen und selbst das Tempo bestimmen, wann er diesen, seinen anderen Teil, zu einem nächsten Ereignis gelangen lassen möchte.)

Und wenn bis drei gezählt worden ist, dann bist du erwachsen und erlebst dich bei der Ausübung deiner Haupttätigkeit. Eins, zwei, drei ... Wo bist du? ... Was machst du jetzt? ... Bereitet dir diese Tätigkeit Freude? ... Ist jemand bei dir? ... Wie sieht ein normaler Tag in deinem Leben aus? Erlebe einen solchen Tag. Beginne ihn, nachdem du aufgewacht bist ... Was machst du um die Mittagszeit herum? ... Wie verläuft dein Nachmittag? ... Was machst du am Abend? ... Sieh dir dein jetziges Zuhause nun einmal von außen an. Wie sieht es aus? ... Und nun gehe in dein Zuhause hinein und sieh dir alles von innen an ... Wo schläfst du? ... Teilst du deine Schlafstätte mit irgendjemandem? Wenn ja, mit wem? ... Hast du eine eigene Familie? ... Wer gehört alles dazu? ... Und wenn bis drei gezählt worden ist, dann erlebe ein sehr schönes und fröhliches Fest. Eins, zwei, drei ... Wo findet dieses Fest statt? ... Was wird gefeiert? ... Wer ist alles zugegen? ... Wie bist du gekleidet? ... Schmecke einmal, was dir auf diesem Fest am besten schmeckt ... Was für Lustbarkeiten gibt es auf diesem Fest? ... Gibt es Musik? Dann vernimm sie jetzt ganz deutlich ... Wird getanzt? ... Erlebe dich jetzt bei dem für dich schönsten Augenblick auf diesem Fest ...

Welche Person hast du in diesem Leben am meisten geliebt? ... Und nun erlebe dein schönstes Erlebnis mit dieser Person ... Seit wann kennt ihr euch? ... Was habt ihr sonst noch erlebt? Sieh dir die wichtigsten Begebenheiten mit dieser Person ganz gelassen an ...

Was war in deinem Leben dein allerschönstes sexuelles Erlebnis? War es mit dieser Person, oder war es mit einer anderen? ... Wenn bis drei gezählt worden ist, dann befindest du dich mit der Person zusammen, mit der du dein allerschönstes sexuelles Erlebnis hattest. Eins, zwei, drei. Wie alt bist du? ... Wo befindest du dich? ... Wer ist bei dir? ... Wie heißt diese Person? ... Kennt ihr euch schon lange? ... Welche Gefühle hast du für diese Person? ... Und nun erlebe all deine schönsten Gefühle mit dieser Person bei euren innigsten Begegnungen ... Welche Berührungen hast du besonders gern? ... Was gefällt dir an dieser Person äußerlich am meisten? ... Wie ist sie in ihren Bewegungen? ... Wie spricht sie? ... Wie ist sie in ihrem Charakter? ... Was liebst du an dieser Person am meisten? ... Seid ihr beide oft miteinander zusammengekommen? ... Wenn ja, dann erlebe einige Erlebnisse mit dieser Person ... Wann bist du dieser Person zum letzten Mal begegnet? ... Wie war diese letzte Begegnung? Nimm sie ganz gelassen wahr ...

Was sind deine Lieblingsbeschäftigungen? ... Wo bist du überall in deinem Leben herumgekommen? ... Bist du gereist? Wenn ja, wohin, und was hast du dort erlebt?

Welche Erfahrungen hattest du auf deinen Reisen mit Personen vom anderen Geschlecht? ... Welchen Stellenwert nehmen die Personen vom anderen Geschlecht in deinem Leben ein? ... Vor welchen Personen vom anderen Geschlecht hattest du die größte Achtung? ... Weshalb? ... Erlebe nun eine Situation, in welcher eine Person vom anderen Geschlecht sehr liebevoll zu dir ist ... Was sind deine größten Enttäuschungen, die du mit Personen vom anderen Geschlecht erlebt hattest? ... Hast du je Groll gegen jemanden vom anderen Geschlecht verspürt? Wenn ja, dann weißt du auf einmal, bei wem und bei welcher Gelegenheit das geschehen ist ... Hat sich im Verlaufe deines Lebens deine Meinung über Personen vom anderen Geschlecht geändert? ... Wie hast du mit Personen deines eigenen Geschlechtes über jene des anderen Geschlechtes gesprochen? ... Wie bist du selbst als Liebhaber/Liebhaberin gewesen? ... Was hat dich am meisten an Personen vom anderen Geschlecht angezogen? ... Bist du sehr sexuell ausgerichtet gewesen? ...

Und nun komme zu deinem allerschönsten nichtsexuellen Erlebnis, das du in deinem Leben mit einer Person vom anderen Geschlecht gehabt hast. Eins, zwei, drei, jetzt bist du da. Wie alt bist du? ... Wo befindest du dich jetzt? ... Was erlebst du jetzt? ... Welche anderen nichtsexuellen Ereignisse mit Personen vom anderen Geschlecht haben dir große Freude im Leben bereitet? ... Welche Personen vom anderen Geschlecht standen dir am nächsten? ... Erinnere dich jetzt an die schönsten Ereignisse, die du mit solchen geliebten oder sehr geschätzten Personen des anderen Geschlechts gehabt hast. Was fällt dir spontan ein? ...

Und wenn bis drei gezählt worden ist, dann befindest du dich einen Monat vor deinem Tod. Eins, zwei, drei. Du befindest dich nun einen Monat vor deinem Tod. Wie alt bist du? ... Wie geht es dir gesundheitlich? ... Wo befindest du dich jetzt? ... Wer ist bei dir? ... Und wenn du dein ganzes Leben jetzt überschaust, welche Überschrift würdest du ihm geben in Beziehung zu dem anderen Geschlecht? ... Bereust du, irgendetwas getan oder nicht getan zu haben in Bezug zum anderen Geschlecht? ... Zu welcher

Lebensweisheit bist du am Ende deines Lebens in Bezug zum anderen Geschlecht gelangt? ... Was hast du wirklich aus all diesen Erfahrungen für dich in deinem Geschlecht lernen können? ... Hast du dich in deinem Geschlecht eigentlich wohl gefühlt? ...

Und wenn bis drei gezählt worden ist, dann befindest du dich WIEDER VOR DEM WOLKENTOR bei deinem Höheren Selbst und kannst dich an alles erinnern, was du jetzt erlebt und erfahren hast. Eins, zwei, drei. Du befindest dich jetzt wieder vor dem Wolkentor bei deinem Höheren Selbst und kannst dich an alles erinnern, was du in jenem soeben gesehenen Leben erlebt und erfahren hast.

Frage einmal dein Höheres Selbst, was du in jenem Leben lernen solltest ... Hast du dich in jenem früheren Leben dem anderen Geschlecht gegenüber richtig verhalten? ... Worin hast du dich eventuell nicht richtig verhalten? ... Welche der soeben gesehenen Personen befinden sich in deinem heutigen Leben? ... Wie steht ihr heute zueinander? ... Frage dein Höheres Selbst, warum ihr euch im heutigen Leben wieder begegnen solltet ... Erkennst du in eurem heutigen Bei- oder Miteinander noch irgendwelche Zusammenhänge aus jenem soeben wiedererlebten Leben? ... Welche Verbindungen gibt es zwischen dem soeben gelebten Leben und deinem heutigen Leben sonst noch? ... Frage dein Höheres Selbst, warum du in dem heutigen Leben zum jetzigen Geschlecht gehörst. Was sagt es dir? ... Frage auch dein Höheres Selbst, wie viele Leben du auf Erden insgesamt schon hattest und in wie vielen du davon männlichen Geschlechts warst ...

(Wenn man möchte, könnte man anschließend noch ein weiteres oder sogar weitere frühere Leben mit einer dieser soeben erlebten Personen durchführen oder sich in Leben im anderen Geschlecht in gleicher oder ähnlicher Vorgehensweise hineinführen lassen, indem man sagt: "Bitte führe mich noch in ein weiteres Leben, wo ich ebenfalls ein interessantes Leben im anderen Geschlecht hatte."... Und das Höhere Selbst nimmt dich an die Hand und führt dich vor ein anderes Wolkentor. Jetzt stehst du vor diesem. Und das Höhere Selbst sagt: Jetzt beginnt wieder der Text an der Stelle, wo vorhin zwei Sternchen zu sehen waren**.)

Wenn du jetzt noch irgendeine Frage hast – ganz egal, um was es sich dabei handeln könnte –, dann frage jetzt dein Höheres Selbst, und es antwortet dir intuitiv ... Und wenn du möchtest, kannst du es bitten, dich bei einer erneuten Rückführung in ein anderes interessantes früheres Leben zu führen, in welchem du ebenfalls zum anderen Geschlecht gehört hast ...

***** Und mit einem Mal befindest du dich WIEDER IN DEM WOLKENBETT. Du kannst dich an alles erinnern, was du erlebt und erfahren hast. Alles bleibt in deiner Erinnerung. Und du fühlst, wie du aufgeladen worden bist von der göttlichen Energie, die dir so viel Kraft und Stärke, so viel Liebe und Freude, Gesundheit, Selbstvertrauen und Harmonie beschert.

Und mit einem Mal befindest du dich WIEDER AUF DER WIESE. Dort entdeckst du die HEILQUELLE. Du gehst zu ihr. Dort angekommen, beugst du dich über sie und trinkst von diesem Heilwasser. In diesem ist eine große Heilkraft, die alles in dir – im körperlichen, seelischen und geistigen Bereich – heilen kann. Nun erhebst du dich wieder und gehst in jene Richtung zurück, aus der du hierher gekommen bist. Du fühlst dich sehr, sehr wohl und kannst dich an alles gut erinnern.

Du gelangst zu einem KNIEHOHEN STEIN. Auf diesen setzt du dich und schließt dann deine Augen. Du fühlst dich sehr wohl. Und mit einem Male befindest du dich wieder in deiner jetzigen GEGENWART (Benennung des Ortes, des Tages, des Monats und des Jahres) und du kannst dich an alles genau erinnern, was du soeben erlebt und erfahren hast. Alles bleibt in deinem Gedächtnis. Und bei einer erneuten Zeitreise kommst du noch tiefer in den Alphazustand hinein und erlebst dann alles noch intensiver und genauer.

Es wird nun von 21 bis 25 gezählt, und bei 25 öffnest du wieder deine Augen.

Einundzwanzig: **Du bewegst deine Zehen.**
Zweiundzwanzig: **Du bewegst deine Finger.**
Dreiundzwanzig: **Du bewegst deine Knie.**
Vierundzwanzig: **Du bewegst deine Ellbogen.**
Fünfundzwanzig: **Du öffnest deine Augen und fühlst dich sehr, sehr wohl.**

Nach solch einer Zeitreise fühlt man sich im Allgemeinen sehr wohl und kann sich an alles erinnern. Trotzdem, wie ich schon sagte, sollte man jetzt nach Möglichkeit das Erlebte aufschreiben, und sei es nur in Stichworten.

Man könnte nun Hunderte von solchen Zeitreisen in die Vergangenheit unternehmen, um immer mehr in seinem Seelenroman zu schmökern. Man könnte aber auch gezielt von einem Erdenleben in das nächste davor liegende rückwärts schreiten, bis man zu seinem ersten Erdenleben gekommen ist. Ich möchte nochmals betonen, dass man vorerst traumatische Erlebnisse überspringt, bis man die Methode gelernt hat, diese therapeutisch aufzulösen, wovon am Schluss meiner Darstellung der Zeitreisen die Rede sein wird. Sollte man dennoch in eine traumatische Begebenheit hineingeraten sein, so kann man nach der Rückkehr vor dem Wolkentor sich vom Höheren Selbst ein Schälchen mit einer Heilflüssigkeit geben lassen, die sofort alles Unwohlsein auflöst. Der Wortlauf könnte folgendermaßen lauten:

**** **Das Höhere Selbst reicht dir ein Schälchen mit einer Heilflüssigkeit und sagt: "Diese Flüssigkeit ist ein Heilelixier und wird dich im Nu wieder herstellen, damit du dich wieder ganz wohl fühlst." Und du nimmst dieses Schälchen und trinkst die Heilflüssigkeit daraus. Dann reichst du das Schälchen wieder zurück. Und du merkst auf einmal, wie du dich immer, immer besser fühlst ... Und jetzt fühlst du dich wieder sehr, sehr wohl.** Danach fahre man im oben angeführten Text fort.

b.) Das Aufsuchen des ersten Lebens als Mensch

Etwa vierzig Prozent meiner Seminarteilnehmer erleben vor dem ersten Erdenleben als Mensch ein Leben als Tier. Oft haben sie eine ganze Reihe von Tierleben gehabt. Doch meistens sind solche Tierleben, die unmittelbar vor dem Erdenleben angesiedelt sind, Leben als vierbeinige Säugetiere. Es sind oft Haustiere, da diese schon dem Mensch beigegeben sind, damit sich die darin befindliche Seele an die Menschen gewöhnen kann, wird sie doch bald in einen menschlichen Körper inkarnieren. Denken wir wiederum an den überkosmischen Computerspieler. Je nachdem für welch ein Spiel er sich entscheidet, so kann er mit seiner Vorstellungskraft in jede Dimension hineingehen, um sich zum Beispiel in der Dualität für ein ausgiebiges Leben zuerst als Stein, dann als Pflanze, schließlich als Tier zur Vorbereitung als Mensch zu entschließen. Er kann genauso das Leben als Stein oder Pflanze überspringen. Er kann sich auch dafür entscheiden, viele Male als Tier zu inkarnieren oder nur einmal, oder auch gar kein Mal. Oft hat sich der überkosmische Computerspieler in der All-Einheit dafür entschieden, nur Pflanzen- oder Tierleben als Seele zu erfahren. Vielleicht wollte er mit seiner Vorstellung nur in beseelte Leben von solchen Lebewesen gehen, die sich allein im Wasser befinden. Tiere haben meistens eine Gruppenseele. So besteht beispielsweise ein Ameisenhaufen aus einer Seeleneinheit. Somit könnte jener Spieler sich ausgesucht haben, sich einmal als eine solche zu fühlen. Sicherlich ist so etwas eine spannende Unterhaltung. Doch der Zeitreisende wird immer nur in jene früheren Leben gelangen können, in welchen er selbst als Seele gelebt hat und sei es in einer Gruppenseele. Es ist sehr selten, dass der überkosmische Spieler ein Spiel beginnt, in welchem er sich als Tier erleben will, dann als Mensch und wiederum als Tier, um dann wieder mit seiner Seele in einen Menschenkörper zurückzukehren. Meistens – ich würde sagen: in 99,9 Prozent der Fälle – verbindet man ein Spiel mit einer Entwicklung in immer höhere Seelen- und Bewusstseinszustände.

Wer sich also aufmachen möchte, seine früheren Tier- oder Pflanzenexistenzen oder sogar sein Leben als Stein, erleben zu wollen, dem empfehle ich, zuerst in sein erstes Erdenleben zurückzureisen, um von dort aus in entsprechende davor liegende Leben einzutauchen. Die meisten der Zeitreisenden befanden sich in ihrem ersten Erdenleben in einer Urkultur, die sich bis in die Steinzeit hinein zurückerstrecken kann. Einige jedoch erlebten sich schon in früheren Kulturen auf der Erde, die wie Atlantis und Mu für die Menschheit in Legenden umwobenen Zeiten liegen, von denen wir keinerlei wissenschaftlich überprüfbare Überlieferungen besitzen, die jedoch bei Zeitreisen aufgesucht und deutlich beschrieben werden können.

Der "Begleiter" führt seinen anderen Teil auf dieser Zeitreise nach dem Countdown wieder über die Wiese zum Wolkenbett. Hier wird als Reisewunsch innerlich folgende Formulierung gesagt: **"Bitte dein Höheres Selbst, dich in dein erstes Erdenleben als Mensch zurückzuführen."**

Und das Höhere Selbst nimmt dich an die Hand. Ihr schwebt durch eine Wolkenwand hindurch und überquert jetzt ein langes breites Wolkental, ganz in Gold und Rosa. Und vor dir erblickst du eine lange, breite Wolkenwand mit vielen Toren darin. Und du weißt mit einem Male: Hinter jedem dieser Tore befindet sich eines deiner früheren Leben.

Und auf einmal stehst du vor dem WOLKENTOR, das sich ganz links als erstes zeigt. Du kannst es berühren. Du weißt nun, ob es sich hart oder weich anfühlt und wie das Tor beschaffen ist ...

Und das Höhere Selbst spricht zu dir mittels der Telepathie, sodass du all seine Worte intuitiv vernimmst: "Es wird gleich bis drei gezählt. Dann ist dieses Wolkentor geöffnet. Und du befindest dich in deinem ersten Erdenleben als Mensch. Du bist zuerst fünf Jahre alt und erlebst dein schönstes Erlebnis mit fünf Jahren. Doch bevor bis drei gezählt wird, nimm hier dieses FLÄSCHCHEN. Darin befindet sich eine Flüssigkeit, die es vermag, dass

du gleich nicht nur alles wahrnehmen und erleben, sondern auch alles fühlen kannst."

Und du nimmst dieses Fläschchen, trinkst den angenehm schmeckenden Inhalt und reichst dann das leere Fläschchen zurück.

Du merkst, wie sich in deinem Magen eine angenehme Wärme ausbreitet, und du weißt: Die Flüssigkeit beginnt schon zu wirken. Wenn jetzt bis drei gezählt worden ist, dann befindest du dich in deinem ersten Erdenleben als Mensch. Du bist zuerst fünf Jahre alt und erlebst dich bei deinem schönsten Erlebnis. Eins, zwei, drei! Jetzt bist du da.

Du bist fünf Jahre alt. Schau auf deine Füße. Was hast du an, oder bist du barfuß? ... Welche Kleidungsstücke trägst du? Du kannst sie auch befühlen. ... Schau dich um. Wo bist du? ... Ist jemand bei dir? ... Was erlebst du jetzt? ... Worin besteht deine große Freude? ... Und nun betrachte dir dein Zuhause. Wie sieht es von außen aus? ... Und jetzt gehe hinein. Wie sieht es dort aus? ... Geh einmal dorthin, wo du nachts zu schlafen pflegst ... Wie sieht es dort aus? ... Und wenn bis drei gezählt worden ist, dann nimmst du gerade deine Lieblingsspeise ein. Eins, zwei, drei. Was isst du? ... Wie schmeckt das? ... Wer nimmt noch mit dir dieses Essen ein? ... Welche Person hast du mit deinen fünf Jahren am liebsten? ... Und nun erlebe ein schönes Erlebnis mit dieser Person ...

Und nun komme zu deinem nächsten wichtigen oder interessanten Erlebnis. Ein, zwei, drei. Jetzt bist du da ... Wie alt bist du jetzt? ... Was erlebst du? ... Und wenn bis drei gezählt worden ist, dann befindest du dich einen Monat vor deinem Tod. Eins, zwei, drei. Du befindest dich einen Monat vor deinem Tod. Wie alt bist du? ... Wie fühlst du dich?...

Und wenn bis drei gezählt worden ist, dann bist du zwanzig Jahre alt und erlebst das Ereignis, was dir mit zwanzig Jahren die größte Freude bereitet hat. Eins, zwei, drei. Jetzt bist du da ... Wo befindest du dich gerade? ... Ist jemand zugegen? ... Worin besteht deine größte Freude? ... Wo wohnst du? ... Welche Person steht dir am nächsten? Wie heißt diese Person? ... In welchem Verhältnis steht ihr zueinander? ... Und nun erlebe dein schönstes Erlebnis mit dieser Person ... Worin besteht deine tägliche Nahrung? ... Was tust du tagsüber? ... Was ist deine Lieblingsbeschäftigung? ... Wie heißt du? ... Und nun komme zu deinem nächsten wichtigen Erlebnis in deinem Leben. Eins, zwei, drei. Jetzt bist du da. Wie alt bist du? ... Wo bist du? ... Ist jemand zugegen? ... Was geschieht? (Da man erfahren hat, wie alt man wird, kann man in jedes der vorausgegangenen Jahre nach Belieben einsteigen oder auch von einem bestimmten Jahr aus von einem wichtigen Ereignis zum nächsten bis zum Tod fortschreiten.)

Und wenn bis drei gezählt worden ist, dann befindet du dich wieder vor dem Wolkentor bei deinem Höheren Selbst und kannst dich an alles Erlebte und Erfahrene gut erinnern. Eins, zwei drei. Jetzt befindest du dich wieder bei deinem Höheren Selbst vor dem Wolkentor und kannst dich an alles gut erinnern. (Sollte das Ende leidvoll gewesen sein, so reicht das Höhere Selbst dem Reisenden erst einmal jene Schale mit der Flüssigkeit, die ein sofortiges Wohlgefühl erzeugt. Diese Stelle ist mit vier Sternchen markiert****.)

Und du fragst dein Höheres Selbst: "Wer von den erlebten Personen lebt auch in meinem heutigen Leben? ... Wie viele Erdenleben habe ich als Mensch nach diesem ersten Leben gehabt? ... Wo fand dieses erste Erdenleben statt? ... Vor wie vielen Jahren erlebte ich dieses erste Erdenleben?"

c.) Reisen zu den früheren Tierleben

Als was hatte ich vor diesem ersten Menschenleben gelebt? ... Hatte ich Tierinkarnationen? Wenn ja, wie viele waren es? ... Was für Tierleben waren es? .... Bevor ich zum ersten Mal in einem Tierkörper war, was war ich davor? ... Und was war ich davor? ... Und was war ich davor? ...

Man könnte jetzt immer weiter fragen, bis man beim Ursprung seines Seins angelangt ist. Hat man also erfahren, was man vor diesem ersten Menschenleben gewesen ist, dann wähle man eines der genannten Leben aus und fahre folgendermaßen fort: **Bitte nun dein Höheres Selbst, dich in jenes Leben zu führen, in welchem du dich** (zum Beispiel) **als Schlange befunden hattest. Und das Höhere Selbst nimmt dich an die Hand. Ihr schwebt nun über die Wolkenwand hinüber, überquert eine große weite Ebene, auf der du viele, viele Felder in den verschiedensten Größe erblickst. Und du weißt, jedes dieser Felder ist eines deiner früheren Leben als Mensch. Und hinter dieser Ebene erblickst du eine andere Wolkenwand mit vielen Löchern darin. Und du weißt mit einem Male: Hinter jedem dieser Löcher befindet sich eines deiner früheren Leben als Tier. Und mit einem Male stehst du vor einem dieser WOLKENLÖCHER. Und das Höhere Selbst vermittelt dir telepathisch: "Durch dieses Loch hindurch gelangst du in dein Leben als Schlange. Wenn bis drei gezählt wurde, bist du auf einmal am anderen Ende dieses Loches angekommen und erlebst dich als Schlange bei deinem schönsten Erlebnis." Eins, zwei, drei. Jetzt bist du da. Du befindest dich in deinem Schlangenkörper. Wie fühlst du dich in deinem Körper? ... Von welcher Farbe ist er? ... Wie lang ist er? ... Wo befindest du dich gerade? ... Und nun erlebe dein schönstes Erlebnis ... Von was ernährst du dich? ... Was ist deine häufigste Nahrung, und was verzehrst du am liebsten? ... Wie erbeutest du im Einzelnen deine Nahrung? ... Vor was oder vor wem hast du Angst? ... Welche Beziehung hast du zu anderen Schlangen? ... Bist du männlichen oder weiblichen Geschlechts? ... Und nun erlebe einmal einen Kopulationsvorgang ... Was empfindest du dabei? ... Hast du jemand von deinen Artgenossen besonders gern? ... Erlebe nun dein Leben als Schlange von deiner Geburt an bis zu deinem Tode und gelange dabei von einem wichtigen Erlebnis zum anderen ... Und wenn bis drei gezählt worden ist, dann befindest du dich wieder vor dem Wolkenloch bei deinem Höheren Selbst und kannst dich an alles sehr gut erinnern. Eins, zwei,**

drei. Du bist jetzt wieder bei deinem Höheren Selbst vor dem Wolkenloch eingetroffen. Du kannst dich an dein ganzes Leben als Schlange gut erinnern. Frage dein Höheres Selbst: Warum wollte ich dieses Leben als Schlange erleben? ... Haben sich meine Erfahrungen als Schlange in irgendeiner Weise in späteren Tier- oder Menschenleben ausgewirkt? ... Und wenn du noch irgendwelche Fragen an dein Höheres Selbst stellen möchtest, dann frage jetzt ...

Man könnte jetzt die Rückreise via Wolkenbett und Wiese in das heutige Leben antreten, man könnte aber auch noch durch mehrere Löcher schlüpfen, um sich noch weitere Tierleben anzusehen. Man kann nach Abschließen der aufgesuchten Tier-, Pflanzen- oder Steinleben auch direkt von diesem Platz vor einer Öffnung in einer Wolkenwand zurück ins heutige Leben reisen, indem man sagt: **Es wird jetzt von einundzwanzig bis fünfundzwanzig gezählt, dann befindest du dich wieder in deinem heutigen Leben als Mensch. Es ist dann der** (Tag, Monat, Jahr und Ort nennen). **Du kannst dich dann weiterhin an alles erinnern, was du soeben als Schlange erlebt hast.**

Einundzwanzig:	**Du bewegst deine Zehen.**
Zweiundzwanzig:	**Du bewegst deine Finger.**
Dreiundzwanzig:	**Du bewegst deine Knie.**
Vierundzwanzig:	**Du bewegst deine Ellbogen.**
Fünfundzwanzig:	**Du öffnest deine Augen und fühlst dich sehr, sehr wohl.**

Viele Zeitreisende können sich als Tier sehr gut wahrnehmen. Sie entdecken alle die Eigenschaften, über die das betreffende Tier verfügt. Später beim Lesen in Biologiebüchern werden sie erstaunt feststellen, das bestimmte von ihnen erlebte Verhaltenstrukturen tatsächlich diesem Tier eigen sind, was sie vorher nie gewusst hatten.

d.) Das Sicherleben als Pflanze

Um die Pflanzenleben aufzusuchen, kann man vor dem Wolkentor oder auch schon vor den Löchern in der Wolkenwand beginnen. Dort kann man das Höhere Selbst wiederum fragen, ob man und wie viele Male man als Pflanze gelebt hat. Wenn es also so sein sollte, dass man als eine solche schon gelebt hat und man möchte zu solch einem Leben reisen, dann fahre man mit folgendem Text fort:

Das Höhere Selbst nimmt dich an die Hand. Ihr schwebt über die breite Wolkenwand hinüber, überquert eine lange weite Ebene, auf welcher große und kleine Felder deiner früheren Leben zu erkennen sind. Und vor dir entdeckst du eine breite lange Wolkenwand, in welcher sich transparente FENSTERÖFFNUNGEN zeigen. Und du erkennst, dass hinter jedem dieser das Abbild einer Pflanze zu sehen ist. Und auf einmal stehst du vor einem dieser Fenster. Du erkennst nun deutlich die sich dahinter befindliche Pflanze. Und das Höhere Selbst sagt zu dir: "Es wird nun bis drei gezählt, und dann hat sich dieses Fenster geöffnet, und du befindest dich dann in dieser Pflanze und erlebst deine schönsten Empfindungen."

Eins, zwei, drei. Jetzt bist du in ihr ... Fühle einmal deine Größe und Kraft ... Wie siehst du aus? ... Hast du eine oder mehrere Blüten? ... Was magst du besonders gern? ... Und nun erlebe deine schönsten Empfindungen ... Kannst du mit anderen Pflanzen deiner Art kommunizieren? Wenn ja, dann erlebe ein solches Austauschen von Vibrationen und vielleicht sogar von Gefühlen ... Über was empfindest du in deinem Leben die größte Freude? ... Wie erlebst du die Vermehrung deiner Art? ... Hast du vor irgendetwas Angst? ... Gibt es weitere andere Pflanzen oder Wesen, mit denen du dich verständigen kannst? Dann erlebe jetzt solche Erlebnisse ... Hast du ein Bewusstsein darüber, weshalb du da bist? ... Spürst du eine höhere Zugehörigkeit zur Schöpfung? ... Weißt du, was Liebe ist? ... Gibt es irgendetwas oder irgendwen, der dich liebt? ... Hast du Angst vor

dem Sterben? ... Was geschieht mit dir unmittelbar nach deinem Ableben? ...

Und wenn bis drei gezählt worden ist, dann befindest du dich wieder vor der Wolkenwand mit den Fenstern bei deinem Höheren Selbst und kannst dich an alle soeben erlebten Einzelheiten erinnern. Eins, zwei, drei. Jetzt bist du wieder bei deinem Höheren Selbst vor dieser Wolkenwand und kannst dich an alles gut erinnern. Frage einmal dein Höheres Selbst, warum du dir dieses betreffende Pflanzenleben ausgesucht hast? ... Was wolltest du als diese Pflanze erfahren? ...

Nun könnte man das Höhere Selbst bitten, noch ein anderes und danach vielleicht noch einige andere Pflanzenleben aufzusuchen, bevor man sagt:

Es wird jetzt von einundzwanzig bis fünfundzwanzig gezählt, dann befindest du dich wieder in deinem heutigen Leben als Mensch. Es ist dann der (Tag, Monat, Jahr und Ort nennen). **Du kannst dich dann weiterhin an alles erinnern, was du soeben als Pflanze erlebt hast. Du fühlst dich sehr, sehr wohl.**

Einundzwanzig:	**Du bewegst deine Zehen.**
Zweiundzwanzig:	**Du bewegst deine Finger.**
Dreiundzwanzig:	**Du bewegst deine Knie.**
Vierundzwanzig:	**Du bewegst deine Ellbogen.**
Fünfundzwanzig:	**Du öffnest deine Augen und fühlst dich sehr, sehr wohl.**

e.) Zu Besuch in Seinem früheren Leben als Stein

Bei weitem haben nicht alle diejenigen, deren Seele eine oder auch viele Lebensspannen in einem Tier- oder Pflanzenleben zugebracht hat, auch vorher ein Seelenleben als Stein durchlebt. Wie wir schon sagten, lebt der überkosmische Spieler in der Raum- und Zeitlosigkeit, weshalb für ihn Zeit keine Rolle spielt, ist doch das

Verweilen in einem Stein oder Berg, auch wenn es nach objektiver Zeit eine Million Jahre gedauert haben sollte, zeitlos.

Sollte der Zeitreisende soeben ein Pflanzenleben wiedererlebt haben und will gleich im Anschluss ein Leben im Stein erleben, dann kann er diese Reise in einen Stein hinein – nachdem ihm sein Höheres Selbst ein Leben in einem solchen bestätigt hat – von jeder beliebigen Wolkenwand aus durchführen.

Das Höhere Selbst nimmt dich an die Hand, und ihr schwebt nun über mehrere Wolkenbänke hinweg. Plötzlich siehst du vor dir einen Berg oder ein Gestein. Und das Höhere Selbst sagt zu dir: "Gleich wird bis drei gezählt, dann befindest du dich in jenem Gestein." Eins, zwei, drei. Jetzt bist du in diesem Gestein und erlebst dich als solches ... Wie fühlst du dich? ... Hast du überhaupt Gefühle, wenn ja, welcher Art sind sie? ... Hast du ein Bewusstsein? Wenn ja, was ist dir bewusst? ... Weißt du, weshalb du dich jetzt im Stein befindest? ... War es deine freie Entscheidung dort hineinzugehen? ... Kannst du mit irgendwem oder mit irgendetwas kommunizieren? ... Was macht dir alles Freude? ... Gibt es auch etwas, was dir Verdruss bereitet? ... Weißt du jetzt schon, dass du dich einmal mit deiner Seele in einer Pflanze und dann in einem Tierkörper befinden wirst? ... Hast du überhaupt ein Zeitgefühl? ... Weißt du eigentlich, woher du kommst? ... Was weißt du von der Schöpfung? ...

Und wenn bis drei gezählt worden ist, befindest du dich wieder vor dem Wolkentor (oder im Wolkenbett) **und kannst dich an alles erinnern. Eins, zwei, drei. Du befindest dich wieder bei deinem Höheren Selbst vor dem Wolkentor und kannst dich an alles ganz genau erinnern. Frage dein Höheres Selbst: "Wie viele Erdenjahre war ich in diesem Gestein? ... Was war das für ein Gestein? ... In welchem Erdteil oder Land befindet sich dieses Gestein? ... Ist dieses dort noch vorhanden oder schon verwittert? ... Welche Steine werden von Seelen bewohnt und welche nicht? ... Kann man mit Steinen Kontakt aufnehmen? ... Wenn ja, wie ist eine Kontaktaufnahme möglich? ... Haben Steine noch eine höhere Funktion als die, dass sie Masse sind? ..."**

Es wird jetzt von einundzwanzig bis fünfundzwanzig gezählt, dann befindest du dich wieder in deinem heutigen Leben als Mensch. Es ist dann der (Tag, Monat, Jahr und Ort nennen). **Du kannst dich dann weiterhin an alles erinnern, was du soeben als Stein erlebt hast. Du fühlst dich sehr, sehr wohl.**

Einundzwanzig:	**Du bewegst deine Zehen.**
Zweiundzwanzig:	**Du bewegst deine Finger.**
Dreiundzwanzig:	**Du bewegst deine Knie.**
Vierundzwanzig:	**Du bewegst deine Ellbogen.**
Fünfundzwanzig:	**Du öffnest deine Augen und fühlst dich sehr, sehr wohl.**

Hat der Zeitreisende nach diesem ersten Besuch seiner Tier-, Pflanzen und Steinleben weiterhin bei erneuten Einstiegen in den Alphazustand noch Interesse, andere vormenschliche Erdenleben aufzusuchen, so kann er sich schon im Wolkenbett mit dem Höheren Selbst unterhalten und es fragen, welche Tier- oder Pflanzenleben oder gegebenenfalls ein Leben als Stein beziehungsweise im Stein er gehabt hat, und kann sich aus dem Wolkenbett heraus sofort dorthin begeben. Wenn das Höhere Selbst auf seine Frage hin geantwortet haben sollte, dass sich der Betreffende schon als Seele in einem Salamander, in einer Kröte, in einer Fliege usw. niedergelassen hatte, so könnte die Formulierung folgendermaßen lauten: **Bitte dein Höheres Selbst dich nun in jenes Leben als Salamander zu führen. Und es wird bis drei gezählt, und dann befindest du dich im Körper eines Salamanders. Eins, zwei, drei. Jetzt bist du da.**

Nachdem ein solches Leben erkundet beziehungsweise erfahren worden ist, führt der Begleiter den Zeitreisenden wieder zum Wolkenbett zurück und lässt ihn von hier aus das nächste Leben als Tier aufsuchen. In gleicher Weise geht man bei Besuchen in seine Pflanzenleben oder in seine Leben im Stein vor. Die tieferen Gründe, warum man sich solche Leben als Stein, Pflanze, Tier und Mensch als überkosmischer Spieler aussucht, sind in meinem Buch *Das große Karmahandbuch* ausführlich dargelegt worden.

* * *

Reisen in frühere Jenseitsaufenthalte

Die menschliche Seele befindet sich nach Beendigung eines Erdenlebens in einem Astralkörper, das heißt – wie *Johannes von Buttlar* es nennt – in einem feinstofflichen Körper. Man sieht in den meisten Fällen seinen verstorbenen Erdenkörper unter oder auch vor sich liegen, und zwar genauso wie bei einem Out-of-Body-Erlebnis. Oft weiß man bei normalen Todesumständen noch nicht gleich, was eigentlich geschehen ist. Man erlebt die Geschehnisse wie in einem Traum. Man sieht eventuell, wie von den Versammelten um den Leichnam getrauert wird. Nach meiner Schätzung werden etwa achtzig Prozent aller dieser soeben Verstorbenen von ihren zuvor Verstorbenen, die ihnen in Liebe am engsten verbunden waren, aber auch von Geistführen oder als Engel erscheinenden Wesen abgeholt. Die Übrigen bleiben längere oder kürzere Zeit noch erdgebunden, doch werden auch diese mit der Zeit in die jenseitige Welt geleitet. Wer sich im Einzelnen über die Beschaffenheit des Jenseits schon im Voraus informieren möchte, dem empfehle ich zwei wichtige Bücher: *Anthony Borgia: Das Leben in der unsichtbaren Welt*[32] und *Michael Newton: Die Reisen der Seele*[33]. Hierin wird der Leser eingeführt in die Jenseitskunde, sodass sich für ihn dadurch viele Fragemöglichkeiten bei eigenen Zeitreisen in die jenseitigen Welten ergeben.

Man kann sich natürlich auch ohne Vorbereitung auf solche Reisen begeben.

In der jenseitigen Welt gibt es zwei Arten der Realität, abgesehen davon, dass das Jenseits aus der Perspektive der All-Einheit ebenfalls eine Illusion ist. Einmal nehmen wir unsere Vorstellungen von einem Leben nach dem Tode, falls wir solche haben, gerne noch mit hinüber. Wir können uns dann auf einer Wolke schwebend erleben oder begegnen Engelwesen mit Flügeln. Hier handelt es sich um Projektionsebenen, wie sie oben ausführlich von meinem Co-Autor beschrieben worden sind. Doch neben dieser subjektiven Realität existiert auch eine objektive, die sich aus der Gesamtvorstellung der Hinübergegangenen ergibt. Mit der Zeit wird auch derjenige, der sich an seine subjektiven Vorstellungen noch klammert, in diese objektiven Vorstellungen gelangen, wobei sich subjektive und objektive Realität oftmals vermischen. Zum Beispiel gibt es objektiv gesehen in der jenseitigen Welt keine Sonne, da alles sowieso im hellen Licht erstrahlt. Wenn jemand jedoch einen Sonnenuntergang erleben möchte, dann kann er sich ihn vorstellen oder auch wünschen, und dann erlebt er einen prächtigen Sonnenuntergang, und andere Bewohner dieser jenseitigen Welt können sich zu ihm gesellen und dieses wunschprojizierte Illusionsschauspiel ebenfalls miterleben. Doch ich möchte demjenigen, dem solche Reisen zu den Wundern dieser höher schwingenden Daseinsebene in den vorgestellten Illusionen noch bevorstehen, nicht schon zu viel verraten, dürfte es für ihn doch ein besonderer Reiz sein, diese Lichtwelt schon bald selbst auf einer Zeitreise auszukundschaften.

Meinem Freund, dem verstorbenen Geistheiler *Tom Johanson*, ist es oftmals geglückt, mit seinem Astralkörper die jenseitige Welt aufzusuchen. Einige unserer Gespräche über das Jenseits habe ich auf Kassette aufgenommen und werde sie im Anhang dem Leser in Auszügen darbieten. Tom sagte auch, dass wir während des Schlafes sehr häufig als Besucher in das Jenseits kommen, dort unter unseren lieben Angehörigen weilen und uns in deren Welt umsehen. Doch wenn wir verstorben sind und gelangen dann ins Jenseits, dürfen wir dieses mit all seinen uns in Erstaunen versetzenden Überraschungen so erleben, als ob wir zum ersten Mal dort hingekommen seien. Dies ist eine wunderbare Einrichtung in diesem überkosmischen Spiel.

Sehr viele Menschen haben in meinen Seminaren und auch in Einzelrückführungen ihre jenseitigen Leben erfahren können. Ich war oft überrascht, dass sie, die nie über die Beschaffenheiten der jenseitigen Welten etwas gelesen oder erfahren hatten, trotzdem auch die objektiven Realitäten genau wahrnehmen konnten. Nicht jedem gelingt eine solche Reise gleich beim ersten Mal, da sich die linke Gehirnhälfte meist noch mit einmischt, solches Erleben von vornherein als "unrealistisch" oder als "fantastisch" einstuft und den Zeitreisenden dann aus seinem Tiefenzustand herausholt.

Am besten ergeben sich die Möglichkeiten, in Jenseitsleben einzutauchen, wenn man sie unmittelbar nach einer Zeitreise in ein soeben aufgesuchtes Erdenleben durchführt, ohne vorher zuerst zum Wolkentor zurückgegangen zu sein.

Und wenn bis drei gezählt worden ist, dann bist du soeben gestorben und erlebst dich bei vollem Bewusstsein unmittelbar nach deinem Tod. Eins, zwei, drei. Du bist gerade gestorben ... Kannst du deinen irdischen Körper wahrnehmen? ... Wo ist er? ... Befindet sich irgendjemand bei deinem Erdenkörper? ... Wie fühlst du dich jetzt? ... Weißt du, dass du gestorben bist? ... Als was und wie nimmst du dich jetzt selber wahr? ... Und was erlebst du als Nächstes unmittelbar nach deinem irdischen Tod? ... Kommt irgendjemand von den Verstorbenen zu dir und holt dich ab? ... Wenn ja, wer ist es? ... Was ist dein nächstes überraschendstes Erlebnis? ... Wo kommst du schließlich an? ... Wie sieht es dort aus? ... Gibt es Pflanzen, Wiesen, Gärten, Landschaften? ... Gibt es dort Gebäude? Wenn ja, wie sehen diese aus? ... Welche Funktion haben sie? ... Wo und wie wohnen die dortigen Bewohner? ... Was ist hier in dieser Welt ganz anders als auf der Erde? ... Gibt es dort Tiere? ... Wo befinden sich diese? ... Über was musst du dort am meisten staunen? ... Wem begegnest du dort wieder, von denen, die du aus deinem soeben verlassenen Erdenleben her kennst? ... Über was sprecht ihr? ... Wo hältst du dich dort am meisten auf? ... Gehörst du zu irgendeiner Gruppe von Seelen? ... Wie sind diese gekleidet? ... Und was trägst du am Körper? ... Ist dir irgendjemand in dieser Gruppe bekannt? ... Woher kennt ihr euch? ... Wie viele Seelen gehören zu ihr? ... Hat diese Gruppe für dich irgendeine Bedeutung? ... Wird diese von irgendjemandem betreut? ... Erlebe jetzt

einmal ein besonderes Ereignis in dieser Gruppe ... Hast du ein eigenes Zuhause? Wenn ja, sieh es dir genau an und beschreibe es ... Gehst du irgendeiner Tätigkeit nach? ... Wenn ja, was machst du? ... Wo hältst du dich am liebsten auf? ... Mit wem triffst du dich am liebsten? ... Wenn du jetzt über dich und dein Handeln im vergangenen Leben urteilen solltest, was würdest du jetzt sagen? ... Bereust du, irgendetwas getan oder unterlassen zu haben? ... Wie bewegst du dich dort fort? ... Wie groß vom Umfang her ist deiner Meinung nach die Welt, in welcher du jetzt lebst? ... Was hat sich in deinem Bewusstsein über dich und das Dasein allgemein verändert? ... Und nun, wenn bis drei gezählt worden ist, erlebe den Augenblick, der für dich sehr, sehr bedeutungsvoll ist. Eins, zwei, drei. Wo bist du? ... Was erlebst du jetzt? ... Hast du irgendein Gespräch mit einem spirituellen Lehrer oder Meister gehabt? Wenn ja, dann erlebe es jetzt ... Was erfährst du alles von ihm über dich? ... Erlebe noch weitere wichtige Erlebnisse in deiner momentanen Welt. ... Ab wann hast du den Wunsch, dich erneut auf Erden zu inkarnieren? ... Warum willst du inkarnieren? ... Was nimmst du dir alles für ein erneutes Erdenleben vor? ... Wie bereitest du dich auf eine erneute Inkarnation vor? ... Berät dich irgendwer? ... Verabredest du mit jemandem, euch in dem nächsten Erdenleben zu treffen? Wenn ja, mit wem, und warum wollt ihr beiden euch wiedertreffen? ... Hast du im nächsten Erdenleben noch irgendetwas aus einem früheren Leben auszugleichen oder wiedergutzumachen? ... Suchst du dir das Land und die Eltern für dein nächstes Leben selbst aus, oder werden dir diese zugeteilt? ... Mit welchen Gefühlen denkst du an deine bevorstehende Inkarnation? ...

Und wenn bis drei gezählt worden ist, dann befindest du dich wieder vor dem Wolkentor bei deinem Höheren Selbst und kannst dich an alles genauestens erinnern, was du soeben erlebt und erfahren hast. Eins, zwei, drei. Du befindest dich mit einem Mal wieder vor dem Wolkentor bei deinem Höheren Selbst und kannst

dich an alles ganz genau erinnern. Und du fragst dein Höheres Selbst: Wen treffe ich in meinem heutigen Erdenleben aus dieser Gruppe im Jenseits wieder? ... Warum treffen wir uns wieder? ...

Und nachdem alle Fragen beantwortet sind, folge man dem Text, der oben mit fünf Sternchen ***** markiert worden ist.

Es empfiehlt sich, erst einmal das Leben vor dem jetzigen Erdenleben aufzusuchen und anschließend ins Jenseits weiterzureisen. Denn dort haben wir die Planung für das heutige Leben angefertigt. Wir können dort also genau ersehen, was wir in dem heutigen Leben alles erreichen wollen, warum wir bestimmten Menschen im jetzigen Leben wieder zu begegnen uns vorgenommen haben und ob wir damals schon geplant haben, unser Bewusstsein gewaltig zu erweitern, um Astralreisen und Zeitreisen durchzuführen. Denn das steht ohne Zweifel fest: Wer die Fesseln von Raum und Zeit durch derartige Bewusstseinserweiterungen sprengt, erlangt ein höheres "holistisches" Bewusstsein und wird ganz deutlich die vielen Illusionen, in denen wir gefangen sind, als solche erkennen können.

Wem es schon öfter geglückt ist, in die jenseitigen Welten zu reisen, der kann auch aus dem Wolkenbett sofort in seine vergangenen oder auch zukünftigen Jenseitsaufenthalte gelangen. Man könnte dann im Wolkenbett dem Höheren Selbst folgende Bitten vortragen:

„Ich bitte dich, mein Höheres Selbst, mich in jenes frühere Jenseitsleben zurückzuführen, in welchem ich über das höchste Wissen verfügt habe, ... wo ich am meisten Liebe erfahren habe, ... wo ich meine schönste Begegnung mit einem hohen Meister / einer hohen Meisterin gehabt habe, ... in welchem ich eine bedeutsame Aufgabe erfüllt habe, ... wo ich mich oft als Geist, den Irdischen unsichtbar, auf der Erde aufgehalten habe ...“, und anderes mehr.

Alles, was ich hier an Möglichkeiten der Fragestellung angebe, sind nur Vorschläge. Dem eigenen Wunsch und der eigenen Vorstellungskraft bleibt es überlassen, diese Möglichkeiten zu erweitern, um immer mehr von der göttlichen Schöpfung innerhalb der Illusionswelten in Erfahrung zu bringen.

* * *

Reisen in vormals gelebte Leben auf anderen Gestirnen

Die von nun ab geschilderten Zeitreisen sind für denjenigen bestimmt, der Sicherheit mit seinen Reisen in frühere Leben gewonnen hat, der also keinerlei Angst mehr hat, neue Welten oder gar andere Dimensionen des Daseins zu erforschen.

Der überkosmische Spieler hatte unsere Seele gegebenenfalls vor ihrem ersten Erdenleben als Stein, Pflanze, Tier oder als Mensch schon andere Planeten beziehungsweise Gestirne besuchen lassen. Somit sind diese Leben ebenfalls in unserem Unterbewusstsein vorhanden und können wieder aufgesucht werden. Meistens waren wir vor einem Leben als Stein jedoch eine Energiegestalt, die sich oft in blauer Farbe wahrnimmt und mit einem vollen Bewusstsein ausgestattet ist, gepaart mit dem Wissen, nun auf der Erde inkarnieren beziehungsweise sich zuerst in einen Stein oder gleich in eine Pflanze oder in ein Tier hinein versetzen zu wollen. Viele von uns Menschenseelen haben nicht den langen Weg vom Stein über die Pflanze und das Tier genommen, um dann erst in einen menschlichen Körper zu gelangen. Sie befanden sich schon vorher auf einem anderen Gestirn in unserer Galaxie oder in anderen, oder sogar auch in Welten, die wir mit unseren Möglichkeiten zur Erkennung noch nicht wahrgenommen haben. Diese sind oft schon vor vielen Inkarnationen als Mensch auf anderen Sternen gewesen, haben dort oft schon über hohe Erkenntnisse oder Fertigkeiten verfügt, die sie – ihnen dann unbewusst – mit in ihre irdische Inkarnation einbringen konnten. Ich schätze, dass etwa zwei Prozent der Zeitreisenden unmittelbar vor der jetzigen Inkarnation auf einem anderen Gestirn beheimatet waren.

Doch der überkosmische Spieler kann sich auch vorgenommen haben, von einem zum anderen Gestirn zu hüpfen, das heißt, seine vorgestellte Seele einmal dort, dann an anderer Stelle zu inkarnieren, um dann eventuell wieder auf der Erde geboren zu werden, wo er schon vorher einmal oder auch mehrere Male gewesen war. Und beim letzten Geborenwerden auf Erden könnte er sich auch dazu entschlossen haben, nun einmal ein Programm über mehrere irdische Leben hier zu absolvieren. Das heißt, wir als Seele könnten vor einem Leben, vor zehn, vor hundert oder tausend Leben auf einem anderen Gestirn gelebt haben, könnten dort oder auf anderen Gestirnen mehrere Inkarnationen verbracht haben, um dann einmal wieder auf die Erde als hiesiger Mensch zurückzukehren. So kann jemand vor diesem Leben Jahrhunderte lang keine Inkarnation auf Erden gehabt haben, da er sich in der Zwischenzeit auf anderen Daseinsebenen oder Gestirnen inkarniert hatte, wogegen er ab dem fünften Jahrhundert vor Christi Geburt bis zu dem zehnten Jahrhundert nach Christi Geburt dreißig verschiedene Erdenaufenthalte durchlebt haben könnte. Die Möglichkeiten, wo sich eine Seele in den vergangenen oder in den zukünftigen Zeiten aufgehalten hat beziehungsweise noch aufhalten wird, sind sehr variabel.

Man versetze sich also in den Alphazustand und begebe sich – wie auch immer – in das Wolkenbett und, nachdem man sich von der göttlichen Energie ganz einhüllen und beschützen ließ, frage man sein Höheres Selbst: **"Habe ich schon einmal auf einem anderen Gestirn gelebt?"** Bei einer positiven Antwort sage man: **"Ich bitte dich, mein Höheres Selbst, mich jetzt in jenes außerirdische Leben zu begleiten, in welchem ich mich als letztes vor einer irdischen Geburt befunden habe."**

Und das Höhere Selbst nimmt dich an die Hand. Ihr schwebt auf eine Wand aus hellem Licht zu. Vor dieser LICHTWAND angekommen, entdeckst du transparent erscheinende und leicht grünlich schimmernde Türen. Vor einer von ihnen stehend, sagt das Höhere Selbst mittels der Telepathie zu dir: "Gleich wird bis drei gezählt, dann hat sich diese Lichttür vor dir geöffnet. Du

wirst in diese hineingezogen und befindest dich im Nu auf jenem Gestirn, wohin du zu reisen nun beabsichtigst. Du bist dann in jener außerirdischen Welt dort, wo du dein schönstes Erlebnis hattest. Doch bevor bis drei gezählt wird, nimm dieses Fläschchen, trinke von dieser Flüssigkeit, denn diese vermag, dass du gleich nicht nur alles genauestens wahrnehmen und wissen kannst, sondern dass du auch alles fühlen kannst." Und du nimmst dieses Fläschchen, entleerst seinen angenehm schmeckenden Inhalt ... und reichst es dann zurück. Und du merkst, wie sich in deinem Magen ein angenehmes Wärmegefühl ausbreitet. Und du weißt: die Flüssigkeit beginnt schon zu wirken. Wenn jetzt gleich bis drei gezählt worden ist, dann ist diese Tür geöffnet, und du befindest dich sofort auf jenem Stern, auf welchem du vormals schon gewesen bist. Du erlebst dich dann bei deinem schönsten Erlebnis. Eins, zwei, drei. Jetzt bist du da.

Schau auf deine Füße ... Was trägst du an diesen? ... Befühle deine Kleidungsstücke. Was hast du an? ... Gleite einmal mit deinen Händen über den Brustkorb und über dein Haar und das Gesicht. ... Wie lang ist dein Haar und welche Farbe hat es? ... Schau dich um. Wo befindest du dich? ... Ist jemand bei dir? ... Wie fühlst du dich? ... Und jetzt erlebe dein schönstes Erlebnis in deinem ganzen Leben ... Wie heißt das Gestirn, auf dem du lebst? ... Gibt es dort Meere, Gebirge, Wüsten, Flüsse, Seen, Wälder? Beschreibe einmal deine Welt ... Wo und wie wohnen die Bewohner dort? ... Wo wohnst du? ... Steh einmal vor deinem Zuhause und beschreibe es ... Und nun gehe dort hinein. Wie sieht es dort aus? ... Und wenn bis drei gezählt worden ist, dann nimmst du gerade deine Hauptmahlzeit ein. Eins, zwei, drei. Was isst du gerade? ... Wie schmeckt das dir? ... Wer nimmt noch an dieser Mahlzeit teil? ... Bist du verheiratet? Hast du einen Lebenspartner? ... Hast du Kinder? ... Wie heißt du? ... Wie alt bist du? ... Was ist deine Hauptbeschäftigung? ... Wo gehst du dieser nach? ... Bringt dir diese Tätigkeit irgendetwas ein, zum Beispiel Geld? ... Wie besorgst du dir die Dinge, die du zu deinem Leben brauchst? ... Habt ihr zu Hause irgendwelche technischen Geräte? Dann schau sie dir an und beschreibe mir, was man mit diesen alles machen kann. ... Über welche Verkehrsmittel verfügt ihr? ... Wie lange dauert es, mit einem normalen Fluggerät einmal um euren Planeten zu fliegen? ... Habt ihr Möglichkeiten, zu anderen Planeten und Gestirnen zu gelangen? Wenn ja, dann sieh dir solche Flugkörper einmal an oder beschreibe sie ... Warst du schon auf einem anderen Gestirn? ... Weißt du irgendetwas über den Planeten Erde? ... Wie viele Lichtjahre ist dieser von euch entfernt? ...

Wie viele Leute bewohnen euren Planeten? ... Gibt es oder gab es bei euch Kriege? Wenn ja, wer hat gegen wen mit welchen Waffen gekämpft und wie viele Leute sind dabei umgekommen? ... Was machst du auf eurem Planeten am liebsten? ... Lest ihr Bücher, seht ihr Filme? ... Oder auf welche andere Art kommt ihr eurem Bildungs- und Unterhaltungsinteresse nach? ... Gibt es bei euch bildende Kunst? ... Was für eine Musik hörst du gern? ... Wie werden eure Kinder unterrichtet? ... Wie alt werdet ihr? ... Was ist die häufigste Todesursache? ... Gibt es bei euch unheilbare Krankheiten? ... Wie ist euer Staatswesen aufgebaut? ... Müsst ihr Steuern zahlen? ... Was könntet ihr deiner Meinung nach noch bei euch verbessern? ... Wie geht ihr mit eurer Sexualität um? ... Wie steht es mit eurer Moral? ... Ist diese sehr streng? ... Wie steht es um eure Religion? ... Wie stellst du dir die Schöpfung beziehungsweise den Schöpfer vor? ... Glaubt ihr an ein Jenseits? ... Wenn ja, wie stellst du dir dieses vor? ... Habt ihr Kommunikationsmöglichkeiten mit Verstorbenen? ... Glaubst du an die Wiedergeburt der Seele? ... Weißt du etwas über deine früheren Leben? ... Gibt es bei euch Tiere? Wenn ja, was für welche? ... Was ist für dich das wichtigste Erlebnis deines Lebens? Es wird bis drei gezählt, dann bist du da. Eins, zwei, drei ... Wie alt bist du? ... Wo bist du? ... Betrache dir nun ganz gelassen, was geschieht? ... Welche Person hast du am meisten geliebt? ... Und wenn bis drei gezählt worden ist, dann erlebst du dein schönstes Erlebnis mit dieser Person. Eins, zwei, drei. Wo bist du jetzt? ... Was erlebst du jetzt mit dieser Person? ... Und wenn bis drei gezählt worden ist, dann befindest du dich einen Tag vor deinem Tod. Eins, zwei, drei. Du befindest dich einen Tag vor deinem Tod. Wie alt bist du? ... Wie geht es dir? ... Was hast du in deinem Leben alles erreicht? ... Wo bist du überall in deinem Leben herumgekommen? ... Hast du andere Planeten aufgesucht? ... Weißt du, dass du bald sterben wirst? ... Hast du Angst vor deinem Tod? ... Bist du im Großen und Ganzen zufrieden mit deinem Leben? ...

Und wenn bis drei gezählt worden ist, dann befindest du dich WIEDER VOR DER LICHTWAND bei deinem Höheren Selbst und kannst dich an alles erinnern, was du gerade erlebt und erfahren hast. Eins, zwei, drei. Du befindest dich wieder bei deinem Höheren Selbst vor der Lichtwand. Du kannst dich an alles ganz genau erinnern, was du gerade erlebt und erfahren hast.

Frage dein Höheres Selbst, ob du irgendeiner Seele aus der soeben besuchten Welt in deinem heutigen Leben auf Erden wieder begegnest? ... Wen kennst du noch von diesem Planeten? ... Und frage weiterhin: "Wie viele Leben habe ich auf diesem Planeten verbracht? ... Was habe ich dort gelernt oder gekonnt, was ich hier auf Erden nicht weiß oder kann? ... Warum wollte ich auf jenem Planeten inkarnieren? ... Welche Erinnerungen oder Eigenschaften und Fähigkeiten habe ich von diesem Planeten mit in mein Leben auf Erden gebracht? ... Warum wollte ich eigentlich auf dem Planeten Erde wiedergeboren werden? ... Vor wie vielen Jahren nach irdischer Zeitrechnung war ich auf jenem Planeten und wie lange befand ich mich auf diesem?" ... Und wenn du jetzt noch irgendwelche Frage an dein Höheres Selbst stellen möchtest, dann frage jetzt ...

Und mit einem Male befindest du dich WIEDER IN DEM WOLKENBETT. Du kannst dich an alles Erlebte und Erfahrene weiterhin gut erinnern. Alles bleibt in deinem Gedächtnis. Du fühlst dich aufgeladen von der göttlichen Energie, die dich mit so viel Freude, Liebe, Heilkraft, Selbstvertrauen und Harmonie beschenkt.

Es wird jetzt von einundzwanzig bis fünfundzwanzig gezählt, dann befindest du dich wieder in deinem heutigen Leben. Es ist

dann der (Tag, Monat, Jahr und Ort nennen). **Du kannst dich dann weiterhin an alles erinnern, was du soeben in der anderen Dimension alles erlebt und erfahren hast. Du fühlst dich sehr, sehr wohl.**

Einundzwanzig:	**Du bewegst deine Zehen.**
Zweiundzwanzig:	**Du bewegst deine Finger.**
Dreiundzwanzig:	**Du bewegst deine Knie.**
Vierundzwanzig:	**Du bewegst deine Ellbogen.**
Fünfundzwanzig:	**Du öffnest deine Augen und fühlst dich sehr, sehr wohl.**

Die Fragemöglichkeiten sind nahezu unerschöpflich. Man kann beliebig viele Orte und Begebenheiten aufsuchen. Jeder kann seine eigene Reisezeit bestimmen. So man vom Höheren Selbst die Bestätigung erhalten hat, dass man noch auf weiteren Gestirnen beheimatet war, kann man diese Leben ebenfalls auf gleiche oder ähnliche Weise aufsuchen. Der Zeitreisende kann sich auch gegebenenfalls das erweiterte Wissen auf jenen anderen Erlebniswelten wieder aneignen und in sein heutiges Leben einfließen lassen. Sollte er auf diesen anderen Planten erfahren oder gar gelernt haben, wie man bestimmte technische Geräte oder gar Raumfahrzeuge herstellt, kann er sich dieses Wissen noch einmal an Ort und Stelle ganz bewusst ansehen oder erklären lassen und dann dementsprechend versuchen, diese Kenntnisse uns Erdenbürgern zu vermitteln.

Nicht jedem, dem eine Zeitreise in ein interstellarisches Leben gelingt, wird bei seinen ersten Versuchen auch fähig sein, in andere Dimensionen zu reisen. Doch solch eine Reise erweitert das Bewusstsein kolossal. Ich empfehle, sich für Zeitreisen zu anderen Gestirnen oder in andere Dimensionen nur auf einen einzigen solchen Ausflug zu beschränken, da mehrere dergleichen, hintereinander durchgeführt, dazu führen, dass sich die Eindrücke und Fakten überschneiden oder verschwimmen.

* * *

Reisen in vormals gelebte Leben in anderen Dimensionen

Der überkosmische Spieler kann sich ein Illusionsspiel ausgesucht haben, bei welchem er sich vor einem Hineingehen in die Dualität der Erde in anderen Dimensionen aufgehalten hat. Er kann, wenn er so will, in den verschiedenen Dimensionen hin- und herhüpfen. Das bedeutet, dass er sich einem ständigen Wechselbad von kalt und warm unterzieht, denn jedes Hineintauchen in eine andere Dimension – so interessant es auch sein mag – bedeutet eine große Umstellung in der Vorstellungskraft. Mit unseren irdischen Vorstellungsmöglichkeiten bleiben wir verhaftet in den uns einschränkenden Illusionswelten, die wir aber durch Zeitreisen erweitern oder aber gar als solche desillusionieren können, sobald es uns gelingt, das überkosmische Spiel als solches zu begreifen. Für unser irdisches Verstehen ist es schwer, die Beschaffenheit anderer Dimensionen zu erfassen, genau wie es für einen Fisch schwer wäre, so er in einem durchsichtigen Behälter als unser Begleiter überall mit herumgetragen würde, das Leben außerhalb des Wassers samt der Menschen und deren Denken und Handeln zu begreifen.

Wenn ich in meinen Seminaren solche Zeitreisen in andere Dimensionen durchführte, war es für die jeweiligen Zeitreisenden, denen es gelungen war, in solche Welten einzutauchen, sehr schwierig, diese auch nur annähernd zu beschreiben. Uns mag es wie einem Regenwurm ergehen, dem sich seine visuell aufgenommenen Bilder nur in Höhe und Breite darstellen, und der plötzlich damit konfrontiert ist, auch die Weite wahrnehmen zu können. Wie wollte er diese für ihn neue Tiefendimension einem anderen seinesgleichen beschreiben? Es ist alles anders. Wir befinden uns jetzt in der Dualität. Aber es gibt auch erweiterte Dimensionen, denen die Tripolität, die Quatropolität eigen ist. Und vielleicht gibt es Universen, die sich in Dimensionen befinden, die nicht nur mannigfach gekoppelte Multipolaritäten aufweisen, sondern sich jenseits aller Polarität befinden.

So sich der überkosmische Spieler in solchen Dimensionen aufgehalten haben sollte, können wir, die wir in seiner Vorstellung als sein vorgestellter Teil beheimatet sind, nur das nachvollziehen, was er eben erlebt hat. Und trotzdem werden wir mit unserer irdischen Begrenzung, auch wenn sie durch solcherlei Zeitreisen erweitert wird, diese anderen Dimensionen kaum erfassen.

Wer sich trotzdem auf das große Abenteuer einlassen möchte, andere Dimensionen aufsuchen zu wollen, sollte im WOLKENBETT sein Höheres Selbst fragen, ob sich seine Seele schon in anderen Dimensionen aufgehalten hat und ob es ratsam sei, diese einmal aufzusuchen. Denn im Grunde geschieht nichts, ohne die Einwilligung des Höheren Selbst. Dieses hat zwar an unserer Bewusstseinserweiterung großes Interesse, weiß aber auch ganz genau, wann wir uns überfordern würden, weshalb es uns Grenzen bei unseren Zeitreisen setzen könnte. So es jedoch einer solchen Zeitreise zustimmt, gehe man folgendermaßen vor:

Das Höhere Selbst nimmt dich an die Hand. Ihr schwebt nun in das Weltall hinein, vorbei an den vielen Gestirnen ... Und auf einmal kommt ihr an eine durchsichtige dicke NEBELWAND. Und das Höhere Selbst sagt zu dir: "Wenn du durch diese Wand in jene dahinter liegende Dimension hindurchreisen möchtest, wirst du innerhalb dieser dicken Wand deine Vibrationen verändern müssen. Du brauchst keinerlei Angst zu haben, denn du wirst immer zu mir zurückkehren und deine normale Schwingung wieder einnehmen. Auch werde ich dich immer begleiten. Und nun dringe langsam in diese Nebelwand ein. Diese dich nun durchflutenden Schwingungen stimmen dich auf jene Frequenzen ein, die der Dimension hinter dieser Wand eigen sind. Hab keinerlei Angst. Lass dich jetzt von diesen Vibrationen durchfluten. Jetzt bist du durch

diese Wand hindurchgelangt. Du kannst jetzt in diese neue Daseinsebene hineinschweben. Begib dich nun dorthin, wo du etwas Konkretes wahrnimmst. Es wird bis drei gezählt, dann bist du dort. Eins, zwei, drei. Jetzt bist du da. Wo bist du? Was nimmst du wahr? ... Was verändert sich in deiner Wahrnehmung? ... Wie fühlst du dich? ... Was erscheint dir hier alles total fremd? ... Und wenn du irgendeine Begegnung mit einem Wesen dieser Dimension hast, dann erlebst du bei drei diese Begegnung. Eins, zwei, drei. Wem begegnest du? ... In welcher Weise könnt ihr euch verständigen? ... Wie reagiert dieses Wesen auf dich? ... Sieht es in irgendeiner Weise wie ein irdischer Mensch aus? ... Was vermittelt dir dieses Wesen? ... Und nun erkunde dein ganzes Leben in dieser Erlebniswelt ... Was erstaunt dich in dieser Dimensionswelt am meisten? ... Gibt es dort irgendwelche Verkehrsmittel? ... Wie bewegen sich diese Wesen fort? ... Was ist hier vollkommen anders als in der Welt der Dualität?

Und wenn bis drei gezählt worden ist, dann bis du wieder durch diese Nebelwand hindurchgeeilt, hast deine irdischen Schwingungen wieder eingenommen und befindest dich in deiner Dimension der Dualität. Ja, du bist dann wieder im WOLKENBETT bei deinem Höheren Selbst und kannst dich an alles ganz genau erinnern, was du jetzt auf dieser Zeitreise in diese andere Dimension erlebt und erfahren hast. Eins, zwei, drei. Du bist jetzt wieder in deinem Wolkenbett, bei deinem Höheren Selbst. Du kannst dich an alles erinnern, was du gerade erlebt und erfahren hast. Alles bleibt in deiner Erinnerung. Und nun unterhalte dich mit deinem Höheren Selbst über all das, was du erfahren hast, und lass dir die Dinge, die du nicht verstanden hast oder hinterfragen willst, genauer erklären ...

Es wird jetzt von einundzwanzig bis fünfundzwanzig gezählt, dann befindest du dich wieder in deinem heutigen Leben. Es ist dann der (Tag, Monat, Jahr und Ort nennen). Du kannst dich dann weiterhin an alles erinnern, was du soeben in der anderen Dimension alles erlebt und erfahren hast. Du fühlst dich sehr, sehr wohl.

Einundzwanzig:	Du bewegst deine Zehen.
Zweiundzwanzig:	Du bewegst deine Finger.
Dreiundzwanzig:	Du bewegst deine Knie.
Vierundzwanzig:	Du bewegst deine Ellbogen.
Fünfundzwanzig:	Du öffnest deine Augen und fühlst dich sehr, sehr wohl.

Obwohl nun der Zurückgekehrte die Augen wieder geöffnet hat, wird er noch verwirrt sein über all das von ihm Erlebte, da es schwierig ist, dieses in sein gewohntes dualistisch geprägtes Koordinatensystem von x und y, von Plus und Minus einzuordnen. Es wird ihm auch schwer fallen, anderen davon zu berichten, denn es fehlen ihm einfach die Worte dafür. Doch er wird durch das Erlebte eine Ahnung bekommen haben von der ungeheuer großen Schöpfung, die weit über die Grenzen unseres Universums hinausreicht, ja, in welcher unser Universum samt den Milliarden Fixsternen nur ein winziger Teil des Ganzen ist.

Intergalaktischen und interdimensionären Zeitreisen sind also keine Grenzen gesetzt, denn der überkosmische Spieler verfügt über unbegrenzte Vorstellungskräfte, in welche er uns als seine vorgestellte Seele hineinschicken kann. Und man begreift vielleicht auch, wie weit die Theoretiker der Kosmologie und der Raum- und Zeitphysik noch von den eigentlichen Wahrheiten entfernt sind. Sollten sich unter solchen einige anschicken, Zeitreisen in andere Dimensionen zu unternehmen, würden sich sicherlich neue Theorien des kosmischen und überkosmischen Daseins ergeben, die weit über bisherige Primärschöpfungstheorien, über Urknall, kosmische Strings, schwarze und weiße Löcher – ob wurmartig oder nicht – hinausweisen. Wie ich schon sagte, befinden wir uns mit unseren kühnsten Vorstellungen von der Gesamtschöpfung noch in den Kinderschuhen unseres Wissens von den eigentlichen Wahrheiten.

* * *

Reisen in Parallelwelten

Es gibt Welten, die wir nur aus Märchen kennen. Doch leben unter uns Menschen, die diese Welten beziehungsweise deren Bewohner wahrgenommen haben. Denken wir nur an die Gnome, Elfen, ja das ganze Feenreich und die so genannten Elementale, deren Wesen von verschiedenster Gestalt sind. Sie sind keine Außerirdischen oder Jenseitigen. Es sind belebte Seelen in einem Körper, der für uns meist unsichtbar ist. Nur wenigen ist es vergönnt, solche zu sehen. Ich habe einige Menschen kennen gelernt, die vor allem als Kind die Fähigkeit besaßen, solche Wesen zu sehen und mit ihnen zu sprechen oder gar mit ihnen zu spielen. Sollen diese nur deswegen nicht existieren, weil wir sie normalerweise nicht sehen, während Kinderaugen sie erblicken können? Das meiste, was es in der Schöpfung gibt, können wir überhaupt nicht mit unseren normalen Sinnen wahrnehmen. Denken wir nur an das oben angeführte Beispiel des Schwingungsbandes, das unsere fünf Sinne auf einen verhältnismäßig kleinen Bereich von Frequenzen reduziert.

Sollte jemand als Kind mit Elfen zusammengekommen sein und kann er sich aber als Erwachsener nur noch ungenau daran erinnern, könnte er mittels des Alphazustandes in seine heutige Kindheit zurückgehen und diese Erlebnisse wieder in sein Gedächtnis zurückholen, wie er übrigens alle seine in diesem Leben erlebten Begebenheiten wie auch seine Träume wieder aufleben lassen könnte, da alles in seinem Unterbewusstsein gespeichert ist. So könnte er im Wolkenbett sein Höheres Selbst bitten: **"Führe mich bitte in die Kindheit meines jetzigen Leben zurück, wo ich mit den ELFEN gesprochen habe."**

Und das Höhere Selbst nimmt dich an die Hand. Ihr schwebt durch eine Wolkenwand hindurch, überquert ein langes weites

Wolkenfeld, und du erblickst vor dir eine lange, breite Wolkenwand mit vielen, vielen Toren darin. Doch ganz rechts erblickst du ein TOR. Über diesem ist dein Name geschrieben. Und du weißt: Dies ist der Eingang in mein heutiges Leben. Und das Höhere Selbst sagt zu dir mittels der Telepathie: "Gleich wird bis drei gezählt. Dann ist dieses Tor geöffnet. Und du befindest dich dann in deinem heutigen Leben genau dort, wo du dein wichtigstes Erlebnis mit Elfen hattest. Hier, trink aus diesem Fläschchen einen kräftigen Schluck, damit du dich gleich wieder sehr gut an alles erinnern und alles so wieder erleben kannst, wie es wirklich von dir damals erlebt worden ist." Und du trinkst einen großen Schluck davon und reichst dann das Fläschchen dem Höheren Selbst zurück. Und du weißt, wenn jetzt bis drei gezählt worden ist, dann ist dieses Tor geöffnet, und du befindest dich genau dort, wo du dein wichtigstes Erlebnis in diesem Leben mit Elfen hattest. Eins, zwei, drei. Jetzt bist du da.

Zeitreisen zurück in Stationen des heutigen Lebens sind relativ leicht durchzuführen, selbst wenn es sich dabei um Wiedererinnerungen an normalerweise unsichtbare Wesen handeln sollte, die in unserer Welt oder aber in ihren eigenen Welten leben. Letztere sind unserer Welt als Parallelwelten zugeordnet.

Am eindrucksvollsten wird eine solche Parallelwelt in dem Buch *Vom Geist Afrikas* von *Malidoma P. Somé*[34] dargestellt. Die im jugendlichen Alter zur Einweihung Zugelassenen werden in diese Parallelwelten hineingeschickt, um aus diesen wieder den Weg zurück in die hiesige Welt zu finden. Dieses Einweihungsritual bezweckt, Angstlosigkeit zu beweisen, dient aber zugleich einer Bewusstseinserweiterung. In diesen Parallelwelten kann die Landschaft ganz anders geartet sein und auch deren Lebewesen können Menschen oder auch ganz anders aussehende Gestalten sein. *Fred Alan Wolf* ist sogar der Ansicht, dass wir uns in den Träumen in parallelen Welten aufhalten. Ich selbst habe mit solchen Parallelwelten noch keinerlei Erfahrungen gesammelt, möchte aber dem Zeitreisenden die Möglichkeit verdeutlichen, dass es eben auch parallele Welten gibt, die ebenso real sind wie die unsrige, in welchen wir uns im

Wachzustand oder aber in den Träumen schon aufgehalten haben und in die wir uns, so wir vom Höheren Selbst die Erlaubnis dazu eingeholt haben, hineinbegeben können. Nachdem wir die Bewilligung im Wolkenbett erteilt bekommen haben, lautet der Text folgendermaßen:

Das Höhere Selbst nimmt dich an die Hand. Ihr schwebt durch eine Wolkenwand hindurch, überquert ein langes weites Wolkenfeld, und du erblickst vor dir eine lange, breite Wolkenwand mit vielen, vielen Toren darin. Doch ganz rechts erblickst du ein Tor über dem dein Name geschrieben ist. Und du weißt: Dies ist der Eingang in mein heutiges Leben. Und neben diesem Tor erblickst du zur Rechten eine transparent schimmernde BLAUE TÜR. Darüber steht in leuchtender Schrift: Eingang in die Welt deiner TRÄUME in diesem Leben. Und links neben dem Tor befindet sich eine transparent schimmernde GRÜNE TÜR, darüber steht: Eingang in die PARALLELWELTEN deines heutigen Lebens. Und das Höhere Selbst sagt zu dir mittels der Telepathie: "Gleich wird bis drei gezählt. Dann ist diese grüne Tür geöffnet. Und du befindest dich dann in einem Leben der Parallelwelt, und zwar genau dort, wo du dein besonderes Erlebnis hattest. Hier, trink aus diesem Fläschchen einen kräftigen Schluck, damit du dich gleich wieder sehr gut an alles erinnern und alles so wieder erleben kannst, wie es wirklich von dir damals erlebt worden ist." Und du trinkst einen großen Schluck davon und reichst dann das Fläschchen dem Höheren Selbst zurück. Und du weißt, wenn jetzt bis drei gezählt worden ist, dann ist diese Tür geöffnet, und du befindest dich genau dort, wo du dein besonderes Erlebnis in dieser Parallelwelt zu deinem heutigen Leben hattest. Eins, zwei, drei. Jetzt bist du da.

Dem Zeitreisenden sind keine Grenzen gesetzt als diejenigen, die ihm zum einen sein Höheres Selbst aus den verschiedensten Gründen setzen könnte, und zum anderen jene, die über sein eigenes gespeichertes Wissen im Unterbewusstsein hinausgehen. Er kann nur das wiedererleben, was er selbst schon einmal erlebt hat, sei es auf Erden in diesem oder in früheren Leben, sei es in Parallel-

oder in Traumwelten oder sei es auf anderen Planeten oder in anderen Dimensionen. Ebenso wie er in die Parallelwelten oder in die Traumwelten des heutigen Lebens einsteigen kann, könnte er auch diejenigen aus früheren Leben aufsuchen. Denn vor jedem der Wolkentore eines früheren Lebens stehend, könnte sich dort neben einem solchen ebenfalls eine grüne und/oder eine blaue Tür befinden, durch welche er Zugang zu diesen Parallel- oder Traumwelten finden kann.

* * *

Reisen in Parallelleben

Der überkosmische Spieler könnte sich in der All-Einheit auch dazu entschlossen haben, ein Spiel zu spielen, in welchem er nicht nur eine Seele durch die verschiedenen Inkarnationen – auf welchen Vorstellungsebenen auch immer – schickt, sondern er könnte auch zwei, drei oder gar mehrere Seelen gleichzeitig kreiert haben, die er durch Erdenleben begleitet, wobei es oftmals vorkommen kann, dass diese sich in manchen Leben sogar begegnen. Mit anderen Worten ist der überkosmische Spieler zugleich das Höhere Selbst, das simultan einige aus sich selbst heraus erschaffene Seelen betreut. Wir können also mittels des Bewusstseins unseres Höheren Selbst in all diese Parallelleben gleichermaßen reisen. So mag es sein, dass eine Seele, die wir nun selbst verkörpern, ein, zwei oder sogar drei (selten mehr als fünf) Parallelseelen in dem jetzigen Leben hat, von denen wir höchstwahrscheinlich gar nichts wissen, zu denen wir allerdings reisen können, um uns deren Leben anzusehen, weil unser und deren Leben verknüpft sind durch das Superbewusstsein des überkosmischen Spielers. Dieser kann also parallel mehrere Seelen durch die imaginären Zeiten schicken, und er kann, so er will, diese Seelen sich begegnen lassen oder nicht. Er könnte sich auch ein Spiel vorgenommen haben, in welchem von diesen zwei Seelen die eine jeweils im anderen Geschlecht inkarniert, um diese beiden sich von Leben zu Leben wieder begegnen zu lassen. Aus solchen Spielen ergeben sich Inkarnationen von Dualseelen, wobei sich eine Seele in jedem Leben auf die oft schmerzliche Suche nach der anderen begibt. Als überkosmische Unterhaltung in der Zeitlosigkeit ist solch ein Dualseelenspiel sicherlich sehr reizvoll, kann der überkosmische Spieler doch alle Liebesgefühle in Freud und Leid auskosten.

Wenn man jedoch vom Höheren Selbst im Wolkenbett bestätigt bekommt, dass eine oder mehrere Parallelseelen im heutigen Leben vorhanden sind, so kann man mittels des überkosmischen Spielers in deren Vorstellungsvermögen hineinreisen und aus deren Perspektive ihr Leben miterleben samt deren Vergangenheit und Zukunft. Man befindet sich dann unmittelbar in der momentanen Zeit bei jenen Personen, ist in deren Gedanken und kann sich mit ihnen unterhalten. Sie geben über alles Auskunft.

Eine meiner vier im jetzigen Leben befindlichen Parallelpersonen ist eine sechzigjährige Frau in Deutschland, in deren Gedanken ich auf solch einer Zeitreise einkehrte, um mich mit ihr zu unterhalten, als sie gerade unter der Dusche stand. Sie antwortete auf alle meine Fragen ganz offen, seien diese auf ihr Ehe- oder ihr Liebesleben bezogen, auf ihre Rolle als Mutter, ihre Freizeitgestaltungen, ihre Privatinteressen oder ihre Ferienziele. Sicherlich wäre diese Frau nie darauf gekommen, dass in diesem Augenblick jemand anderes sie in ihren Gedanken besucht haben könnte. Sie würde diese Konversation auf Nachfrage hin als Gedankenspielerei ihres Unterbewusstseins abgetan haben. Jene andere Person in meinem Parallelleben ist ein zweiundzwanzigjähriger Geselle der Elektrobranche in Süddeutschland, die dritte Person ein dreiundvierzigjähriger Bauer in Indien und die vierte Person eine achtzehnjährige Kenianerin, die sich durch rituelle Tänze in Trance versetzen kann, um Geister durch sich sprechen zu lassen.

Oftmals gelangt man bei Rückführungen in frühere Leben automatisch in ein Parallelleben, das zeitsynchron mit einem anderen schon wiedererlebten eigenen Leben einhergeht. Dieser Umstand verursacht vielen Zeitreisenden größtes Kopfzerbrechen, da es doch dem normalen Verstand nicht einleuchten will, dass man als Seele zugleich in zwei Körpern in der gleichen Zeitperiode mit jeweils anderen Lebensinhalten und vielleicht sogar in verschiedenen Ländern gelebt haben soll. Man hat solche Zeitüberschneidungen mit Carl Gustav Jungs Konzept von dem kollektiven Unbewussten erklärbar machen wollen, nach welchem alles je Erdachte, Erfühlte, Erlebte von allen Menschen ein kollektives Unbewusstes wie ein großes Gedanken- und Gefühlsreservoir bildet, zu dem wir unter bestimmten Umständen Zugang haben und uns, mit diesem verbindend, die Leben anderer Menschen in den verschiedensten Zeiten ansehen beziehungsweise wiedererleben können.

Ich habe früher selbst solche Reisen in meinen Seminaren ausprobiert, jedoch ist das Ergebnis nur in einigen Fällen erfolgreich gewesen, da die Zeit zum intensiven Einüben solcher Besuche in die Parallelleben zu kurz war. Interessant ist bei solchen Reisen in Parallelleben hinein, dass man sie sowohl als Zeitreise durchführen kann als auch als Astralreise, indem man, wie von *Johannes von Buttlar* beschrieben, seinen physischen Körper verlässt, um die betreffenden Personen aufzusuchen. Bei diesen Reisen außerhalb des Körpers kann man vor der aufzusuchenden Person stehen, sich alles von außen her betrachten. Bei den Zeitreisen jedoch befindet man sich meistens in den Gedanken der aufgesuchten Parallelperson und erlebt alles aus ihren Gedanken und Gefühlen heraus samt der Betätigung ihrer fünf Sinne. Es kann jedoch bei solchen Reisen passieren, dass man die Astralreise mit der Zeitreise kombiniert, sodass man sowohl die aufgesuchte Person von außen betrachten kann als auch zugleich in ihre Gedanken hineinzugehen befähigt ist.

Wer jedoch solche Reisen ausprobieren möchte, der bitte sein Höheres Selbst im Wolkenbett darum, in solch ein Parallelleben gehen zu dürfen.

Und das Höhere Selbst nimmt dich an die Hand. Ihr schwebt durch eine Wolkenwand hindurch und überquert ein breites Wolkenbett ganz in Gold und Rosa. Und vor dir entdeckst du eine lange, breite Wolkenwand mit vielen Toren darin. Und du weißt, hinter jedem dieser Tore befindet sich eines deiner früheren Leben. Jedoch über diesen vielen Toren entdeckst du andere weniger sichtbare Tore. Das Höhere Selbst gibt dir telepathisch zu verstehen, dass es sich bei diesen Toren um Eingänge in deine Parallelleben handelt. Und plötzlich stehst du vor solch einem Wolkentor. Und das Höhere Selbst sagt:

„Gleich wird bis drei gezählt. Dann ist dieses Wolkentor geöffnet. Und du befindest dich dann in einem parallelen Leben

zu deinem heutigen Leben, und zwar genau dort, wo du dein interessantestes Erlebnis in diesem Parallelleben hattest. Hier, trink aus diesem Fläschchen einen kräftigen Schluck, damit du dich gleich wieder sehr gut an alles erinnern und alles so wieder erleben kannst, wie es wirklich von dir damals erlebt worden ist." Und du trinkst einen großen Schluck davon und reichst dann das Fläschchen dem Höheren Selbst zurück. Und du weißt, wenn jetzt bis drei gezählt worden ist, dann ist dieses Tor geöffnet, und du befindest dich genau dort, wo du dein interessantestes Erlebnis in diesem Parallelleben zu deinem heutigen Leben hattest. Eins, zwei, drei. Jetzt bist du da.

Von da an gehe man in der gleichen Weise vor, als handele es sich um ein früheres Leben. Und tatsächlich kann man in der gleichen Weise alle seine früheren Parallelleben aufsuchen, das heißt nur solche, die der überkosmische Spieler in seiner Zeitlosigkeit spielt.

Dem Zeitreisenden sind, wie oben bereits erwähnt, keine Grenzen vorgegeben, außer jenen, die ihm zum einen sein Höheres Selbst aus den verschiedensten Gründen setzen könnte, und zum anderen jenen, die über sein eigenes gespeichertes Wissen im Unterbewusstsein hinausgehen samt jenem Superbewusstsein, über das der überkosmische Spieler verfügt und an dem er uns, so es ihm gefällt, mittels unseres Überbewusstseins teilhaben lässt.

Der Zeitreisende kann nur das wiedererleben, was er selbst schon einmal erlebt hat beziehungsweise der überkosmische Spieler in seiner Zeitlosigkeit erlebt, sei es auf Erden in diesem oder in früheren Leben, sei es in Parallel- oder in Traumwelten, oder sei es auf anderen Planeten oder in anderen Dimensionen. Doch um in die zukünftigen Leben zu reisen, bedarf es einer zusätzlichen Eigenschaft, nämlich der des Überbewusstseins, das ein Teil des Superbewusstseins ist.

* ✱ *

Alternative Möglichkeiten, frühere Leben einzusehen

In der esoterischen Wissenschaft spricht man von der so genannten *Akasha-Chronik*, in der alles aufgezeichnet ist, was je passiert ist, sei es im allgemeinen oder im persönlichen Bereich. Kann man Zugang zu diesen Aufzeichnungen direkt oder indirekt (zum Beispiel durch Geistwesen) erhalten, so ist man in der Lage, über alles Vergangene Auskünfte zu erhalten. Doch zukünftige Geschehnisse sind dort nicht aufgezeichnet. Ist das, was *Carl Gustav Jung* mit dem kollektiven Unbewussten meint mit dem identisch, was Esoteriker mit *Akasha-Chronik* bezeichnen?

Es gibt einige begabte Menschen, die nicht nur die Zukunft voraussehen können und somit die Fähigkeit der Präkognition besitzen, sondern auch solche medial Begabten, die die Vergangenheit richtig wiedergeben können und daher über die Gabe der Zurückschau beziehungsweise der Retrocognition verfügen. So sagte mir eine Kartenlegerin genau Zutreffendes aus meiner heutigen Vergangenheit, während meiner Partnerin durch einen *Palmblattleser* in der indischen Stadt *Bangalore* ebenfalls überzeugend Richtiges über ihr jetziges Leben in der Vergangenheit gesagt wurde. Sind es wirklich die Karten oder das Palmblatt, aus oder auf denen zutreffende Mitteilungen zu entnehmen sind, oder ist es vielmehr die Vibration der um Auskunft fragenden Person, welche in dem medial begabten Vermittler plötzlich Eindrücke erzeugt und Bilder aufsteigen lässt, die der mehr oder minder richtigen Wahrheit entsprechen?

Die letztere Vermutung wird erklärbar, wenn man diese mediale Begabung, die bisher nur wenigen Menschen eigen ist, mit der *Psychometrie* vergleicht. Einige der medial Befähigten haben die

Gabe, einen Gegenstand, zum Beispiel einen Ring oder ein Amulett, in die Hand zu nehmen und nun detailliert über die Person, der dieser Gegenstand gehört, zutreffende Begebenheiten aus deren Leben zu beschreiben. Der Mensch scheint alles Erlebte oder ihm Anhaftende als Schwingung auf einem unsichtbaren Chip aufzuzeichnen und mit sich zu führen. Und diese Schwingungen können von jenen medial Begabten aufgenommen und in Bildern oder genauen Bezeichnungen wiedergegeben oder angedeutet werden.

Oft stellen solche berührten Gegenstände nur eine Vermittlung her zu einem überkosmischen Gesamtwissen, aus dem dann die Bilder dem hellsehenden oder ausdeutenden Medium zufließen. Der Gegenstand ist also nicht unbedingt alleiniger Träger dieser Informationen, sondern vielmehr eine Brücke zu einer Informationsquelle.

So berührte der Russe *Stefan Ossowiecki* den versteinerten Fuß einer ägyptischen Frauenstatue, und plötzlich sah er hellsichtig die Frau in aller Schönheit lebendig vor sich, erlebte die Geburt ihres Kindes, durchlitt ihren Kindstod samt der anschließenden Einbalsamierung. Mit Hilfe dieses begabten Mannes konnte *Professor Poniatowski*[35] alte Fundstücke auf ihre Entstehung und ihren Zusammenhang ermitteln. Stefan sah alles wie in einem dreidimensionalen Film. Er konnte sich in diesem bewegen und alles auch aus nächster Nähe betrachten. Vieles, was er während seines Ausflugs in die mit dem berührten Gegenstand zusammenhängende Vergangenheit erlebte, schien oft zuerst mit den bisherigen Erkenntnissen der Wissenschaft zu kollidieren, doch, wie der Professor zugeben musste, haben nachträgliche Forschungen die Richtigkeit von Stefans Aussagen bestätigt. Er verfügt also über die Eigenschaft, sich plötzlich Hunderte, ja Tausende von Jahren zurückversetzen zu können, ohne sich erst auf solch eine Zeitreise vorbereiten zu müssen.

Der mir befreundete israelische Professor der Medizin *Dr. Eli Lasch*[36] hat die Gabe, sich auf eine Person konzentrieren zu können, um deren frühere Leben zu erkennen beziehungsweise in Auszügen wiederzuerleben. Als ich ihn aufforderte, etwas über meine früheren Leben auszusagen, sprach er über ein Leben, das ich als Jude in der Mitte des siebzehnten Jahrhunderts in Galizien verbracht hatte. Er sagte mir, was meine damalige Tätigkeit war und dass ich in einem Pogrom zu Tode gekommen sei. Ich hatte selbst aus anderer Quelle schon über jenes Leben Auskunft erhalten, dachte aber ganz und gar nicht an dieses Leben, als er begonnen hatte, darüber zu berichten. Bevor er darüber zu sprechen begann, befanden sich meine vormaligen Lebensereignisse blitzartig in seinen Gedanken.

Waren es nun meine Schwingungen – nicht Gedanken! –, die er psychometrisch, ohne mich dabei zu berühren, aufgenommen hatte? Oder hatte ein über meine Leben bestens Bescheid wissender unsichtbarer Geist ihm meine vergangenen Lebensfakten zukommen lassen, oder hatte sich mein Freund der *Akasha-Chronik* bedient, die ihm eventuell von meinem Höheren Selbst geöffnet worden war? Es gibt also mehrere mögliche Wege, um an dieses Wissen zu gelangen.

Wer auf diese oder ähnliche Art in frühere Leben gelangen möchte, frage sein Höheres Selbst, zum Beispiel im Wolkenbett: **"Kann ich auch als Beobachter in frühere Leben reisen oder mir auf andere Art Fakten und Begebenheiten aus vergangenen Zeiten, in denen ich vielleicht nicht als Seele inkarniert war, vergegenwärtigen?"** Als innere Stimme vernehmen wir dann die Antwort. Wir können weiterhin fragen: **"Wie kann ich mich darauf vorbereiten, die Fähigkeit zu erlangen, durch Berührung eines Gegenstandes frühere Ereignisse nacherleben zu können?"** Das Höhere Selbst wird sicherlich auf alles antworten, wird aber eventuell dem Frager auch die Antwort erteilen, dass er mit der Aneignung solcher Fähigkeiten noch warten soll. Aber es könnte ihm nun auch detailliert die Schritte aufzeigen, die er zu gehen hat, um zu diesen Gaben zu gelangen.

Viele solcher Wahrsager der Prä- oder der Retrokognition haben gelegentlich wirkliche Durchsagen oder relevante Eindrücke, doch oftmals sind diese ungenügend oder überhaupt falsch. Und oft müssen solche Vermittler die ihnen zufließenden Bilder noch interpretieren, sodass zwar die empfangenen Eindrücke und Bilder an sich richtig sein können, jedoch die Interpretation zu wünschen übrig lässt. Deshalb sei der Leser gewarnt, sich allzu gläubig von derlei Aussagen abhängig zu machen.

Für die Vermutung, dass ein Gegenstand ein Vermittler von Informationen ist, spricht auch die Tatsache, dass man in Kristallkugeln ebenfalls seine vergangenen Leben sehen kann. Ich habe solche Versuche mit Probanden durchgeführt. Nachdem sie sich im Alphazustand bei ihrem Höheren Selbst vor dem Wolkentor befanden, habe ich Folgendes gesagt:

"Es wird dir nun eine Kristallkugel in deine Hände gelegt. Öffne deine Hände. (Der Person wird jetzt diese Kugel in die Hände gelegt.) **Und wenn bis drei gezählt worden ist, dann ist dieses Wolkentor geöffnet. Du öffnest dann deine Augen und schaust in die Kugel, die du in Brusthöhe vor dir hältst. Du erblickst dann darin dein ganzes früheres Leben. Zuerst bist du fünf Jahre alt und erlebst dein schönstes Erlebnis mit fünf Jahren. Eins, zwei, drei. Jetzt ist das Tor geöffnet. Du bist fünf Jahre alt. Schau zuerst auf deine Füße."**

Von da an folge man dem Text, wie er oben beschrieben worden ist. Der Zurückgeführte erlebt entweder alles aus der Perspektive seiner im früheren Leben gelebten Seele, oder aber – was seltener ist – er ist der Beobachter seines eigenen früheren Lebens, kann sich aber jederzeit in seine damaligen Gefühle hineinversetzen. Und oft ist er sowohl der Zurückgeführte, der alles aus seiner Perspektive wahrnimmt, als auch der Beobachter, der nicht nur die Gestalt seines früheren Ichs vor sich sieht, sondern auch alles, was um ihn herum geschieht. Er kann dabei die Perspektive aus horizontaler Ebene einnehmen, oder er kann auch über allem schweben und sich alles von oben ansehen.

Wie sind all diese Phänomene zu erklären? Denken wir wieder an den überkosmischen Spieler. Er ist der eigentliche Initiator all dieser Phänomene, da es ihm Freude bereitet, die von ihm erlebten und geführten Seelen zu überraschen, zu verblüffen oder vor große Rätsel des Daseins zu stellen. Was für eine Freude müsste es dem Höheren Selbst eines *Uri Geller* bereiten, die von seiner Uri-Seele bewirkten Phänomene wie das Metallverbiegen, das In-Bewegung-Setzen von stillstehenden Uhren oder das Aufkeimenlassen von Samen in der Hand vor Vernunftgeprägten oder gar vor Wissenschaftlern zu demonstrieren, um sich über ihre verblüfften Gesichter und ihr weiteres privates und öffentliches Verhalten zu amüsieren.[37]

* * *

Zeitreisen in zukünftige Leben

Wir, die wir als vorgestellte Seelen von jenem überkosmischen Spieler in die Illusionswelten geschickt worden sind, vermögen uns mit dem, was wir in unserem Unterbewusstsein gespeichert haben, relativ leicht an all das zu erinnern, was wir vormals – auf welchen Daseinsebenen der Illusionen auch immer – erlebt haben. Wir sind eingewöhnt worden in eine Raum-Zeit-Illusion, die uns hundertprozentig real erscheint. Diese nun aber als Irrealität beziehungsweise als bedingte Realität zu entlarven, in welche wir als eine der Seelen eines für uns imaginären überkosmischen Spielers, den wir als Höheres Selbst bezeichnen, zu seinem Vergnügen hineingestellt worden sind, ist für den normalen Menschenverstand nur schwer nachzuvollziehen. Allenfalls kann er sich vorstellen, in die Vergangenheit seines jetzigen oder aber seiner früheren Leben zurückzugehen, da diese in seinem Unterbewusstsein gespeichert sind. Nun aber auch fähig zu sein, sich seine Zukunft jetzt schon bewusst beziehungsweise ansichtig und erlebbar werden zu lassen, übersteigt meist das Fassungsvermögen selbst der mutigsten Denker, die Bewusstseinserweiterungen ausloten.

Doch wie wir sahen, gibt es unter Kosmologen und den Raum-Zeitphysikern von Weltruf einige, die es wagen, unser Vorstellungsvermögen gewaltig zu strapazieren. So stellt der Kosmologe *Sir John Archibald Wheeler* die Theorie auf, dass unsere Welten wie ein Kranz um einen *Hyper-* beziehungsweise *Superraum* gelagert sind. In diesem Zentrum unseres physischen Universums gibt es weder Zeit noch Raum "und die Worte vorher, nachher und beinahe hätten hier keine Bedeutung mehr, und der Begriff Zeit im üblichen Sinne wäre überhaupt nicht mehr anwendbar."

Könnte dieser Superraum, der als Theorem erdacht und sogar als real vermutet ist, nicht unserer Vorstellung von jener All-Einheit jenseits von Zeit und Raum nahe kommen, die von Zeitreisenden zurück zum Ursprung ihres Daseins erlebt werden kann? Nähern sich die Raum- und Zeittheoretiker nicht dem, was wir in unserem Überbewusstsein und in unserem Superbewusstsein schon immer wissen?

Ist das Unterbewusstsein das Gedächtnisreservoir, mit dem die Seele ausgestattet ist, um sich in einem illusionären Zeitgefüge an alles bereits Vergangene zu erinnern? Dann kann sie mit ihrem Überbewusstsein sogar die Zukunft ihres Weges durch den Raum und die Zeit schon jetzt ausloten. Denn es gibt – wie wir des Öfteren schon dargelegt haben – in Wirklichkeit keine Zeit. Alles ist im Hier und Jetzt. Also ist die Zukunft auch schon jetzt vorhanden. Somit ist die Zukunft für uns mit Hilfe des Überbewusstseins auch schon in unserer Gegenwart erfahrbar.

Die Psychologin *Professor Helen Wambach* war meines Wissens die erste, die mittels Hypnose Versuchspersonen deren zukünftige Leben erleben ließ und die Ergebnisse statistisch auswertete. Nach ihrem Tod führte ihr Mitarbeiter *Dr. Chet Snow* diese Forschungen weiter und veröffentlichte ein Buch, das auf deutsch den Titel *Zukunftsvisionen der Menschheit*[38] trägt. Sie haben im Ganzen über zweitausend Personen in deren zukünftige Leben zu führen versucht, von denen viele diese auch erlebten, und haben diese Ergebnisse statistisch erfasst. Gemäß diesen Untersuchungen wird sich die Weltbevölkerung bis zum Jahre 2100 gewaltig verringern, während sie für das Jahr 2300 wieder ansteigen wird, jedoch nicht mehr den Stand des Jahres 2000 erreicht. Jedoch vierundvierzig Prozent der in die Zukunft Geführten erlebten sich um das Jahr 2300 auf einem anderen Planeten unseres Sonnensystems oder in intergalaktischen Welten.

Diese Ergebnisse stimmen im Wesentlichen auch mit jenen überein, die ich bei Progressionen mit Seminarteilnehmern und Einzelpersonen ermitteln konnte. Bei einer Live-TV-Sendung 1998 berichtete einer meiner fünf Probanden, der sein Leben um 2080 in Paris schilderte, dass er sich der verseuchten Luft wegen nicht aus seiner Wohnung traue, weswegen er sich jeden Tag sein Essen zustellen ließe. In einer Selbst-Progression erlebte ich mich jedoch in derselben Zeit als Frau in Philadelphia, die ein ganz normales Leben führte und keine atomare Bedrohung erlebte. In einer anderen TV-Live-Sendung 1994 schilderte in der von mir durchgeführten Progression eine Frau, die sich in das Jahr 2330 versetzt sah, dass die Menschen in kugelförmigen Glashäusern wohnten, dass sie zu anderen Sternenbewohnern Kontakt hätten, sich mit Flugkörpern besuchen könnten und dass die Sahara begrünt sei. Die Welt, wie sie diese schilderte, war längst wieder von aller atomaren Verseuchung geheilt. In einer anderen TV-Sendung in Wien schilderte einer der Probanden sein in einigen Jahrhunderten sich ereignendes Erdenleben, als ob er eine utopische Welt beschreiben würde. Denn in dieser konnten wir Menschen mittels der Gedankenkraft Früchte und andere Feldprodukte einfach materialisieren. In einem großen Glasgebäude, in welchem viele Obstbäume und andere Pflanzen wuchsen, konnte man das Obst im Nu reifen lassen. Es scheint also so zu sein, dass ein zukünftiger Atomkrieg leider nicht abzuwenden sein wird. Jedoch wird die auf unserem Planeten weiterhin zukünftige Menschheit in einer harmonischen Welt leben.

Ich habe in meinen Seminaren viele ihre zukünftigen Leben erleben lassen, jedoch immer davon Abstand genommen, sie in die Zukunft des jetzigen Lebens zu führen. Denn wenn wir jetzt schon die in diesem Leben uns noch bevorstehenden Ereignisse samt unserem Todestag kennen sollten, würde das unser Verhalten verändern und wir könnten die auf uns zukommenden Begebenheiten nicht mehr als Überraschungen erleben, da wir sie schon kennen würden. Dem Leben wäre der Elan genommen, und unserer Entscheidungskraft wären die Flügel gebrochen. Deshalb möchte ich auch alle Zeitreisenden warnen, nicht in die Zukunft des jetzigen Lebens zu reisen. Doch die zukünftigen Leben auszukundschaften bedeutet eine gewaltige Bewusstseinserweiterung, zu welcher ich alle Reisewilligen gern ermuntern möchte.

Bei Zeitreisen in die zukünftigen Leben, um diese so wahrheitsvoll wie möglich erfahren zu lassen, führe ich den Betreffenden mittels einer Rakete zuerst in die Raum- und Zeitlosigkeit, um ihn aus dieser heraus in seine ihm noch bevorstehenden Leben zu geleiten. Ich verbinde ihn somit mit seinem Überbewusstsein, in welchem im Gegensatz zum Unterbewusstsein, in dem nur bereits vergangene Ereignisse gespeichert sind, auch seine zukünftigen Leben schon vorhanden sind und erlebt werden können.

Nachdem sich der Zeitreisende in Trance versetzt hat, lautet der Text folgendermaßen:

Und auf einmal breitet sich eine grüne Wiese vor dir aus. Du schaust auf deine Füße herunter und gehst dann Schritt für Schritt in diese Wiese hinein. Du fühlst dich sehr, sehr wohl. Auf dieser Wiese entdeckst du eine senkrecht stehende etwa acht Meter hohe RAKETE. Du gehst auf sie zu. Jetzt steigt an den Treppensprossen ein Mann in einem Raumanzug herunter. Als dieser heruntergestiegen ist, kommst du bei ihm an. Er setzt seinen Raumhelm ab und, während er dir die Hand schüttelt, nennt er dich beim Namen und sagt: "Ich freue mich, dich ... hier begrüßen und an Bord nehmen zu dürfen. Denn ich weiß, du bist gekommen, um in ein zukünftiges Leben zu reisen. In welches Leben möchtest du gerne reisen?" (Der Zeitreisende nennt jetzt jenes Leben, das er nun aufzusuchen bereit ist.)

Bei seiner ersten Zeitreise in die Zukunft ist es angebracht zu sagen: **"Ich möchte mir mein nächstes Leben auf diesem Planeten ansehen."** Sollte der Pilot jedoch sagen, dass er kein zukünftiges Leben auf Erden haben wird, jedoch auf einem anderen Planeten oder Gestirn wiedergeboren werden sollte, dann mag diese Rakete ihn auch dorthin bringen. Hat man wiederum schon das nächste Leben in der Zukunft auf Erden aufgesucht, so äußere man den Wunsch, in ein darauf folgendes zukünftiges Leben geführt zu werden. Somit kann man nach und nach alle seine bevorstehenden Erdenleben oder auch solche auf anderen Daseinsebenen erfahren.

"Ich werde dich gerne dorthin befördern und dann wieder hierher zurückbringen." Er hält dir auf einmal einen Raumanzug

samt Helm entgegen, den er aus einer Klappe der Rakete entnimmt, und sagt: "Hier, nimm diesen Raumanzug, steige in ihn hinein. Und dann setze dir den Helm auf. Beide sind extra für dich angefertigt." Und du ziehst nun diesen Raumanzug an ... Dann setzt du dir den Astronautenhelm auf ... Und der Pilot sagt: "Nun gehe die Leiter hinauf und steige durch die oberste Öffnung auf deinen Sitz. Ich werde hinter dir sitzen und von dort aus die Rakete lenken. Durch unseren Helm hörst du meine Stimme immer ganz deutlich und kannst mich alles fragen, was immer du möchtest." Und du steigst die eisernen Sprossen hinauf und gelangst durch die gebogene und zurückgeschobene durchsichtige Verschließung auf deinen Sitz. Dein Pilot hat nun hinter dir seinen Platz eingenommen und sagt: "Nun schließe das Fenster über dir und schnalle dich an." Nachdem alles startbereit ist, hebt sich die Rakete langsam vom Boden ab und nimmt dann an Geschwindigkeit immer mehr zu. Und du vernimmst die Stimme deines Piloten: "Wir fliegen nun durch den Weltraum hindurch und bewegen uns schneller als mit Lichtgeschwindigkeit auf die Mitte des Kosmos zu." Und du siehst, wie ihr an den Gestirnen vorbeisaust. Jetzt gelangt ihr aus dem Milchstraßensystem heraus. Ihr steuert auf andere Fixsterne zu, die ihr aber dann ebenfalls links oder rechts oder unter oder über euch liegen lasst. Und der Pilot spricht zu dir durch die Sprechanlage im Helm: "Wir gelangen nun in das Zentrum des Universums, in welchem es keine Zeit und keinen Raum gibt. Wir werden, wenn wir uns in dessen Mitte befinden, wieder umkehren und dann auf die Erde zurückfliegen, denn die Erde wird dann in der Zwischenzeit älter geworden sein, sodass du dich auf ihr in deinem nächsten Leben dort erleben kannst."

Und tatsächlich vollführt die Rakete in dem Zentrum der Raum- und Zeitlosigkeit im großen Bogen eine volle Drehung und gelangt aus diesem Zentrum wieder heraus. Du erblickst wieder die Galaxien, an denen ihr vorher schon vorbeigeflogen seid, dringst alsbald in das Milchstraßensystem ein, und indem die Geschwindigkeit allmählich gedrosselt wird, erkennst du vor dir den Planeten Erde, dem ihr euch nun immer langsamer werdend nähert. Und der Pilot spricht zu dir: "Ich zähle gleich bis drei, dann befindest du dich mit deinem vollen Bewusstsein in dem Körper deiner nächsten Inkarnation auf Erden. Du bist zuerst sieben Jahre alt und erlebst dich in jenem Alter bei deinem schönsten Erlebnis. Eins, zwei, drei. Jetzt bist du da."

Du bist sieben Jahre alt. Schau auf deine Füße ... Was hast du an? ... Befühle deine Kleidungsstücke. Was trägst du am Körper? ... Gleite einmal mit deinen Händen über den Brustkorb und über dein Haar und das Gesicht ... Wie lang ist dein Haar und welche Farbe hat es? ... Bist du weiblichen oder männlichen Geschlechts? ... Schau dich um. Wo befindest du dich? ... Ist jemand bei dir? ... Wie fühlst du dich? ... Und jetzt erlebe dein schönstes Erlebnis mit sieben Jahren ... Wo wohnst du? ... Steh einmal vor deinem Zuhause und beschreibe es? ... Und nun gehe dort hinein ... Wie sieht es dort aus? ... Und wenn bis drei gezählt worden ist, dann nimmst du gerade deine Hauptmahlzeit ein. Eins, zwei, drei. Was isst du gerade? ... Wie schmeckt dir das? ... Wer nimmt noch an dieser Mahlzeit teil? ... Hast du Eltern, Geschwister? ... Kannst lesen und schreiben? Dann schreibe deinen vollen Namen auf ein Papier oder sonst wo auf ... Schreibe nun dein volles Geburtsdatum darunter und auch deinen Geburtsort samt dem Land deiner Geburt ... Nun lies es mir vor ... Und wenn bis drei gezählt worden ist, dann befindest du dich eine Woche vor deinem Tod und weißt, wie alt du bist. Eins, zwei, drei. Du bist jetzt eine Woche vor deinem Tod. Wie alt bist du? ... Und wenn wieder bis drei gezählt worden ist, dann befindest du dich dort in deinem Leben, wo du als Erwachsener dein schönstes Liebeserlebnis hattest. Eins, zwei, drei. Jetzt bist du da. Wie alt bist du? ... Wer ist jetzt bei dir? ... Woher kennst du diese Person? ... Und nun erlebe dein schönstes Erlebnis mit dieser Person ... Wie hat sich euer Verhältnis weiterhin entwickelt? ...

Was ist deine Hauptbeschäftigung? ... Was bringt dir diese Tätigkeit ein? ... Wie besorgst du dir die Dinge, die du zu deinem Leben brauchst? ... Habt ihr zu Hause irgendwelche technischen

Geräte? Dann schau sie dir an und beschreibe mir, was man mit diesen alles machen kann ... Und was machst du am allerliebsten? ... Gehe einmal dorthin, wo viele Menschen wohnen und beschreibe mir, wie es dort aussieht ... Welche Verkehrsmittel gibt es? ... Wie wird dieses Land regiert? ... Bist du verheiratet? ... Hast du Kinder? Wenn ja, wie viele? ... Und nun erlebe einmal ein wichtiges Familienfest ... Wie lange dauert es, von einem Kontinent zum anderen zu reisen, sagen wir von Amerika nach Europa? ... Wohin bist du in deinem Leben alles gereist? ... Hast du in verschiedenen anderen Ländern gewohnt? ... Was gefällt dir auf dieser Welt am besten? ... Was bemängelst du? ... Welche schweren Krankheiten gibt es? ... Gibt es bei euch noch Aids oder Krebs? ... Interessierst du dich für Literatur? Wenn ja, welche Schriftsteller kennst du aus dem zwanzigsten Jahrhundert? ... Wer ist dir von den Menschen des zwanzigsten Jahrhunderts auf Erden noch bekannt? ... Gab es im einundzwanzigsten Jahrhundert bis heute noch irgendwelche Weltkriege? ... Wenn ja, wo fanden diese statt? ... Wer kämpfte gegen wen? ... Mit welchen Waffen wurde gekämpft? ... Wer gewinnt diesen Krieg? ... Wie viele Menschen kamen in diesem Krieg um? ... Was wurde alles zerstört? ... Was waren die Folgen dieses Krieges? ... Sind diese noch jetzt zu spüren? ... Wie viele Menschen bevölkern augenblicklich die Erde? ... Welche Länder oder Kontinente sind technisch am weitesten fortgeschritten? ... Gibt es bei euch noch Wehrpflicht? ... Gibt es noch irgendwelche Bedrohungen von anderen Staaten? ... Habt ihr Kontakt zu Außerirdischen? ... Haben diese sich euch deutlich gezeigt? ... Hast du selbst schon irgendein Erlebnis mit oder eine Sichtung von Besuchern anderer Gestirne gehabt? ... Wenn ja, so wird bis drei gezählt, und dann erlebst du dieses Erlebnis noch einmal. Eins, zwei, drei. Jetzt bist du da. Wo bist du? ... Was nimmst du wahr, und was erlebst du jetzt? ...

Bist du sehr religiös? ... Glaubst du an ein Jenseits? ... Wenn ja, wie stellst du dir dieses vor? ... Habt ihr eine Kommunikationsmöglichkeit mit Verstorbenen? ... Glaubst du an die Wiedergeburt?

... Weißt du etwas über deine früheren Leben? ... Was ist für dich das wichtigste Erlebnis deines Lebens? Es wird bis drei gezählt, dann bist du da. Eins, zwei, drei. Wie alt bist du? ... Wo bist du? ... Betrachte dir nun ganz gelassen, was geschieht? ...

Und wenn bis drei gezählt worden ist, dann befindest du dich einen Tag vor deinem Tod. Eins, zwei, drei. Du befindest dich einen Tag vor deinem Tod ... Wie geht es dir? ... Was hast du in deinem Leben alles erreicht? ... Weißt du, dass du bald sterben wirst? ... Hast du Angst vor deinem Tod? ... Bist du im Großen und Ganzen mit deinem Leben zufrieden? ...

Und wenn bis drei gezählt worden ist, dann befindest du dich wieder in der Rakete und sitzt in deinem Raumanzug vor dem Piloten, dessen Stimme du dann wieder ganz deutlich vernehmen kannst. Eins, zwei, drei. Du sitzt wieder in deinem Astronautenanzug in der Rakete. Du kannst dich an alles genauestens erinnern, was du gerade erlebt und erfahren hast, und fühlst dich sehr wohl ... Und der Pilot begrüßt dich und heißt dich an Bord willkommen. Und er sagt: "Ich kenne alle deine Leben in deiner Vergangenheit und auch in deiner Zukunft, wie ich auch dein heutiges Leben genau kenne. Wenn du irgendeine Frage an mich stellen möchtest, dann frage." ... Und der Pilot spricht dich wieder an und sagt: "Um in deine heutige Zeit auf die Erde zurückzugelangen, benötigen wir nicht den Umweg über das Zentrum allen Daseins in der Raum- und Zeitlosigkeit. Wir können sofort dorthin zurückkehren." Und die Rakete bewegt sich nach oben hin. Du kannst die Erde unter dir sehen. Jetzt verringert sich die Geschwindigkeit mehr und mehr, und die Rakete landet wieder senkrecht auf der Wiese, und zwar genau dort, wo du eingestiegen bist. Ihr öffnet eure Schiebefenster und steigt an den Sprossen auf die Wiese herunter. Du entledigst dich deiner Astronautenkleidung und reichst sie dem Piloten zurück. Und er sagt zu dir: "Du kannst jederzeit wieder an diesen Ort zurückkehren. Ich werde jeweils wissen, dass du kommen wirst. Ich werde dich dann wieder, so du es wünschst, in eines deiner zukünftigen Leben auf diesem oder auf einem anderen Gestirn geleiten. Leb wohl." Und der Pilot reicht dir die Hand, steigt dann wieder in seine Rakete ... und du siehst, wie diese auf einmal wieder vom Boden abhebt und in den Weltraum hinaufsteigt.

Du gehst über die Wiese wieder dorthin zurück, woher du gekommen bist. Und du gelangst zu einem kniehohen Stein. Auf diesen setzt du dich und schließt deine Augen. Du kannst dich an alles erinnern, was du gerade in jenem zukünftigen Leben erlebt und erfahren hast. Alles bleibt in deiner Erinnerung. Du fühlst dich sehr, sehr wohl.

Es wird jetzt von einundzwanzig bis fünfundzwanzig gezählt, dann befindest du dich wieder in deinem heutigen Leben. Es ist dann der (Tag, Monat, Jahr und Ort nennen). Du kannst dich dann weiterhin an alles erinnern, was du soeben in deinem zukünftigen Leben erlebt und erfahren hast. Du fühlst dich sehr, sehr wohl.

Einundzwanzig:	Du bewegst deine Zehen.
Zweiundzwanzig:	Du bewegst deine Finger.
Dreiundzwanzig:	Du bewegst deine Knie.
Vierundzwanzig:	Du bewegst deine Ellbogen.
Fünfundzwanzig:	Du öffnest deine Augen und fühlst dich sehr, sehr wohl.

Sobald man zurückgekehrt ist, sollte man sich gleich in Stichworten die Namen und wichtigsten Begebenheiten notieren. Es ist dem Leser sicherlich schon klar geworden, dass es sich bei diesem Piloten um das Höhere Selbst, das sich in jeder Gestalt zeigen könnte, handelt. Es hat sich nur in dieser Astronautenkleidung gezeigt, um unserer irdischen Vorstellung entgegenzukommen, damit wir die Dinge nicht als allzu abstrakt wahrnehmen. Wenn Sie, lieber Leser, liebe Leserin, es so wollen, könnten Sie unmittelbar nach der Rückkehr des aufgesuchten zukünftigen Lebens in die Rakete den Piloten bitten, Sie anschließend in ein weiteres zukünftiges Leben auf dem Erdplaneten oder auf einem anderen Planeten oder gar in eine andere Dimension zu geleiten. Dann allerdings wäre es angebracht, nochmals in die zentrale Dimension der Raum- und Zeitlosigkeit zurückzukehren, um von hier aus das betreffende Ziel anzusteuern.

Sehr interessant ist die Reise in das letzte Erdenleben oder aber in das letzte Leben überhaupt in einem physischen Körper, ganz egal auf welchem Planeten oder Gestirn. Anschließend an den Besuch eines solchen Lebens kann man den Piloten bitten: **"Fliege mit mir bitte zu einem Aussichtsturm, von welchem aus ich alle meine vergangenen Erdenleben vor mir wie eine lange Lichterkette ausgebreitet sehe." Und auf einmal befindest du dich auf einem hohen Turm. Vor dir sind deine ganzen irdischen Leben als Mensch als Lichterkette ausgebreitet. Und du fragst nun: "Wie viele Leben hatte ich im Ganzen auf Erden als Mensch gehabt?" Und du vernimmst die Antwort ... "In wie vielen Leben war ich weiblichen Geschlechts?" ... "Bitte zeige mir an, wie es in den Leben um meine Liebesentwicklung bestellt war. Lass bitte in der jeweiligen Lampe gemäß meiner seelischen Liebesfähigkeit das Licht in blauer Farbe erscheinen, sodass dort, wo ich wenig Liebe ausgestrahlt habe, das blaue Licht schwach und es dort, wo ich viel Liebe geben konnte, in starkem Blau erstrahlt." Und auf einmal siehst du durch die Färbung des blauen Lichtes, wie vom ersten Leben ganz links bis zu deinem letzten Erdenleben ganz rechts das blaue Licht immer intensiver geworden ist. Und du fragst weiter: "Bitte zeige mir alle männlichen Leben nun in grüner Farbe und alle weiblichen Leben in violetter Farbe an." Und nun haben diese Lichter die betreffenden Farben angenommen. Und frage weiter: "Bitte zeige mir jene Leben in roter Farbe an, in welchen ich ein Egoist oder jemand war, der anderen Leid zugefügt hat. Und bitte lass das rote Licht dort am intensivsten erscheinen, wo ich am gemeinsten oder am grausamsten war." Und plötzlich erblickst du die roten Lichter.** (Man kann also beliebige Fragen stellen und sie durch eine Farbgebung in den Lampen leuchten lassen.)

Was ist der Sinn aller meiner Inkarnationen auf Erden gewesen? ...

Und mit einem Male befindest du dich wieder in der Rakete. Und die Reise geht nun zurück zur Erde in dein heutiges Leben hinein. Und ihr landet nun auf der Wiese ...

Wenn es vom Höheren Selbst erlaubt worden ist, dann kann man sich mit diesem als dem überkosmischen Spieler wieder vereinen. Man verfügt dann über das Superbewusstsein, das einem eigen ist, sobald man sich jenseits der Illusionswelten befindet. Mit diesem Superbewusstsein ausgestattet kann man der All-Einheit einen Besuch abstatten, in der es nur Harmonie, Freude und Liebe gibt. Wer wie *Plotin* sich einmal in dieses "Eine" begeben konnte, wird sich nie wieder verloren fühlen, denn er weiß, er ist immer zu Hause. Und alle anderen Welten in welchen Dimensionen auch immer sind nur Illusionen, die wir selbst zu unserer Unterhaltung oder auch aus anderen Gründen geschaffen haben, um dort als Seele oder als Seelen vorgestellte Abenteuer des imaginären Daseins zu erleben.

Um diese All-Einheit zu erleben, kann man in seinen Existenzen, wo auch immer, weiter und weiter zurückgehen, bis man zum Ursprung all unseren Seins gelangt ist. Voraussetzung ist allerdings, dass das Höhere Selbst es gestattet hat, sich besuchsweise ins überkosmische Superbewusstsein zu begeben, um den Spieler seiner Seele selbst kennen lernen zu können und sich mit ihm in der All-Einheit umsehen zu dürfen. Der Mensch setzt sich durch sein Denken seine eigenen Grenzen. Begrenzungen hinsichtlich der Bewusstseinserweiterung werden auch durch eigene Ängste erschaffen. Der Zeitreisende, der ohne Ängste bereit ist, sein Bewusstsein in jeder Hinsicht zu dimensionieren, kann nur dort auf Grenzen stoßen, die er sich selber setzt oder die ihm vom Höheren Selbst – aus welchen Gründen auch immer – gesetzt werden.

* * *

Ein Geschenk an den Zeitreisenden
– Die Möglichkeit, sich selbst zu heilen –

Der Leser/die Leserin wird sicherlich schon von der Rückführungstherapie gehört haben. Wir Menschen sind in unserem Leben das Produkt all unserer Erfahrungen aus unseren Vergangenheiten, stammen diese aus dem heutigen oder aber aus den früheren Leben. Es gibt nichts in unserem Leben, das grundlos vorhanden wäre. Alles hat einen Sinn. Der kosmische Spieler spielt kein Spiel ins Blaue hinein. Dieses Spiel hat seine Regeln. Eine dieser Grundregeln ist: Was du einem anderen antust im Guten oder Schlechten, wird dir einst selbst angetan werden. Wenn wir in einem Leben jemanden betrügen, dann werden wir irgendwann, meist in einem der Folgeleben, betrogen werden. Wenn wir jemanden bestehlen, dann erfordert es das Gesetz dieses überkosmischen Spiels, dass wir dann auch einmal bestohlen werden müssen. Wenn wir jemandem absichtlich ein Leid zufügen, dann wird uns einmal ein Gleiches oder Ähnliches zugefügt werden. Es scheint so, dass der überkosmische Spieler in der Raum- und Zeitlosigkeit dieses Gesetz zu beachten hat. Über dieses Gesetz samt seinen Auswirkungen habe ich ein ausführliches Buch geschrieben mit dem Titel *Das große Karmahandbuch – Reinkarnation und Heilung.* Hierin gebe ich unter anderem einunddreißig Beispiele, wie sich das Karmagesetz auf Krankheiten und zwischenmenschliche Probleme auswirkt. Keine Krankheit, kein Leiden, kein Schicksalsschlag, keine Disharmonie mit bestimmten Menschen ist zufällig vorhanden. Sie alle haben ihre oft Jahrhunderte zurückreichenden Vorgeschichten, in denen die Ursachen dafür gelegt wurden. Das offenbare Geheimnis der Rückführungstherapie besteht darin, dass man alle unliebsamen Störungen des Körpers, der Seele und des Geistes in seinen Ursachen aufsuchen und auch meistens dort auflösen kann, so diese Ursachen nicht anderer Natur sind, das heißt auf Fremdeinwirkungen beruhen wie zum Beispiel Besessenheit und Magie. So haben selbst schwerste Verletzungen, die von Verkehrsunfällen im heutigen Leben herrühren, karmische Zusammenhänge. Niemand erhält grundlos einen Schlag in welcher Art auch immer. Alles hat seine tiefere Ursache. Selbst wenn ich mir vor meiner Inkarnation im Jenseits einen Vater ausgesucht habe oder ihn mir mit meiner Einwilligung zuweisen ließ, der mich als Kind ungerecht behandelt oder gar schlägt, so hat dieser Umstand seinen Grund darin, dass ich in einem früheren Leben selbst mein Kind geschlagen habe oder mich anderen Menschen, besonders Kindern gegenüber ungerecht oder brutal verhalten habe.

Der Zeitreisende, der genügend Erfahrungen mit den in diesem Buch beschriebenen Reisen gesammelt hat, ist nun selbst in der Lage, sein eigener Therapeut zu sein, um zu den Ursachen seiner Krankheiten, Ängste, Blockaden, Verhaltenseigenarten oder Beziehungsprobleme zurückzugehen und diese bei ihrer jeweiligen Entstehung in den früheren Leben aufzusuchen und dort aufzulösen. Die Vorgehensweise wird Schritt für Schritt in meinem Buch *Das große Handbuch der Reinkarnation – Heilung durch Rückführungen* beschrieben. An dieser Stelle möchte ich dem Zeitreisenden in groben Umrissen nur darstellen, wie er dabei vorzugehen hat, während er den Wortlaut meinem Handbuch entnehmen kann. Wir könnten als Beispiel, um die Rückführungstherapie in ihren Grundzügen hier vorzustellen, die Heilung von Krebs, Asthma, Neurodermitis, von einer Allergie, einem chronischen Schmerz, Phobie vor Spinnen oder Angst vor Hunden anführen, doch wähle ich als Muster Probleme mit dem Partner.

Nachdem der Zeitreisende sich mit der Methode, wie sie oben beim ersten Rückführungsbeispiel beschrieben worden ist, in den Alphazustand versetzt und sich dann schließlich im Wolkenbett eingefunden hat, bittet er sein Höheres Selbst: **"Ich möchte gerne die Gründe aufdecken, warum ich mit meinem Partner so**

viele Schwierigkeiten habe. Bitte führe mich zu deren Ursachen."
Nachdem das Höhere Selbst den Zeitreisenden vor das Wolkentor geführt hat, hinter welchem sich das frühere Leben befindet – gegebenenfalls auch das heutige –, in dem die oder einer der wichtigsten Gründe für die heutige Disharmonie mit dem Partner zu finden ist, wird die genaue Zielsetzung nochmals wiederholt mit dem Zusatz, dass sich nach dem Hineingehen in das frühere Leben die Seele des Partners in der damaligen Gestalt unmittelbar vor einem befindet. Sobald dies geschehen ist, kommt man Schritt für Schritt zu der Kernproblematik, die zwischen beiden Seelen damals begründet worden ist. Seelen werden immer wieder in den verschiedensten Leben miteinander konfrontiert, bis sich ihre Disharmonie in Harmonie aufgelöst hat. Wohl dem, der Letztere im heutigen Leben herstellen kann. Wieder vor das Wolkentor zum Höheren Selbst zurückgeführt, fragt man, ob es noch ein anderes Leben mit der Seele des heutigen Partners gegeben hat, in welchem ebenfalls Ursachen für das heutige Missverständnis zu finden sind. Bei einer Bestätigung lasse man sich erneut in gleicher Weise in ein anderes Leben versetzen und kommt dort wieder zur Kernproblematik in der Ursachensetzung. Wiederum zum Wolkentor zurückgekehrt, wiederhole man die Frage, denn vielleicht gibt es noch ein wichtiges und darum auch noch aufzusuchendes früheres Leben und vielleicht noch ein viertes oder fünftes.

Nachdem nun alle wichtigen früheren Leben mit der Seele des heutigen Partners aufgedeckt worden sind, führt das Höhere Selbst den Zeitreisenden auf einen Berg, den wir als den Berg der Erkenntnis bezeichnen. Vor einem ausgebreitet liegen nun die früheren Leben samt dem heutigen. Von hier aus erkennt man alle Zusammenhänge der unaufgelösten Probleme, die sich, bedingt durch die früheren Disharmonien, als deren Fortsetzung und Auswirkung im heutigen Leben niederschlagen.

Der Kernpunkt der Rückführungstherapie besteht nicht allein in der Aufdeckung der Zusammenhänge, sondern in der gegenseitigen Vergebung dessen, was dem einen vom anderen an Leidvollem zugefügt worden ist. Dieser Vergebungsvorgang wird symbolisch mit einem Kelch der Vergebung, der Liebe und der Leid- und Schuldauflösung durchgeführt. Begleitet von mehrmals wiederholten Affirmationen, dass die Disharmonie mit dem Partner nun aufgelöst ist, wird der Betreffende am Ende seiner Zeitreise aus dem Alphazustand in den Betazustand zurückgeholt. Und oft sind auf einmal alle Schwierigkeiten mit dem Partner behoben, ohne dass dieser etwas von der Eigentherapie des Zeitreisenden gewusst haben muss.

Möchte der Zeitreisende jedoch ein körperliches Symptom, sagen wir seine Neurodermitis, auflösen, dann wird im Wolkenbett gesagt: **"Bitte führe mich in jenes Leben, in welchem die Ursache dafür aufzufinden ist, warum ich im heutigen Leben unter meiner Hautkrankheit zu leiden habe."** Er wird dann in ein Leben hineinversetzt werden, in welchem er in den meisten Fällen ein schmerzliches Geschehen in Verbindung mit seiner Haut zum Beispiel durch Verbrennung oder Verätzung erleben musste. Aus diesem Opferleben wieder vor dem Wolkentor beim Höheren Selbst angekommen, könnte er nochmals in ein anderes Leben geschickt werden, in dem ebenfalls noch ein schmerzliches Geschehen, das seine Haut betrifft, durchlitten worden ist. Doch am Ende des Aufsuchens dieser Opferleben wird er in jenes Leben geführt werden, in welchem er die Ursachen dafür gesetzt hatte, warum er in den Opferleben diese Schmerzen durchleiden musste. In dem so genannten Täterleben war er dann derjenige, der anderen Leid zugefügt hatte, indem er diese verbrennen ließ oder sich selbst daran beteiligte, zum Beispiel Hexen zum Schafott zu führen oder sich an deren qualvollen Leiden ergötzte. Und das Karmagesetz wird auf dem Berg der Erkenntnis als solches erkannt und als gerecht empfunden. Nach dem Vergebungsakt steckt man seine Hautkrankheit nebst allen Schuldgefühlen symbolisch in einen Kiefernzapfen, der dann verbrannt wird. Und nachdem der Zeitreisende wieder aus dem Alphazustand in sein heutiges Hier und Jetzt gebracht worden ist, wird er oft feststellen müssen, dass seine Neurodermitis keinen Juckreiz mehr auslöst. Und mit jedem weiteren Tag wird er die Besserung mitverfolgen können, bis diese Krankheit völlig ausgeheilt ist. Das Wunder der Heilung durch die Rückführungstherapie kann also von dem Zeitreisenden in Begleitung des Höheren Selbst selbst herbeigeführt werden. Und bei vielen anderen Symptomen wie Kopfschmerzen, chronischen Schmerzen, Allergien oder Asthma kann sich eine Heilung sofort einstellen.

Doch ich möchte nochmals betonen, dass solche Eigentherapien mittels der Zeitreise nur von solchen durchgeführt werden sollten, die sich die Kenntnis über die Rückführungstherapie in Büchern, oder noch besser in einem Ausbildungskurs erworben haben. Eventuell sollte man sich selbst erst einer Rückführungstherapie unterzogen haben, um den Vorgang samt dem therapeutischen Heilungseffekt an sich erfahren zu haben, damit man dann über die Kenntnis und die Überzeugungskraft verfügt, alle seine weiteren körperlichen oder seelischen Störungen oder Unliebsamkeiten durch die Eigentherapie auflösen zu können. Die Zeitreisen bedeuten für den Betreffenden ein Geschenk, dass er sich selbst bereiten kann. Und der überkosmische Spieler, sein Höheres Selbst, wird die größte Freude daran haben, wenn der Zeitreisende als Seele und Teil seines vorgestellten Ichs zu solchen Fähigkeiten der Selbstheilung gelangt.

* * *

Zusammenfassung

Zeitreisen in die Vergangenheit beinhalten das Zurückkehren in die Vergangenheit des heutigen oder der früheren Leben einschließlich der Aufenthalte auf jenseitigen Ebenen des Daseins, auf anderen Planeten, in anderen Dimensionen und auch der vormenschlichen Inkarnationen als Tier, Pflanze oder gar als Stein. Zeitreisen in die Zukunft umfassen das Aufsuchen von zukünftigen Erdenleben, von Leben auf anderen Planeten, Gestirnen oder Dimensionen und können auch dahin führen, dass man sich mit dem überkosmischen Spieler, unserem Höheren Selbst, wieder vereinigt und somit erneut die All-Einheit unseres eigentlichen Daseins jenseits aller Illusionswelten im ewigen Hier und Jetzt erfahren kann. Für selbst durchgeführte Zeitreisen bedarf es der Selbstsicherheit und des Mutes sowie der genauen Kenntnisse der Vorgehensweise. Der Zeitreisende kann zu einem Wissenden um die Geheimnisse des Daseins werden und kann dann aus diesem Wissen heraus anderen Menschen bei der Suche nach dem Sinn ihres Lebens bestens behilflich sein. Wer aber zum Wissenden geworden ist, weiß auch um die Bedeutung der Liebe, welche dem Schöpfungsplan zugrunde liegt.

* * *

Anhang

Tom Johansons Bericht über seine Astralreisen in die jenseitige Welt

Mir stehen zwei Möglichkeiten zur Verfügung, die so genannten Toten zu sehen. Manchmal sehe ich sie mit meinen normalen Augen, oder ich kann sie sehen, wenn ich astral reise. Wohl jeder hat schon Astralreisen oder Astralprojektionen erlebt, denn wenn du dich träumend im Schlafzustand befindest, hast du vielleicht zu deiner Mutter, deinem Vater oder zu sonst jemandem gesprochen. Doch in Wirklichkeit ist es eigentlich kein Traum, denn du hast dich in die Astralwelt begeben und dich tatsächlich mit ihnen unterhalten. Die Rückkehr in den physischen Körper allerdings kann manchmal ganz heftig sein. Vieles von dem Erlebten ist vergessen, aber manches Mal können wir uns an einige Teile erinnern. Also jeder unternimmt während des Schlafes Astralreisen. Wir alle verfügen natürlich über einen physischen Körper. Doch jeder hat auch einen Zwischenkörper, der sich zwischen dem physischen und dem reinen Geistkörper befindet. Diesen nennen wir den Astral- oder Reisekörper. Mit diesem können wir uns in die jenseitige Welt hineinbegeben, oder wir können uns zum Beispiel auch zu einer kranken Person auf der Erde hinbegeben und ihr Heilenergie zukommen lassen. Oft sagen Leute zu mir: "Tom, du hast mich gestern in meinem Zimmer aufgesucht. Du beugtest dich über mein Bett und hast mich geheilt." Das ist wirklich wahr.

In der jenseitigen Welt kannst du dich überall hinbegeben, wohin du auch immer möchtest. Du kannst dort überall herumgehen und dir die fantastische Landschaft ansehen. Und wenn du jemanden Bestimmten aufsuchen möchtest, kannst du dich mit Lichtgeschwindigkeit dorthin begeben.

Die wenigen Male, die ich bewusst dort war, verbrachte ich mit Verwandten und mit meiner Verlobten. Ich nehme sie ganz deutlich wahr und spreche ganz normal mit ihnen. Ich war ungeheuer überrascht, sie dort wiederzusehen. Aber sie waren überhaupt nicht überrascht, mich zu sehen. Das hat mich enttäuscht. Denn ich hatte mir erhofft, das sie hoch erfreut sein müssten, mich wiederzusehen. Der Grund für ihr Verhalten besteht darin, dass wir uns ja jede Nacht in den Träumen bei unseren Verstorbenen einfinden. Es ist vergleichsweise so, dass wir nach dem Erledigen unserer Tagesarbeit nach Hause zurückkehren.

Ich kann nur schwer einschätzen, wie viele Male ich mich genau an diese Reisen erinnern konnte. Denn nur manchmal behalten wir das Erlebte im Gedächtnis, sodass wir uns sogar an Details erinnern können. Sehr, sehr häufig ist es dagegen so, dass wir mit der Rückkehr in unseren physischen Körper all unsere Erinnerung verlieren. Wir hatten zwar eine Projektion in die Astralwelt, doch wir können uns nicht daran erinnern.

Das Astralreisen gehört zu den fantastischen Realitäten unseres Daseins, und wir können das erlernen. Lege dich einfach aufs Bett und stelle dir vor, du schwebst zur Zimmerdecke hinauf. Dies ist eine Art, den Körper zu verlassen. Es geschieht nicht sofort, denn man braucht ein wenig Übung. Eine andere Art, um aus dem Körper herauszukommen, ist, dass man sich vorstellt, sich von einem ganz hohen Gebäude oder Wolkenkratzer herunterfallen zu lassen. Doch während des Fallens versuchst du, diesen Fall aufzuhalten. Dies bewirkt, dass man das Gefühl hat, wieder hochzusteigen. Hierbei handelt es sich nur um Übungen, die zugleich bewirken, dass man seine Angst verliert. Eine andere Technik besteht darin, dass man sich vorstellt, in einer Hängematte zu liegen und man darin nun hin- und herschaukelt. Doch was da hin- und herschaukelt, ist nicht der physische, sondern der astrale Körper. Entweder verlässt man diesen seitwärts oder durch den Kopf. Das ist ganz egal. Die Art der Bewegung bestimmt auch, wo der Astralkörper den physischen Körper verlässt.

Es ist also möglich, sich beizubringen, aus dem Körper zu steigen. Ich könnte dir Bücher empfehlen, in denen die Techniken des Astralreisens beschrieben werden. Man benötigt dafür zwar viel Zeit und Anstrengung, aber wenn man es einmal erreicht hat, dann ist es weiterhin ganz leicht. Wichtig für derlei Vorhaben ist, dass man wirklich einen tiefen Wunsch hat, das durchzuführen, und dass man vor allem angstfrei ist.

* * *

Anmerkungen

1.) Karl R. Popper und John C. Eccles: *Das Ich und mein Gehirn,* München 1989.

2.) Susan Blackmore: *Beyond the Body,* London 1962.

3.) Hella Hammid in: Russel Targ / Harold Puthoff: *Jeder hat den sechsten Sinn,* Köln 1977.

4.) Uri Geller: *Mein Wunder-volles Leben,* Neuwied 1994.

5.) Kyriacos Markides hat drei sehr empfehlenswerte Bücher über den Magus von Strovolos herausgegeben. *Der Magus von Strovolos,* München 1988; *Heimat im Licht,* München 1988; *Feuer des Herzens,* München 1991.

6.) Hoimar von Ditfurth: *Der Geist fiel nicht vom Himmel - Die Evolution unseres Bewusstseins,* Hamburg 1976.

7.) Ian Stevenson: *Reinkarnationsbeweise,* Grafing 1998. Dieses Buch sollte jeder, der sich mit geistigen Dingen beschäftigt, gelesen haben.

8.) Eine solche von mehreren Leuten gleichzeitig observierte Bilokation wird in dem Buch *Die Toten leben,* Neuwied 1990, von Hinrich Ohlhaver wiedergegeben.

9.) Baird Spalding: *Leben und Lehren der Meister des Fernen Ostens,* Darmstadt 2004.

10.) Trutz Hardo: *Das große Handbuch der Reinkarnation,* Güllesheim 2003.

11.) Roger Penrose: *Shadow of the mind,* Oxford 1994.

12.) Sylvan J. Muldoon / Hereward Carrington: *Die Aussendung des Astralkörpers,* Freiburg 1983.

13.) Robert A. Monroe: *Der zweite Körper,* München 2002.

14.) Elisabeth Kübler-Ross: *Über den Tod und das Leben danach,* Güllesheim 2005. Dieses Buch sollte jeder an Wahrheitserkenntnissen interessierte Mensch gelesen haben, denn diese Ärztin beweist aufgrund ihrer Forschungen eindeutig, dass der Mensch nach seinem physischen Tod weiterlebt.

15.) John E. Mack: *Entführt von Außerirdischen*, Essen 1995.

16.) J. W. Dunne: *An Experiment with Time,* London 1927.

17.) Ich empfehle Ihnen über Edgar Cayce die sehr interessante Biographie von Jess Stearn zu lesen: *Der schlafende Prophet,* München 1999.

18.) Nathaniel Kleitman: *Sleep and Wakefulness,* Chicago 1987.

19.) Cecilia Green: *Lucid Dreams*, London 1968.

20.) Stefan von Jankovich: *Ich war klinisch tot,* München 1993.

21.) Gemeinsame Seminare werden unter **www.jvbuttlar.net** und **www.trutzhardo.de** angezeigt.

22.) Die Erlebnisse seines klinischen Todes sind in dem Buch *Ich war klinisch tot (*Anmerkung 20) nachzulesen, während das Folgebuch *Reinkarnation als Realität,* München 1993, beschreibt, wie er die Fakten aus früheren Leben nachweisen konnte.

23.) Steven Hawking: *Eine kurze Geschichte der Zeit*, Reinbeck 1988.

24.) Ich verweise hier auf sein Buch *Die Wahrheit über die Plejaden*, Güllesheim 1995.

25.) Arthur Findlay gibt diese Zahlen in seinem Buch *Beweise für ein Leben nach dem Tod*, Freiburg 1983, an.

26.) Letztere Angaben sind dem Buch von J.H. Brennan *Time Travel*, St. Paul 1997, entnommen.

27.) Eine ausführliche Beschreibung des Alphazustandes befindet sich in meinem Buch *Das große Handbuch der Reinkarnation,* Güllesheim 2003.

28.) Ein Beweis für die Richtigkeit des wiedererlebten früheren Lebens wurde von Karin Sarbach, Berlin erbracht.

> Karin erlebte sich in ihrem früheren Leben als Heinrich Nolte, der in der Schillerstr. 17 in Aachen zwischen 1810 und 1820 geboren worden war. Sie rief bei dem Einwohnermeldeamt in Aachen an, um sich aus Gründen der "Ahnenforschung" nach ihrem Vorfahren zu erkundigen. Diese verwiesen sie an die Heilig Geist Kirche, diese wiederum an die Kirchengemeinde St. Jakob. Dort existierte noch das Taufregister ab 1811. Die betreffende Dame der Gemeinde schlug dort nach und fand den Namen Heinrich Nolte, der in der Schillerstraße 17 geboren und 1812 getauft worden war.

29.) Im *SILBERSCHNUR VERLAG* sind folgende Rückführungs-CDs erschienen:

1. *Erfahre deine früheren Leben*, eine Doppel-CD, mit welcher man auf der ersten CD alle seine für das heutige Leben bedeutsamen früheren Leben aussuchen kann, während man sich mit der anderen CD alle Beziehungsleben mit heutigen Personen in früheren Leben anzusehen in der Lage ist.
2. *Erfahre deine früheren Leben II, Meine schönsten Leben.* Mit dieser CD kann man sich alle seine schönen Leben wieder vergegenwärtigen, von denen es, nebst den vielen unangenehmen, sicherlich eine ganze Anzahl gibt. Diese CD mit einer vorhergehenden Vertiefungsübung eignet sich als erster Einstieg in der Erkundung früherer Leben am besten.
3. *Erfahre deine früheren Leben III, Meine Leben im anderen Geschlecht.* Etwa die Hälfte aller früheren Leben haben wir im anderen Geschlecht verbracht. Daher kann man mit dieser CD, wenn man so will, nacheinander die Vielzahl all dieser andersgeschlechtlichen Leben aufsuchen.
4. *Erfahre deine früheren Leben IV, Meine spirituellen Leben.* Ein jeder hat in der Kette seiner früheren Leben auch solche Leben erlebt, in welchen er mit Spiritualität konfrontiert wurde oder selbst über spirituelle Fähigkeiten verfügte.

All diese von mir besprochenen CDs sind so angelegt, dass man mit seinen Gefühlen in keine traumatischen Erlebnisse hineingerät, so man nicht eigenwillig eigene Wege während der Rückführung einschlägt. Nach dem Erleben eines früheren Lebens kehrt jeder gestärkt in das heutige Leben zurück, fühlt sich sehr wohl und kann sich an alle Begebenheiten gut erinnern.

30.) Solche Ausbildungskurse werden von verschiedenen Rückführungstherapeuten angeboten, die man im Internet unter "Rückführungstherapie + Ausbildung" auffinden kann. Ich selbst führe jedes Jahr solche Ausbildungskurse zum Rückführungsleiter und Rückführungstherapeuten durch, die dann auf meiner Website **www.trutzhardo.de** gelistet stehen.

31.) Diese Rückführung befindet sich auch auf der von mir besprochenen CD: *Meine früheren Leben im anderen Geschlecht.*

32.) Anthony Borgia: *Das Leben in der unsichtbaren Welt,* Güllesheim 2000.

33.) Michael Newton: *Die Reisen der Seele,* Wettswil, CH 1996; *Die Reisen der Seele,* Wettswil 2001 und *Life Between Lives,* St. Paul, MN, 2004.

34.) Malidoma P. Somé: *Vom Geist Afrikas,* München 2004.

Nicht nur Forschern des Schamanismus empfehle ich dieses Buch, sondern auch allen Suchern nach der Wahrheit.

35.) Professor Poniatowski hat über seine Arbeit mit Stefan Ossowiecki in *Parapsychological probing of Prehistoric Cultures,* in: Psychic Archaeology, New York 1977, berichtet. Ein zusammenfassender Bericht darüber ist in dem Buch von *Michael Talbot* (siehe Literaturverzeichnis) wiedergegeben.

36.) Eli Lasch erzählt in seiner ereignisreichen und empfehlenswerten Autobiographie *Das Licht kam über mich,* Freiburg 1998, wie ihm in Glastonbury auf einmal das Wissen samt den medialen Fähigkeiten wieder geschenkt wurde, über die er in Atlantis verfügt hatte.

37.) Jedem Leser empfehle ich wärmstens die Autobiographie von Uri Geller *Mein Wunder-volles Leben*, Neuwied 1994.

Denn dieses Buch, wie auch das schon erwähnte Buch von *M. P. Somé* (Anmerkung 34), jenes von *Ian Stevenson* (Anmerkung 7) sowie das von Johannes von Buttlar empfohlene Buch von *Elisabeth Kübler-Ross* (Anmerkung 14), sollten ein Muss sein für all diejenigen, die sich um höhere Wahrheiten bemühen.

38.) Chet Snow: *Zukunftsvisionen der Menschheit*, Genf 1991.

* * *

Literaturverzeichnis

Literatur zum Thema *Außerkörperliche Reisen (Out-of-Body) und Zeitreisen (Out-of-Time)*

Andretsch, Jürgen / Mainzer, Klaus: *Philosophie und Physik der Raumzeit*, Zürich 1988

Blackmore, Susan: *Beyond the Body*, London 1962

Brennan, James. H.: *Time Travel*, St. Paul 1997

Bruce, Robert: *Astral Dynamics: A New Approach to Out-of-Body Experiences*, Charlottesville 1999

Buhlmann, William: *Out of Body – Astralreisen – das letzte Abenteuer der Menschheit*, München 2003

Buttlar, Johannes von: *Unsichtbare Kräfte*, München 1984

Buttlar, Johannes von: *Die Einstein-Rosen-Brücke*, München 1985

Buttlar, Johannes von: *Sie kommen von fremden Sternen*, München 1986

Buttlar, Johannes von: *Supernova*, München 1988

Buttlar, Johannes von: *Zeitriß*, München 1989

Buttlar, Johannes von: *Drachenwege*, München 1990

Buttlar, Johannes von: *Adams Planet*, München 1991

Buttlar, Johannes von: *Gottes Würfel*, München 1992

Buttlar, Johannes von: *Die Wächter von Eden*, München 1993

Buttlar, Johannes von: *Einstein hoch 2*, München 1993

Buttlar, Johannes von: *Terraforming*, München 1995

Buttlar, Johannes von: *Die Außerirdischen von Roswell*, München 1996

Buttlar, Johannes von: *Projekt Aurora*, Köln 1999

Buttlar, Johannes von: *Zeitreisen*, Bergisch-Gladbach 2000

Buttlar, Johannes von: *Der flüsternde Stein*, Bergisch-Gladbach 2001

Buttlar, Johannes von: *Schneller als das Licht,* Bergisch-Gladbach 2003

Buttlar, Johannes von: *Was gestern noch unmöglich war*, München 2004

Chapman, Barry: *Reverse Time Travel,* London 1995

Crookall, Robert: *Out of Body experiences,* New York 1977

Crookall, Robert: *The Technics of Astral Projection,* New York 1998

Engel, Herbert H.G.: *Der Sphärenwanderer – Reisen, Begegnungen und Offenbarungen in anderen Dimensionen*, Interlaken 1981

Ferguson, Kitty: *Gottes Freiheit und die Gesetze der Schöpfung,* Düsseldorf 1994

Fox, Oliver: *Astral Projection*, Secaucus, N.J. 1962

Frost, Gavin and Yvonne: *Astral Travel,* London 1982

Garfield, Patricia: *Creative Dreaming*, New York 1974

Gott, J. Richard: *Zeitreisen in Einsteins Universum,* Reinbeck 2003

Green, Celia: *Out-of-Body-Experiments,* Oxford 1968

Haselbach, Steffen (Hrsg): *Zeitreisen – Von schwarzen Löchern und den Möglichkeiten der Zukunft*, Berlin 1990

Hawking, Stephen W.: *Eine kurze Geschichte der Zeit,* Reinbeck 1988

Hawking, Stephen W. / Penrose, Roger: *The Nature of Space and Time,* Princeton, N.J. 1996

Horvath, Al Jr.: *Beyond Dreams – An Astral Search For Self,* Scottsdale, AZ, 1983

Kleitman, Nathaniel: *Sleep and Wakefulness*, Chicago 1987

Laberge, Stephen: *Lucid Dreaming*, Los Angeles 1985

Lischka, Alfred: *Erlebnisse jenseits der Schwelle – Paranormale Erfahrungen im Wachzustand und im luziden Traum bei Astralprojektionen und auf Seelenreisen*, Schwarzenburg 1979

McCoy, Edain: *Astralprojection for Beginners*, St. Paul, MN, 1999

Mitschell, Janet Lee: *Out-of-Body Experiences*, New York 1981

Monroe, Robert A.: *Der Mann mit den zwei Leben – Reisen außerhalb des Körpers,* Interlaken 1981

Monroe, Robert A.: *Der zweite Körper – Expeditionen jenseits der Schwelle,* München 2002

Monroe, Robert A.: *Über die Schwelle des Irdischen hinaus,* München 2002

Muldoon, Sylvan J. / Carrington, Hereward: *Die Aussendung des Astralkörpers,* Freiburg 1983

Oxenham, John: *Out of the Body*, London 1941

Penrose, Roger: *The Emperor's Mind*, Oxford 2002

Phillips, Osborne: *Astralprojektion*, München 2004

Rogo, Scott: *Leaving the Body*, New York 1986

Smith, Susy: *Die astrale Doppelexistenz*, Bern, o.J.

Stack, Rick: *Out-Of-Body Adventures*, Chicago 1988

Talbot, Michael: *Das holographische Universum*, München 1994

Twitchell, Paul: *Der Schlüssel zu geheimen Welten*, San Diego 1976

Waelti, Ernst R.: *Der dritte Kreis des Wissens – Außerkörperliche Erfahrungen – eine Mystik der Naturwissenschaft*, Interlaken 1983

Webster, Richard: *Astral Travel for Beginners,* St. Paul 1998

Wolf, Fred Alan: *Der Quantensprung ist keine Hexerei. Die neue Physik für Einsteiger,* Frankfurt 1990

Wolf, Fred Alan: *Parallele Universen,* Frankfurt 1998

Wolff, Katja: *Salomons Kunst – Astralreisen außerhalb des Körpers,* München 1990

Zurfluh, Werner: *Quellen der Nacht – Neue Dimensionen der Selbsterfahrung,* Interlaken (CH) 1983

Literatur und Tonmaterial zum Thema *Rückführungen*

Bowman, Carol: *Ich war einmal*, München 1998

Dahlke, Rüdiger: *Reinkarnationstherapie und ihr Weltbild*, in: Jahrbuch der Esoterik, Band 3, Bern 1990

Dethlefsen, Thorwald: *Das Leben nach dem Leben*, München 1974

Dethlefsen, Thorwald: *Das Erlebnis der Wiedergeburt,* München 1978

Finkelstein, Adrian: *Your Past Lives and the Healing Process*, Malibu, CA, 1996

Fiore, Edith: *You Have Been Here Before – A Psychologist Looks at Past Lives,* New York 1978

Gabriel, Michael: *Remembering Your Life Before Birth,* Santa Rosa, CA, 1995

Hardo, Trutz: *Entdecke deine früheren Leben,* München 1990

Hardo, Trutz: *Das große Karmahandbuch – Wiedergeburt und Heilung,* Güllesheim 2002

Hardo, Trutz: *Das große Handbuch der Reinkarnation – Heilung durch Rückführung,* Güllesheim 2003

Hardo, Trutz:: Das *große Handbuch der Sexualität – Was Trancerückführungen offenbaren,* Güllesheim 2004

Hardo, Trutz: *Erfahre Deine früheren Leben* (Doppel-CD), Güllesheim 1997

Hardo, Trutz: *Erfahre Deine früheren Leben II, Meine schönsten Leben* (CD), Güllesheim 1999

Hardo, Trutz: *Erfahre Deine früheren Leben III, Meine Leben im anderen Geschlecht* (CD), Güllesheim 1999

Hardo, Trutz: *Erfahre Deine früheren Leben IV, Meine spirituellen Leben* (CD), Güllesheim 2000

Koch, Werner: *Reinkarnation – Heilung aus der Vergangenheit,* Aitrang 1992

Lucas, Winafred Blake: *Regression Therapy,* 2 Volumes, Crest Park, CA, 1993

McClain: *A Practical Guide to Past Life Regression,* St. Paul, MN, 1990

Meier, Bruno: *Wiedergeburt als Erfahrung,* Bern 1988

Moody, Raymond A.: *Coming Back – A Psychiatrist Explores Past-Life Journeys,* New York 1991

Netherton, Morris, Shiffrin, Nancy: *Bericht vom Leben vor dem Leben,* München 1978

Powers, Rhea: *Reinkarnation,* Planegg 1989

Schlotterbeck, Karl: *Living Your Past Lives – The Psychology of Past-Life Regression,* New York 1987

Sigdell, Jan Erik: *Rückführungen in frühere Leben – Emotionale Befreiung durch Reinkarnationstherapie,* Bern *1998*

Sigdell, Jan Erik: *Rückführungen in frühere Leben* (mit CD), München 2004

Talbot, Michael: *Your Past Lives,* New York 1987

Vallières, Ingrid: *Praxis der Reinkarnationstherapie,* Stuttgart 1994

Weiss, Brian L.: *Die zahlreichen Leben der Seele – Die Chronik einer ungewöhnlichen Rückführungstherapie,* München 1994

Weiss, Brian L.: *Heilung durch Reinkarnationstherapie,* München 1995

Weiss, Brian L.: *Die Liebe kennt keine Zeit – Eine wahre Geschichte*, München 1999

Weiss, Brian L.: *Same Soul, Many Bodies*, New York u. London 2004

Whitton, Joel L. / Fisher, Joe: *Das Leben zwischen den Leben,* München 1989

Woolger, Roger J.: *Die vielen Leben der Seele,* München 1992

Literatur zum Thema ***Reinkarnation***

Bache, Christopher M.: *Das Buch von der Wiedergeburt,* München 1993

Bodde, Albert: *Karma und Reinkarnation*, Güllesheim, 2000

Cayce, Edgar: *Die Wahrheit der Reinkarnation,* München 1994

Cranston, Sylvia / Williams, C.: *Wiedergeburt*, München 1989

Ebertin, Baldur R.: *Reinkarnation und neues Bewusstsein*, Freiburg 1987

Goldberg, Bruce: *Past Lives, Future Lives*, New York 1988

Gosztonyi, Alexander: *Die Welt der Reinkarnationslehre,* Aitrang 1999

Halbfass, Wilhelm: *Karma und Wiedergeburt im indischen Denken*, Kreuzlingen 2000

Hardo, Trutz: *Wiedergeburt – die Beweise*, München 1998

Hardo, Trutz: *Reinkarnation aktuell*, Güllesheim 1999

Jankovich, Stefan von: *Ich war klinisch tot,* München 1993

Jankovich, Stefan von: *Reinkarnation als Realität,* München 1993

Mac Gregor, Geddes: *Reinkarnation und Karma im Christentum*, Bd.1, Grafing 1985

Peick, Petra Angelika: *Wiedergeburt – Eine Reise in frühere Erdenleben,* Freiburg 1987

Sachau, Rüdiger: *Westliche Reinkarnationsvorstellungen,* Gütersloh 1996

Snow, Chet: *Zukunftsvisionen der Menschheit*, Genf 1991

Tendam, Hans: *Exploring Reincarnation,* London 1987

Zander, Helmuth: *Geschichte der Seelenwanderung in Europa*, Darmstadt 1999

Zürrer, Ronald: *Reinkarnation – Die umfassende Wissenschaft der Seelenwanderung*, Zürich 1989

Auskunft über
Seminare und Veranstaltungen von
Johannes von Buttlar und Trutz Hardo
über ***www.jvbuttlar.net*** *und* ***www.trutzhardo.de***

Detaillierte Informationen und Anmeldungen,
Übernachtungsmöglichkeiten über Iris Wettstein.
Tel: 0041 7167 00790 Fax: 0041 7167 0091 und
beratungwk@bluewin.ch

Über die Autoren

Johannes Baron von Buttlar-Brandenfels ist Welterfolgsautor. Von seinen 27 Büchern wurden weltweit über 29 Millionen in 30 Sprachen veröffentlicht. Er ist Mitglied der Königlichen Astronomischen Gesellschaft in London. Viele Male – nicht nur in Deutschland – ist er im Fernsehen zu sehen und zu hören gewesen. Zudem ist er Naturwissenschaftler und Experte auf dem Gebiet der außerkörperlichen Erfahrungen.

Trutz Hardo ist durch seine vielen Veröffentlichungen, Seminare und Fernsehauftritte bekannt geworden. Er führt seine Seminare in Europa, Amerika, Australien und Indien durch und ist Ausbilder für Rückführungsleiter und Rückführungstherapeuten. Er hat Tausende von Seminarteilnehmern und Therapie suchenden Klienten in ihre jeweiligen früheren Leben zurückgeführt.

576 Seiten, gebunden
€ [D] 34,90 / sFr 60,40
ISBN 3-89845-074-0

Trutz Hardo

Das große Handbuch der Sexualität

Was Trancerückführungen offenbaren

Dieses Buch wird die gesamte bisherige Sexologie und Psychotherapie fundamental beeinflussen, denn der Autor stellt in überzeugender Art dar, dass sexuelle Verhaltensweisen und Störungen in den meisten Fällen eindeutig auf Geschehnisse aus früheren Leben zurückzuführen sind. Das Buch weist anhand von 47 Fallgeschichten die Ursachen sexuellen Verhaltens und sexueller Störung in früheren Leben nach, zeigt die Heilungsmöglichkeiten auf und beinhaltet ein 175 Stichwörter umfassendes Lexikon der Sexualität in Bezug auf die Reinkarnation.

384 Seiten, gebunden
€ [D] 24,90 / sFr 52,20
ISBN 3-89845-014-7

Trutz Hardo

Das große Karmahandbuch

Karma und Heilung

Deutschlands bekanntester Rückführungstherapeut legt hier ein umfassendes Grundlagenwerk vor, das sowohl Allgemeinmedizin als auch Psychotherapie mit einem neuen revolutionären Heilansatz konfrontiert. In diesem Buch erfahren Sie alles über die Kette von Ursache und Wirkung – insbesondere in Bezug auf Krankheiten und Schwierigkeiten in zwischenmenschlichen Beziehungen. Die meisten Krankheiten werden schon in früheren Leben verursacht und manifestieren sich in Folgeleben als Symptome. Löst man die Ursachen auf, kann meist eine sofortige Heilung geschehen ...

480 Seiten, gebunden
€ [D] 29,90 / sFr 52,20
ISBN 3-89845-047-3

Trutz Hardo

Das große Handbuch der Reinkarnation

Heilung durch Rückführung

Jede Krankheit, jedes Problem hat seine Ursache. Oft liegt diese Ursache in einem früheren Leben. Deckt man sie auf, wird häufig eine spontane oder wenigstens allmähliche Heilung erreicht. So heilt die aus Amerika stammende Rückführungstherapie oft dort, wo jede „klassische" Therapie versagt – von Beziehungsschwierigkeiten bis hin zu Erkrankungen wie Migräne, psychosomatischen Erkrankungen oder sogar Krebs.

Dieses Handbuch ist mehr als ein Arbeitsbuch für Mediziner oder Therapeuten. Es ist auch für all jene Menschen bestimmt, die Probleme haben, die krank sind oder sich einfach nur um Heilung Gedanken machen.

Trutz Hardo

Erfahre Deine früheren Leben

Zum ersten Mal begleitet Sie Deutschlands bekanntester Rückführungsexperte auf 2 CDs in Ihre früheren Leben.
Mit einer Count-Down-Entspannungsmethode wird der Hörer in den Alphazustand versetzt, in welchem es möglich ist, gefahrlos über das Unterbewusstsein frühere Leben wiederzuerleben.

Doppel-CD · je 70 Minuten
36 Seiten Anleitung
€ [D] 35,90 / sFr 65,00
ISBN 3-931652-28-9

Albert Bodde

Karma und Reinkarnation

Auf der Suche nach Liebe und Logik in der Schöpfung

Der Reinkarnationsgedanke hat eine geistesgeschichtliche Tradition bis zurück zum frühen Christentum und ist ein unentbehrlicher Baustein für logische Antworten auf die großen Menschheitsfragen nach Sinn und Zweck unseres Lebens. Albert Bodde erläutert, welche Hilfe die »Gesetze« von Karma und Wiedergeburt für all diejenigen leisten, die ihrem Schicksal gegenüber ratlos fragen: »Warum passiert das gerade mir?« oder »Gibt es überhaupt eine höhere Gerechtigkeit?« Es liegt hierin kostbares Wissen, das den Blick über die Grenzen von Geburt und Tod hinaus lenkt und unseren Lebensweg im umfassenderen Verständnis erhellt.

144 Seiten, broschiert
€ [D] 12,50 / sFr 23,50
ISBN 3-931652-79-3

Elizabeth Clare Prophet & Patricia R. Spadaro

Karma in der Praxis

– Die Zukunft gestalten

Klein in Format und Preis – groß im Inhalt: Das ist das Konzept unserer erfolgreichen Reihe kleiner praktischer Ratgeber.
Der dritte Band, »Karma in der Praxis – die Zukunft gestalten«, behandelt anschaulich die Themen Karma und Reinkarnation. Denn wir sind alle schon einmal hier gewesen …
»Karma in der Praxis« zeigt dem Leser anhand von praktischen Beispielen, wie Aktionen aus seinem früheren Leben – gute oder böse – mit seinem heutigen Leben zusammenhängen. Er lernt aber auch viel über Gruppenkarma und erfährt, was die großen Lehrer der westlichen und östlichen Welt, wie z. B. Jesus und Konfuzius, über Karma und Reinkarnation lehrten. Doch vor allem lernt der Leser, wie er karmische Begegnungen als große Chancen für seine Zukunft zu nutzen vermag.

288 Seiten, broschiert
€ [D] 8,95 / sFr 16,50
ISBN 3-89845-060-0

272 Seiten, gebunden
€ [D] 14,90 / sFr 26,80
ISBN 3-931652-67-X

Pierre de Forêt

Die Geburt der Seele

Ihr Werden und ihr schöpferisches Potential

Ein Buch, das grundlegende Fragen des Menschen aus der Perspektive der »geistigen Welt« beleuchtet und darauf Antworten gibt, die überzeugen und tief beeindrucken. Das Eingebundensein des Menschen in das umfassende Ganze wird deutlich und vermittelt der Leserschaft ein völlig neues Selbstbildnis.

240 Seiten, gebunden
€ [D] 14,90 / sFr 26,80
ISBN 3-931652-41-6

Pierre de Forêt

Im Herzen der Wirklichkeit

Über Seelengeheimnisse u. psychische Welten

Der Autor beschreibt, wie er schon als Jüngling unfreiwillig Astralreisen durchführte und zu diesen von einem jenseitigen Begleiter abgeholt wurde. Dieser führt ihn u.a. an die Betten von soeben Verstorbenen und erklärt ihm die ganzen Sterbevorgänge beim Übergang in die jenseitige Dimension. Er erfährt, wer diejenigen sind, die den Hinübergegangenen jeweils abholen und in diese neue nachtodliche Welt begleiten. Diese Welt besucht der Autor sehr viele Male unter der Führung und mit Unterweisung seines Begleiters.

224 Seiten, broschiert
€ [D] 12,90 / sFr 23,50
ISBN 3-931652-85-8

Theo Fischer

Das Tao der Selbstfindung

Dieses Buch vom Autor des Bestsellers „Wu wei - die Lebenskunst des Tao“ ist eine Lektion in Sachen Hinwendung zur Wirklichkeit. Wer den Mut aufbringt, sich dem objektiven Zustand seines Lebens ehrlich und rückhaltlos zu stellen, wird erleben, dass er damit den Kraftschluss herstellt, der jene Energien freisetzt, mit denen er seine Probleme lösen kann.

496 Seiten, gebunden
€ [D] 20,90 / sFr 36,70
ISBN 3-931652-25-4

Prof. Arthur David Horn

Götter gaben uns die Gene

Die außerirdischen Ursprünge der Menschheit

Endlich ist der gordische Knoten zu dem Geheimnis der Entstehung des Menschen und seiner Kultur gelöst. Dies für jeden verständlich geschriebene Buch dürfte das geschlossenste wissenschaftliche Werk sein, denn es korrigiert Darwin an seinen wundesten Punkten und revolutioniert gleichzeitig unser Denken über die Entstehung der Menschheit und ihrer Zivilisation.

216 Seiten, broschiert
€ [D] 15,90 / sFr 28,50
ISBN 3-931652-59-9

Trutz Hardo

Reinkarnation aktuell

Kinder beweisen ihre Wiedergeburt

In diesem Buch wird berichtet, wie Kinder in überzeugender Weise über ihr vorausgegangenes Erdenleben erzählen und wie Wissenschaftler – allen voran Professor Ian Stevenson – diesen Berichten nachgehen, sie wissenschaftlich überprüfen und zu der Überzeugung kommen, dass die Angaben der Kinder richtig sind. Besonders sind solche Fälle überzeugend, in denen Kinder mit fehlenden Gliedern zur Welt kommen, jedoch genau beschreiben können, wo und wann sie diese in einem früheren Leben verloren hatten, wer ihre Eltern und Verwandten waren und wo sie gewohnt hatten. Die dann wissenschaftlich vorgenommenen Überprüfungen bestätigen genau diese Angaben.

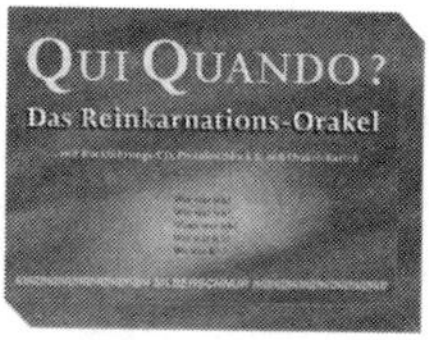

360 Karten mit CD;
Protokollblock; Landkarte
€ [D] 24,90 / sFr 45,90
ISBN 3-931652-96-3

Babette Biehlke

Qui Quando?

Das Reinkarnations-Orakel

Wer war ich in einem früheren Leben? Wo habe ich gelebt und wie? Und welchen Bezug haben meine vergangenen Leben zu meinem jetzigen? – Dieses weltweit einzigartige, von einem Geistwesen übermittelte Orakel hilft uns, auf spielerische Weise Antworten auf diese Fragen in uns selbst zu finden.
Beigefügt sind eine CD mit Meditationen, eine Inkarnations-Weltkarte und ein Protokoll-Block zum Niederschreiben der verschiedenen Wiedergeburten.

216 Seiten, broschiert
€ [D] 14,90 / sFr 26,80
ISBN 3-89845-115-1

Arne Hoffmann

Lexikon des Jenseits

Die ersten Parapsychologen erklären die Existenz eines Jenseits inzwischen öffentlich für erwiesen, die ersten Skeptiker ändern ihr Weltbild. Das „Lexikon des Jenseits" stellt den momentanen Stand dieser spannenden und faszinierenden Forschung auch für Laien überschaubar dar. Dabei widmet es sich nicht nur den verschiedenen Gebieten wie Nahtod-Erfahrungen, Sterbebettvisionen, Medien und Erscheinungen, sondern erklärt auch, was sich hinter den gängigen parapsychologischen Fachbegriffen wie Ektoplasma, Materialisationen etc. verbirgt.

272 Seiten, broschiert
€ [D] 8,95 / sFr 16,50
ISBN 3-89845-107-0

Elisabeth Clare Prophet / Patricia R. Spadaro

CHAKREN – Deine 7 Energiezentren

Dieses Buch vermittelt – basierend auf der Lehre vom feinstofflichen Energiesystem unseres Körpers – kraftvolle Einsichten und Werkzeuge, um wieder heil und ganz zu werden. Quelle dieses Wissens sind verschiedenste spirituelle Traditionen, die uns anleiten, wie wir unsere Seele über die sieben Schritte des persönlichen Wachstums voranbringen können. Dieses Werk beinhaltet darüber hinaus ganzheitliche Techniken zur Wiederherstellung der energetischen Balance unseres Körpers – angefangen bei Homöopathie über Vitamine und Heilbäder bis hin zur Arbeit mit Meditationen, Affirmationen und Visualisierungen.

464 Seiten, gebunden
€ [D] 19,90 / sFr 34,90
ISBN 3-89845-112-7

Walter Rotter

Charaktere erkennen – Menschen verstehen

Eine echte Sensation! Nach über 3 Jahrzehnten intensiver Studien und beratender Tätigkeit ist Walter Rotter – allein auf der Grundlage des Geburtsdatums und der Geburtsstunde – in der Lage, den Charakter jedes Menschen zu erfassen, den Zugang zu diesem zu finden und ihn im Herzen zu berühren.

Mit Hilfe dieses Buches wird nun auch Ihnen der Zugang zu vielen Menschen erleichtert werden. Lassen Sie sich überraschen von der Vielfältigkeit dieser wunderbaren Grundcharaktere, lernen Sie sie zu verstehen und Sie werden ein erstaunliches Feedback erhalten ...